90년생과 어떻게 일할 것인가

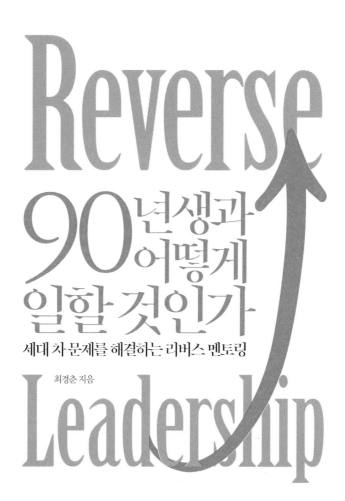

Reverse
Leadership

90년생과 어떻게 일할 것인가

세대 차 문제를 해결하는 리버스 멘토링

최경춘 지음

위즈덤하우스

●

직급은 사라져도 리더십은 남는다

대기업을 중심으로 '○○과장', '○○부장'과 같은 직급이 빠르게 사라지고 있다. 삼성, SK에 이어 LG에서도 직급 체계를 개편하고 수평적 호칭으로 통합했다. 2017년 6월에 발표된 한 일간지에 의하면, LG전자는 기존의 사무직 5단계를 3단계로 단순화했다. 사원 직급만 기존과 같고, 대리·과장은 '선임'으로, 차장·부장은 '책임'으로 통합한 것이다. 삼성전자는 기존의 7단계를 4단계로 축소하면서 직무 역량 수준을 나타내는 커리어 레벨도 1~4로 직급을 구분했다. 임직원 간 호칭은 ○○과장님, ○○차장님이 아니라 이름 뒤에 '님'을 붙이는 것으로 통일했다. 우리나라 대기업이 가지고 있는 위상을 생각해보면 향후 중소·중견기업, 공공기관에 미치는 직급

파괴의 파급 효과가 클 것이라 예상된다.

직급이 통폐합되거나 줄어든다는 것은 서열 중심의 위계질서를 타파하고 수평적·자율적인 기업 문화를 만들겠다는 의도다. 사실 우리나라 문화에 오랜 기간 침투해 있는 수직적 조직 문화, 즉 '사수-부사수'라는 독특한 선후배 관계 등은 치열하게 전개되는 글로벌 경쟁에서 뒤처질 수밖에 없는 고질적인 병폐다. 변화의 방향이 어디로 갈지도 모르는 상황에서 5단계, 7단계와 같이 다단계로 이루어진 결재 관행은 속도가 느린 것은 물론, 방향 감각조차 상실할 수도 있다는 위기의식을 불러왔다. 이와 같은 직급 축소 현상은 더 이상 연공주의를 유지하는 것이 불가능해졌고, 능력주의, 성과주의를 더욱 가속화하겠다는 전략을 표현한 것이라 할 수 있다.

그렇다면 직급이 사라지고 남은 자리에 리더십은 어딘가로 증발하는 것일까? 사실 리더십은 증발하는 것이 아니라 더 큰 책임감을 부여하는 형태로 자리 잡게 될 것이다. 직급이 통폐합되고 대팀제가 일상화되면서 리더들은 더 많은 사람, 더 큰 부서를 책임져야 하는 상황에 직면하게 되었다. 그동안 팀장들은 잘게 쪼개진 작은 조직 단위를 책임져 왔는데, 앞으로 더 멀리 보는 혜안이 없다면 조직을 위기에 빠뜨리는 우를 범할 수도 있다.

더구나 환경의 변화 속도가 심상치 않다. 기업들의 흥망 속도가 예전에 비해 빨라지고 있고, 경쟁력을 갖춘 작은 기업들의 출현이 빈번해졌다. 또한 디지털 플랫폼을 가진 소규모 업체들이 대기업을 위협할 정도로 강력해지고 있다. 누구도 생존을 장담할 수 없는 상황이 된 것이다.

90년생들, 즉 밀레니얼 세대의 출현은 어떤가. 그들은 기성세대와 전혀 다른 가치관을 가지고 있다. 언뜻 보면 회사에 대한 충성심이 없어 보인다. 본인의 행복 이외에는 관심이 없다. '소확행'이라는 시대적 트렌드를 빠르게 받아들이면서 입사와 퇴사를 그다지 큰 사건으로 인식하지도 않는다. 마음에 들지 않으면 그만두는 것이 식은 죽 먹는 것처럼 쉽다. 1년 이내에 퇴사하는 비율이 30%에 가깝다는 통계도 있다. 기업은 밀레니얼 세대의 퇴사를 막기 위해 안간힘을 쓰고 있다. 한 번 뽑은 인재를 잃는 것도 비용이고, 새로운 직원을 충원하는 것도 비용이며, 그들을 유지하기 위해 들이는 것도 비용이다.

디지털 환경은 또 어떤가. 인터넷에서 모바일을 넘어 1인 미디어 시대가 열렸다. 과거 관점으로 보면 그다지 특별해 보이지도 않는 재능을 가진 사람들이 유튜브를 통해 맹활약하고 있다. 유명 유튜버들은 자신의 일상생활이나 신변잡기를 공유하는 것만으로도 천문학적인 수입을 올리고 있다. 전에 보지 못한 기현상들이 속출하고 있다.

필자가 던지고자 하는 질문은 이것이다.

'이런 세상, 이런 세대, 이런 환경에서 누가 리더가 되어야 하고, 리더는 무엇을 해야 하며, 어떻게 사업과 기술, 사람들을 이끌어야

하는가?'

리더십은 사라진 것이 아니라 오히려 더 복잡해졌고, 더 어려워졌다. 좋은 리더가 되는 것이 불가능해 보이기까지 한다. 문제는 우리가 가진 리더십 이론, 리더십 스킬이 너무 올드하다는 데 있다.

필자는 앞서 제시한 복잡하고 어려운 리더십 질문에 대한 작은 대답이라도 할 수 있으면 하는 바람으로 이 책을 집필했다. 겨우 첫 걸음을 뗐을 뿐이다.

최경춘

Contents

CHAPTER 1
Me, Me, Me
Generation

"나도 말 좀 합시다!"

김경식 팀장이 다소 비장한 목소리로 대화에 끼어들었다. 갑자기 분위기가 싸해지면서 다들 입을 다물었다.

"모처럼 부서 회식을 하는 건데, 다들 자기 이야기에만 열중하고 있는 거 아닌가요? 공통의 주제를 가지고 이야기하는 것이 좋지 않겠어요?"

그러자 팀원들은 김 팀장을 힐끗 쳐다보더니 아예 입을 다물었다.

"아시다시피 우리가 얼마나 어렵게 마련한 자리입니까. 이런저런 개인 사정 때문에 두 달 만에 겨우 마련한 자리입니다. 술을 마시지 못하는 사람들 때문에 술 한 잔도 권하지 못하고 있는 판에 이렇게 끼리끼리 본인들 이야기만 하다 갈 거라면 우리가 모일 필요가 있었겠어요?"

이 잔소리를 끝으로 사실상 회식은 끝이 났다. 김 팀장의 연설이 시작될 것을 직감적으로 안 팀원들은 하나둘 주섬주섬 개인 용품을 챙겼다. 그리고 "제가 아내와 약속한 일이 있어서요", "모처럼 부모님이 집에 오셔서요", "오늘 제가 컨디션이 좋지 않아서요"라는 핑계를 대며 자리에서 일어났다. 결국 김 팀장의 옆에는 이도수 차장만 덩그러니 남았다. 이 차장이 말했다.

"팀장님, 맥주 한잔 더 하고 가셔야죠?"

김 팀장은 한솥밥 먹는 부서원끼리 함께 식사를 해야 팀워크도 생기고, 회식 자리를 자주 마련해 소주라도 한 잔 따라줘야 희미해져가는 소속감을 불러일으킨다고 생각했다. 그래야 팀장 말도 잘 먹힐 테고.

"이 차장, 오늘도 내가 꼰대 짓을 했다고 생각하나?"

김 팀장은 자기 이야기를 들어주는 유일한 사람인 이 차장과 맥주잔을 기울이며 깊은 한숨을 내쉬었다. 이 차장은 묵묵부답이었다.

"나는 도대체 우리 팀원들이 무슨 생각을 하며 사는지 도통 알 수가 없어. 회의나 업무 중에는 입을 꾹 닫고 있으면서 자기들끼리 모이면 무슨 이야기를 그리 하는지… 내가 보기에는 그리 중요하지도 않은 이야기인 것 같은데 말이야. 업무를 그렇게 열심히 하는 모습을 한 번이라도 보면 소원이 없겠어. 안 그래?"

이 차장은 고개를 끄덕이며 방긋 웃기만 했다. 김 팀장은 계속해서 자기 이야기만 했다.

"자네가 팀장 입장이 되어서 팀원들 설득 좀 잘 시키고, 회의 시간에 무슨 말 좀 하게 해야 하는 거 아니야?"

〈한국경제〉에서 10년 차 이상 직장인 119명을 대상으로 조사한 결과에 의하면, 최근 10년 동안 가장 많이 바뀐 직장 문화 1위(37%)는 '회식 강제 참여'였다. 과음 회식이 눈의 띄게 줄거나 아예 없어진 것이다. 또한 저녁 회식보다 점심 회식이 많아졌고, 당일에 결정되는 회식을 찾아보기 어려우며, 개인 사정에 따라 회식 자리에서 빠지는 일 또한 자연스러운 현상이 되었다고 한다.

세상의 중심은 'Me'

●

세상이 갑자기 바뀌었다고 느낄 때가 언제인가. 계절이 변하는 것은 일종의 순환 현상이기 때문에 우리는 금방 익숙해진다. 하루가 몰라보게 달라지는 주변 풍경은 어떤가. 동네에 지하철역이 생기면 시내 중심가로 진출하는 것이 참 편리하게 느껴지고, 집 근처에 대형 쇼핑센터가 생기면 신기하고 편안해 세상이 참 빠르게 변한다고 느낀다. 그런데 외적 변화는 유효 기간이 그리 길지 않다. 길어야 1~2년이면 금방 익숙해지고 심지어 새로운 변화를 기다리기도 한다. 문제는 인간관계다. 사람은 좀처럼 다른 사람에게 익숙해지지 않는다. 오죽하면 프랑스의 철학자 장 폴 사르트르^{Jean Paul Sartre}가 이렇게 일갈했을까.

"타인은 지옥이다."

만약 사르트르가 지금 시대에 태어났다면 이렇게 말하지 않았을까 싶다.

"타인? 뭣이 중헌디?"

갤럽에서는 요즘 젊은 세대를 일컬어 밀레니얼 세대(1980년대 초반~2000년대 초반생)라고 부른다. 서양 기준, 제2차 세계대전 이후에 태어난 베이비부머 세대(1946~1965년생)와 그들의 후배 세대인 X세대(1965~1976년생)에 비해 밀레니얼 세대는 '타인에 대한 무관심'과 '세상의 중심은 나'라는 특성이 월등히 높다고 한다. 한국 기준으로 보면 한국전쟁 이후 태어난 베이비부머 세대(1955~1963년생)와 그들의 자녀인 밀레니얼 세대는 세대 차이로 인해 대화가 불가능한 가정이 많다고 한다.

한국의 밀레니얼 세대는 태어나자마자 각종 IT 기기와 인터넷, 그 이후에 곧바로 등장한 모바일 기계로 인해 전혀 다른 세상 속에서 살아왔다. 그래서 바쁜 부모 세대와의 대화보다 기계 또는 기계와 연결된 타인과의 소통에 익숙해져 있다. 그에 반해, 한국의 부모 세대는 회식, 노래방, '우리가 남이가!'라는 집단적 커뮤니케이션에 익숙해져 있다. 하지만 그들의 자식 세대는 상호 간에 '우리는 철저한 타자다. 남일 수밖에 없다'라는 것을 이미 잘 알고 있다. 문제는

부모 세대는 그것이 '고통'인 반면, 요즘 젊은 세대는 그것이 '일상'
이라는 것이다.

그렇다면 가정에서만 이런 현상이 나타나는 것일까? 그렇지 않
다. 사람의 생각은 어디서나 유사한 행동으로 나타나기 마련이다.
아날로그에 매우 익숙하거나 일부 디지털 기기를 사용할 수는 있
지만 제한된 범위에서만 사용하는 '생계형 디지털 상사'들은 자신
이 '꼰대'라는 사실에 아연실색한다. 도무지 알 수 없는 게임 용어
가 왜 재미있는지 이해하지 못한다. 그래서 "그럴 시간 있으면 일
에나 좀 더 신경 써!"라고 말했다가 그들 중 누군가가 "갑분싸('갑
자기 분위기가 싸해진다'라는 말의 축약어)!"라고 한 말을 듣고 그게 욕인
지, 칭찬인지 의미를 파악하지 못해 쩔쩔매곤 한다. 요즘 젊은 세대
에게는 더 이상 '타인'이 없다. 오직 '나', '나의 행복', '나의 재미'만
있을 뿐이다.

《매거진 M》은 밀레니얼 세대를 연구한 보고서에서 그들의 세대
적 특징을 '5Me'로 정리하였다. 이 프레임을 차용하여 필자가 정리
하고 설명을 덧붙인 요즘 젊은 세대의 특징은 다음과 같다.

1. 모든 요소에서 재미를 추구하고, 노잼은 피하고 보는
   Entertain Me
2. 경험과 지금 이 순간에 초점을 맞추는 Now Me

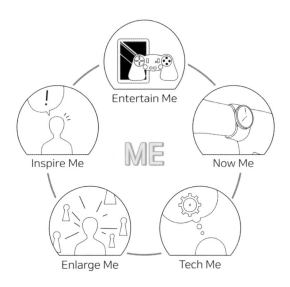

〔그림 1〕 밀레니얼 세대의 특징   출처:《매거진 M》

3. 기술을 능숙하게 다루는 디지털 원주민 Tech Me

4. 온라인의 느슨한 연대를 통해 영향력을 확산시키는 Enlarge Me

5. 가치와 의미를 중요하게 생각하는 Inspire Me

Entertain Me

모바일 환경에 익숙하고 디지털 콘텐츠를 빠르게 소비하는 요즘 젊은 세대에게 중요한 것은 '재미'다. 무조건 재미있어야 한다. 그것도 아주 짧은 시간 안에. 그렇지 않으면 더 재미있는 유튜브 콘텐츠로 신속하게 이동한다.

재미있는 콘텐츠에 대한 피드백과 보상도 즉각적이다. 예컨대, 아프리카 TV와 같은 1인 미디어 방송은 실시간 방송이 가능한데, BJ Broadcasting Jockey와 시청자가 실시간으로 소통할 수 있다. 시청자는 BJ가 제공하는 콘텐츠나 코멘트가 재미있다고 느끼는 순간, '별풍선'을 쏘아 즉각적인 피드백을 표시한다. '별풍선'이란 사이버 머니로, 재미난 콘텐츠를 제공해주는 BJ들을 위한 시청자들의 적극적이고 강력한 보상 수단을 말한다. 얼마 전, 연기자 출신 BJ 강은비 씨는 아프리카 TV에서 별풍선만으로 월 3천만 원의 수입을 올리고 있다고 공개했다. 그녀는 배우로서 단편 영화에 출연했을 때는 별 '재미'를 보지 못했는데, 1인 미디어를 통해 경제적으로, 직업적으로 훨씬 큰 '재미'를 보고 있다고 덧붙였다.

동영상을 생산하고 업로드하는 창작자를 '크리에이터creator'라고 한다. 자신이 만든 동영상을 매개로 사람들의 주된 관심 분야인 게임, 먹방, 쿡방, 영어, 뷰티, 개그 등 소재를 무한정으로 확대해나가는 크리에이터들은 세상을 새로운 '세계'의 장으로 만들어내고 있다. 옳다, 그르다를 떠나 '재미' 없으면 도태되는 세상이 도래하고 있는 것이다.

사실 기성세대라고 해서 '재미'를 필요하지 않은 것이라고 생각하는 것은 아니다. 2018년에 남녀노소 할 것 없이 많은 사람의 사랑을 받았던 영화 〈보헤미안 랩소디〉를 떠올려보자. 이 영화에 대한 '아재 집단'의 열정은 기이하다 못해 짠한 마음이 들기도 했다. 영화관에서 그룹 '퀸Queen'의 노래를 따라 부르고, 춤추고, 박수하고, 눈물지은 집단은 바로 '아재'들이었다. 기성세대라고 해서 '재미'를 모른다거나 '노는 것'을 싫어하는 것이 아니라는 이야기다.

문제는 다른 데 있다. 아재 집단은 '재미'를 일시적이고 기분 전환용이라고 생각하는 반면, 요즘 젊은 세대는 삶 자체가 늘 재미있어야 한다고 생각하는 것이다. 그들은 한 번뿐인 인생, 재미있게 살아야 하는 것 아니냐고 묻는다. 그 질문에 아재들은 이렇게 되묻는다. 승진의 사다리를 힘겹게 올라타서 이만큼 살게 된 것이라고. 그렇지 않았다면 인생이라는 배가 난파되고 말았을 것이라고. 결혼을 했고 부양할 가족이 생겼는데 어떻게 나 혼자 즐겁자고 재미를 추구할 수 있겠느냐고. 조직의 성장은 누가 책임지고, 나아가 이 사회와 나라는 누구 때문에 이만큼 발전했겠느냐고.

이에 젊은 세대는 다르게 반응한다. 아재들은 열심히 올라가면 닿을 수 있는 승진의 사다리도 있었고, 경제는 항상 성장해 해마다 연봉이 늘었지만, 우리는 원하는 일자리 자체를 찾기 어렵고, 언감생심 승진은 남의 이야기라고. 성장하지도 않는 경제, 승진하기도 힘든 사다리에 내 인생을 목매고 싶지 않다고. 그럴 바에는 하루하루 즐겁고 재미있게 사는 것이 더 나은 선택 아니냐고. 굳이 왜 결혼을 해야 하며 자식들 때문에 내 인생을 소모해야 하는 것이냐고. 기대하기도 어려운 보상을 위해 왜 희생과 헌신을 선택해야 하느냐고.

물론 틀린 말이 아니다. 살아온 경험이 다르고, 처해 있는 상황이 다른데, 어떻게 똑같은 생각을 할 수 있겠는가.

좀 더 근본적인 시각이 필요하다. 치열한 생존 경쟁을 펼치는 세상, 이 거친 현실을 재미있게 살아가는 방법은 정녕 없는 것일까? 일을 놀이처럼, 놀이를 일처럼 하며 살아가는 방법은 없을까? 사회학자 로제 카이와 Roger Caillois 는 《놀이와 인간》에서 우리에게 깊은 통찰력을 제공해준다. 그는 우리 인생을 놀이로 볼 것을 제안했다.

놀이에는 경쟁에서 이겨야 하는 놀이(스포츠, 게임, 입시 등)가 있고, 운이 좋아야 이겨야 하는 놀이(로또, 복권, 제비뽑기)가 있다. 또한 서로 다른 역할을 수행해야 하는 놀이(가면무도회, 엄마놀이, 아빠놀이 등)가 있고, 현기증이나 공포감을 느껴야 하는 놀이(번지점프, 놀이동산 등)가 있다. 인생을 하나의 놀이라고 생각한다면 입시에서, 취업에서, 연애에서 실패했다 해서 우리가 모든 놀이에서 졌다고 할 수 없다. 잠시 졌다는 생각에 사로잡힐 수는 있지만 우리의 인생에서 놀이가 계속된다면 영원한 실패는 있을 수 없다. 놀이는 언제든 새로 시작되는 것이니까.

직장생활도 하나의 놀이가 될 수 있다. 내가 비록 누군가에게 지시하는 입장에 있고, 때론 누군가의 비효율적인 업무 방식 때문에 시달릴 수는 있어도 놀이는 직장에서 끝이 나지 퇴근 후까지 이어지지는 않는다. 놀이는 정해진 시간과 장소 안에서만 이루어지는 것으로, 매 순간 모든 장소에서 반복되는 것이 아니다. 따라서 돈, 권력, 명예 등 '성공한 삶'에 대한 환상 역시 하나의 놀이에 지나지 않는다면, 우리는 언제 어디에 있든 놀이 같은 인생을 '재미'있게 즐길 수도 있지 않을까?

Now Me

이솝우화가 말하는 개미와 베짱이의 신화는 오래전에 무너졌다. 자라나는 새싹들에게 권선징악, 부지런하게 사는 삶의 미덕을 강조하기 위해 만들어진 신화를 굳이 강조할 이유는 없다. 크리스마스에 산타 할아버지가 선물을 놓고 간다는 동화를 스무 살이 넘어서까지 믿으라고 강요할 필요가 없는 것처럼 개미와 베짱이의 신화를 주입하는 기성세대야말로 진정한 동심 파괴자라 할 수 있다.

옛날옛날 개미와 베짱이가 살고 있었어요. 개미는 쉬지 않고 열심히 일을 했고, 베짱이는 바이올린을 켜고 노래를 부르며 놀았어요. 한여름에도 땀을 뻘뻘 흘리며 일하는 개미에게 베짱이는 이렇게 말했어요.

"개미야, 좀 놀다 해. 이 더운 날까지 그렇게 일을 해야 하니?"

그러자 개미는 부지런히 먹이를 모아두지 않으면 추운 겨울에 먹을 것이 없어 고생할 수도 있다며 지금은 놀 수 없다고 했어요. 베짱이는 그런 개미가 참 한심하게 느껴졌어요. 어느덧 여름이 지나고 가을이 왔어요. 가을에도 베짱이는 변함없이 바이올린을 켜며 노래를 부르고 있었어요. 그 모습을 본 개미가 말했어요.

"베짱이야, 너도 이제 슬슬 먹이를 모으지 않으면 겨울에 춥고 배고플 거야."

베짱이는 개미의 충고를 그냥 무시했고, 개미는 한숨을 쉬며 계속 일을 했어요.

드디어 하얀 눈이 내리는 겨울이 왔어요. 개미는 열심히 일한 덕분에 따뜻한 집에서 맛있는 것을 배부르게 먹으며 겨울을 날 수 있었어요. 하지만 베짱이는 추운 겨울을 버티기가 너무 힘들었어요. 베짱이는 개미를 한심하게 생각한 자신을 반성하고 개미의 집에 찾아가 사과했어요. 개미는 베짱이의 사과를 받아주었어요. 그리고 자신의 집에서 베짱이를 재워주고 먹을 것도 제공해주었답니다.

이솝우화가 말하고자 하는 '의도'는 너무나 단순하고 분명하기 때문에 그 자체를 반박할 필요는 없지만 현대 상황에 맞게 재해석할 여지는 충분하다.

첫째, '세상에 공짜는 없다'라는 근대적 교훈과 일맥상통한 면이 많다. 개미는 부지런해서 부를 축적하고 남에게 베푸는 존재가 되었고, 베짱이는 게을러서 가난한 존재가 될 수밖에 없었을까? 현대는 사실상 거의 모든 신화가 무너졌고, 지금도 무너져 내리고 있는 중이다. 개미는 꾸준하게 일하고 저축하는 생물의 종일 뿐이고, 베짱이는 그냥 노래 부르며 놀다가 그때그때 벌레를 잡아먹는 또 다른 생물의 종일 뿐이지 않을까? 각자가 그래야 하기 때문에 그러하다는 것이다. 자신이 의도한 대로 거창하게 의미를 부여한 결과일 뿐이다.

둘째, '타고난 불평등을 합리화하는 정신 승리'라는 반박이 있을 수도 있다. 누구는 개미처럼 열심히 일해야 하는 운명을 타고났고, 또 다른 누구는 베짱이처럼 놀아도 되는 운명을 타고났기 때문에 그런 것이라고 한다면 이보다 더한 불평등이 어디 있느냐고 반문할지도 모르겠다. 운명인지 아닌지는 정확히 모르겠지만, 이 또한 생물 종의 다양한 특성이라고 말할 수밖에 없다. 그렇다면 우리는 아무것도 할 수 없는 것일까? 그렇지 않다.

셋째, 자신의 운명을 사랑하되(흔히 '아모르 파티'라고 한다), 나와 다른 특성을 가진 존재를 통해 'win-win'하는 방법을 배워나갈 수

23

Me, Me, Me Generation

있다. 개미가 열심히 일할 때 베짱이는 바이올린을 활용해 노동의 즐거움을 찬양하는 존재가 되는 것이다. 개미는 그 즐거움의 가치를 인정해서 먹을 것을 나누어주고, 베짱이는 자신이 제공하는 노동에 대해 당당한 자세를 가지면 되는 것이다.

기성세대와 요즘 젊은 세대의 이야기로 돌아오자. 기성세대는 경제가 급속하게 성장하는 산업화 시대에 태어나서 '열심히 노력만 하면 먹고산다'라는 교훈을 체화하여 그것만이 세상 사는 법이라고 익혔을 뿐이다. 다시 말해, '현재'의 삶을 희생하면 비교적 윤택한 '미래'를 맞이할 수 있다는 신화에 익숙한 사람들이다. 그들의 신화는 농업적 근면성에 닿아 있으며, 미래를 위해서는 늘 자신의 현재 욕망, 취미, 행복을 희생할 준비가 되어 있다.

반면 요즘 젊은 세대는 미래에 대한 '기대' 따위는 가지고 있지 않다. 열심히 일하고 저축한다고 윤택한 미래가 올 것이라는 기대 자체가 없기 때문에 '현재'를 희생할 필요성을 느끼지 못한다. 오히려 현재 주어진 것을 즐기는 것이 합리적인 선택이자 소비라고 생각한다. 굳이 멀리 내다보고 안 올지도 모르는 미래를 위해 현재를 희생하면 미래는 물론, 현재조차 불행해지지 않을까?

'카르페 디엠'carpe diem은 그래서 등장한다.

Carpe diem quam minimum credula postero

이는 로마의 시인 오라스^{Horace}가 남긴 시구로, 영화 〈죽은 시인의 사회〉에서 키팅 선생이 인용하면서 널리 알려졌다. '오늘을 붙잡아라. 내일이라는 말은 최소한만 믿고'라는 의미다. 많은 사람이 현재를 즐기지 못하고, 현재는 불행하지만 미래는 더 나을 것이라 믿고 살아간다. 그러면서 현재를 희생시킨다. 하지만 미래 자체도 오늘의 연속으로 이루어지기 때문에 오늘을 행복하게 살지 못하는 사람은 미래에 행복한 삶을 보장받을 수 없을 것이다.

기성세대가 개미라면 요즘 젊은 세대는 베짱이처럼 보인다. 어느 쪽이 옳고, 그른지의 문제가 아니다. 개미나 베짱이는 자신에게 주어진 상황이나 운명이 그러하기 때문에 그런 삶을 산 것이다. 근래 들어 카르페 디엠과 유사한 의미로 요즘 젊은 세대에게 급속하게 파생하는 용어들이 있다.

우선 캐나다 래퍼인 드레이크^{Drake}가 유행시킨 욜로^{Yolo, You Only Live Once}라는 용어가 있다. 시사상식사전에서는 욜로족의 의미를 다음과 같이 풀이하고 있다.

미래 또는 남을 위해 희생하지 않고 현재의 행복을 위해 소비하는 라이프 스타일이다. 욜로족은 내 집 마련, 노후 준비보다 지금 당장 삶의 질을 높여줄 수 있는 취미 생활, 자기계발 등에 돈을 아낌없이 쓴다. 이들의 소비는 단순히 물욕을 채우는 것을 넘어 자신의 이상을 실현하는 과정에 있다는 점에서 충동구매와 구별된다.

덴마크에서 유래된 '휘게^{hygge}'라는 용어도 있다. 위키백과사전에
는 이렇게 정의되어 있다.

휘게는 편안함, 따뜻함, 아늑함, 안락함을 뜻하는 덴마크
어, 노르웨이어의 명사다. 가족이나 친구와 함께 또는 혼
자서 보내는 소박하고 여유로운 일상 속의 소소한 즐거
움이나 안락한 환경에서 오는 행복을 뜻하는 용어로 사
용된다. 2016년 영국의 콜린스 영어사전이 선정한 올해
의 단어에서 브렉시트(brexit, 영국의 유럽 연합 탈퇴)에 이어
2위를 차지했다.

최근에는 일본에서 들어온 소확행^{小確幸}이라는 용어도 크게 유행
하고 있다. 다음^{daum} 백과사전에 이렇게 정리되어 있다.

작지만 확실한 행복을 뜻한다. 일본 작가 무라카미 하루
키의 수필집 《랑겔한스섬의 오후》에 등장한 용어다. 갓
구운 빵을 손으로 찢어 먹는 것, 서랍 안에 반듯하게 접
어 돌돌 만 속옷이 잔뜩 쌓여 있는 것, 정결한 면 냄새가
풍기는 하얀 셔츠를 머리에서부터 뒤집어쓸 때의 기분

을 소확행이라고 했다. 《트렌드 코리아 2018》은 2018년 대한민국의 행복 트렌드는 소확행이라고 했다. 소확행을 추구하는 사람들은 좌절에 빠지기보다 실리를 추구한다. 값비싼 레스토랑에 가기보다 제일 비싼 편의점 도시락을 사서 수입 캔맥주와 함께 먹는 현실적인 만족을 원한다. 소확행은 세계적인 추세다. 미국 브루클린에서는 '100m 마이크로 산책^{micro walks}'이 유행이다. 매일매일 산책을 하면서 주변 공간을 구석구석 세밀하게 관찰하며 행복을 얻는 것이다.

욜로든, 휘게든, 소확행이든 상관없다. 카르페 디엠이라는, '현재를 즐기고 사는 삶의 소중함'을 대변하고 있다는 뜻에서 사실상 같은 뜻이다. 문제는 기성세대가 자신들의 삶의 방식과는 거의 정반대인 젊은 세대의 삶의 방식을 어떻게 이해하고 받아들여야 하는가다.

Tech Me

기술이 모든 것을 바꾸고 있다. 엄밀히 말해서 디지털 기술이 동시대를 살아가는 사람들을 디지털 원주민^{digital natives}과 디지털 이민자

digital immigrants로 갈라놓고 있다. 디지털 원주민은 태어나면서부터 개인용 컴퓨터, 휴대폰, 인터넷, MP3와 같은 디지털 기기를 일상적으로 사용하는 세대를 말한다. 이는 미국의 교육학자 마크 프렌스키 Marc Prensky가 자신의 논문 〈Digital natives, Digital immigrants〉에서 사용한 용어다. 지난 30년 동안 진행된 디지털 혁명의 한복판에서 청소년기를 보낸 30대 미만의 젊은 세대를 일컬어 '디지털 원주민'이라 하고, 후천적으로 디지털 환경에 적응해갈 수밖에 없었던 30대 이상의 기성세대를 일컬어 '디지털 이민자'라고 한다.

미국의 경제학자 라스 피터 힌센Lars Peter Hinssen은 자신의 저서《뉴 노멀》에서 디지털 원주민과 디지털 이민자를 구분하는 간단한 실험을 제안한 바 있다. 우선 디지털 카메라를 탁자 위에 올려놓고 '이것이 무엇인가'라고 질문한다. '디지털 카메라'라고 답하면 디지털 이민자이고, 그냥 '카메라'라고 답하면 디지털 원주민이라는 것이다. 디지털 이민자는 아날로그 시대부터 살아왔기 때문에 아날로그와 디지털을 구분하지만, 디지털 원주민은 평생 아날로그 카메라를 사용한 적이 없기 때문에 그냥 그것이 '카메라'인 줄 안다는 것이다. 디지털이 새로운 시대의 새로운 표준(뉴 노멀)이 되었다는 것은 그것을 배워서 아는 디지털 이민자보다는 태어나면서부터 알고 있어서 그것이 너무나 당연한 세대인 디지털 원주민이 주인이라는 뜻이다.

디지털 이민자들은 디지털 언어를 구사함에 있어 외국어를 구사할 때 모국어의 억양accent이 남아 있는 것처럼 디지털 시대 이전의 흔적이 남아 있는 특성이 있다. 실제로 디지털 원주민과 디지털 이민자는 디지털 언어의 습득 및 활용에서 많은 차이를 보인다. 스탠퍼드대학교에서 발표한 자료에 의하면, 디지털 원주민에 해당하는 현재 미국의 대학 졸업자들은 살아오면서 50만 개 이상의 광고를 시청했고, 20만 개 이상의 이메일과 인스턴트 메시지를 주고받았다. 또한 그들은 TV 시청에 2만 시간 이상, 휴대폰 사용에 1만 시간 이상, 비디오 게임을 즐기는 데 1만 시간 이상을 보내며 성장했다. 한마디로 그들의 성장 환경은 기성세대(디지털 이민자)와 완전히 다르다. 이러한 성장 환경의 차이는 디지털 원주민의 두뇌 구조를 기존 사람들과 다르게 만들었다.

신경과학자 게리 스몰리Gary Smalley의 저서 《디지털 시대의 뇌》에 따르면, 디지털 원주민은 의사결정과 복잡한 정보 통합에 관여하는 DLPFC Dorso Lateral PreFrontal Cortex라는 뇌의 부위가 크게 발달되어 있다고 한다. 스몰리는 디지털 기술이 뇌의 신경회로에 미치는 영향을 알아보기 위해 기능성 자기공명영상(fMRI) 장치로 뇌를 들여다보는 실험을 했다. 50대 중반 중에서 평소 인터넷을 사용하는 사람들과 그렇지 않은 사람들에게 각각 인터넷 검색을 하게 한 뒤 뇌의 활동을 분석했다. 인터넷을 즐겨 사용하는 사람들의 DLPFC는 활성화되었다. 반면 인터넷을 잘 모르는 사람들의 DLPFC는 반응이 미미했다. 그러나 그들에게 5일 동안 인터넷 교육을 시킨 뒤 다시 실험을 하자 DLPFC가 활성화된 것이 확인되었다. 인터넷을 사용하는 동안 뇌의 신경회로가 재구성된 결과라 할 수 있다. 스몰리는 이를 근거로 디지털 원주민과 디지털 이민자의 뇌는 다르게 형성될 수밖에 없으며, 결국 생각하고 느끼는 방법이 다를 수밖에 없다고 설명했다.

디지털 이민자가 아니라, 디지털 원주민이 새로운 표준이 된다는 것은 기업이나 공공기관 등도 변화해야 한다는 것을 의미한다. 아날로그식 서비스와 제품 공급이 아니라 디지털 기반의 서비스를 확대해야 한다. 대면 서비스 방식에서 비대면 서비스 방식으로 전환해야 하고, 오프라인 채널에서 온라인 채널로 서비스의 공급 방식을 전환해야 한다. 이러한 기업들의 움직임을 '디지털 트랜스포메이션digital transformation'이라고 한다. 디지털 트랜스포메이션은 이미 전 산업 분야에서 진행되고 있으며, 디지털 기술을 활용해 기존 사업의 프로세스는 물론, 혁신을 이끌어나가고 있다.

디지털 트랜스포메이션은 빅데이터, 로봇, 클라우드, 인공지능AI, 사물인터넷IoT, 가상현실VR, 증강현실AR 등 제4차 산업혁명의 기반 기술들을 활용하고, 기업들이 사업 전략과 비즈니스 모델을 전환하고 경쟁력을 강화하는 방향으로 움직이고 있다. 농·축산업에서는 스마트 팜을, 제조업에서는 스마트 팩토리를, 유통업에서는 키오스크를 도입한 것이 대표적인 예다. 세상이 디지털 경제digital economy로 변모하고 있는 시점에 주도권을 잡고 이를 통해 경쟁 우위를 확보하려는 기업들의 움직임이 다양한 방식으로 나타나고 있다.

디지털이 세상을 움직이는 새로운 표준이 되고 디지털 원주민이 미래 세상의 주인공으로 부상하는 것이 기정사실이라면 디지털 원주민의 정보 취득 방식, 또래 집단과의 상호작용, 기성세대(디지털 이민자)와의 의사소통에 엄청난 변화가 오리라는 것을 쉽게 짐작할 수 있다. 또한 디지털 원주민과 디지털 이민자 간 뇌 발달의 차이는 디지털 환경에 대한 적응의 차이를 가져온다는 것에 주목해야 한다. 우선 디지털 원주민은 어릴 때부터 뇌 구조가 디지털적으로 구성될 가능성이 크다. 그들은 사람과의 교류보다는 기계, 시스템, 소프트웨어, 게임과의 친화성이 높다 보니 대인관계의 기술을 구성하는 신경회로의 발달이 매우 취약할 수 있다고 한다. 이에 반해 기성세대는 사람과 직접 대면하여 대화하는 아날로그적 취향 때문에 SNS나 문자 메시지를 통해 할 말만 하려고 하는 젊은 세대를 도무지 이해하기가 어렵다.

생각하고, 느끼고, 소통하려면 우리 뇌 속의 뉴런이 다른 세포나 뉴런과 대화할 수 있어야 한다. 그러기 위해서는 디지털 원주민이 디지털 이민자를 포용하든지, 디지털 이민자가 디지털 원주민에게 먼저 다가가든지 뭔가 변화가 있어야 한다. 오래전부터 농담처럼 전해져 내려온 말이 있다.

"그리스 시대부터, 우리로 치면 단군 시대부터 젊은 애들은 싸가지가 없다."

이는 원래부터 세대 차이는 존재했고, 입장이 다르면 생각이나 행동이 다를 수밖에 없다는 뜻으로 회자되어 온 말이다. 또한 "지들도 나이가 들면 우리를 이해하게 될 거야"라는 자조 섞인 말도 들린다. 일견 맞는 말이긴 하지만, 유튜브에 떠도는 동영상에서 두세 살 정도 된 한 아이가 인쇄된 잡지의 사진에 두 손가락으로 핀치줌(두 손가락으로 화면을 확대·축소시키는 기능)을 하려고 하는 모습을 본 적이 있다. 그 아이에게는 아이패드와 같은 디지털 제품이 처음부터 노멀한 것이다. 과거에 아날로그 구세대와 아날로그 신세대 간의 세대 차이와는 본질적으로 다른 시대가 열리고 있다고 보는 것이 맞을 것이다.

태어나면서부터 인터넷에 접속하기 시작한 세대, 언제 어디서나 원하는 정보를 검색할 수 있는 세대, 소셜미디어를 통해 전 세계 또래들과 의견을 공유할 수 있는 세대가 세상의 주인이 되는 시대가 '디지털 원주민'의 시대다. 기업들은 그들에게 초점을 맞출 수밖에 없을 것이다. 그럼에도 불구하고 기성세대는 여전히 디지털과 아날로그를 구분하려는 습성에 젖어 있다.

Enlarge Me

'오셀로'라는 게임이 있다. 가로세로 여덟 칸의 판 위에 두 사람이 각각 검은색과 흰색 말을 번갈아 놓으면서 진행하는 보드게임이다. 양쪽에 말을 놓아 상대를 가두게 되면 상대방의 색깔이 내 색깔로 바뀐다. 세상 모든 것을 한순간에 내 것으로 만들 수 있는 '포위 전략'이 얼마나 중요한가를 보여주는 데 가히 최고봉이다.

현재 세상을 포위하고 있는 사람들은 누구인가. 바로 '인플루언서influencer'들이다. 인플루언서란 단순하게 말해 타인에게 영향을 미치는 사람들influence+er이라는 뜻이다. SNS가 발달함에 따라 SNS 채널별로 수십만에서 수백만에 이르는 팔로어를 거느리고 트렌드를 선도하거나 특정 제품, 서비스를 마케팅하거나 심지어 정치적 이슈를 선점하여 영향력을 미치는 사람들이 등장하고 있다. 인플루언서들은 세상을 포위하는 전략을 알고 있다.

블로그를 활용하는 파워 블로거, 트위터를 활용하는 파워 트위터리안을 넘어, 요즘은 유튜브, 인스타그램, 페이스북에서 활동하는 1인 미디어 크리에이터들이 대세를 이루고 있다. 특히 유튜브는 전 세대를 통틀어 가장 많이 사용하는 모바일 애플리케이션인데, 순 사용 시간 1위를 기록할 정도로 신장세가 하루가 다르게 증가하고 있다. 유튜브의 월간 로그인 이용자 수는 2018년 5월 기준, 18억 명이다. 2017년 6월에 월간 이용자 15억 명 돌파 소식을 전한 지 1년도 채 되지 않아 무려 3억 명이나 증가한 것이다. 이 추세대로라면 2019년 중에 현재 가장 큰 플랫폼인 페이스북 이용자 수 22억 명을 가볍게 넘을 전망이다.

인플루언서들이 활동하는 마케팅 영역은 뷰티, 패션 분야에서 시작해 요즘은 블록체인, 암호화폐까지 다양화되고 있다. 인플루언서 마케팅이 활성화되면서 인플루언서들을 영입하여 네크워크로 관리하는 MCN(Multi Channel Network, 다중채널네트워크) 비즈니스가 생기기 시작했다. 실제로 국내 MCN 시장은 크게 보았을 때, CJ E&M에서 운영하는 'DIA TV'와 스타트업 '레페리'가 시장을 양분화하고 있다. 두 회사는 대기업 vs. 스타트업, 종합 분야 MCN vs. 뷰티 전문 MCN 등으로 구분할 수 있다.

MCN 사업의 초기 콘텐츠 영역은 뷰티 사업인데, 뷰티 콘텐츠는 인플루언서들이 직접 화장법과 화장품에 대한 정보를 전하면서 즐거움을 줄 뿐 아니라, 시청자들이 '구매 정보 탐색 및 조언 창구'로 받아들이기 때문에 실제 뷰티 산업에 미치는 영향이 피부로 와닿는다. 뷰티 콘텐츠 사업은 우수한 뷰티 크리에이터를 확보하여 수많은 뷰티 브랜드의 스폰서십을 받아 영상 콘텐츠에 마케팅을 녹임으로써 수익을 창출하는 구조다.

중국의 뷰티 시장은 실제로 20~30세 사이의 젊은 세대가 주도하고 있다. 중국 화장품 소비 중 50%는 1990년 이후 태어난 90허우(1990년 이후에 태어난 세대)가 기여하고 있다. 이들의 뒤를 잇는 95허우(1995년 이후에 태어난 세대) 역시 뷰티, 메이크업에 많은 관심을 가지면서 중국 뷰티 시장에 대한 영향력이 확대되고 있다.

우리나라 역시 예외가 아니다. 2019년 초에 개최된 '1인 미디어

포럼'에서 모 대기업 국장은 "대도서관(유명 크리에이터)이 1시간 동안 생방송으로 어떤 제품을 소개했는데, 단 한 번도 사라는 이야기를 하지 않았다"라며 "안 판다고 하면서 완판시켰다"라고 강조했다. 이어 "젊은 세대는 광고주들이 이야기하는 메시지보다 제3자의 추천을 훨씬 신뢰한다. 친구가 댓글로 소개해주거나 크리에이터가 영상에서 좋다고 하면 즉각 반응한다"라고 말했다.

CJ E&M의 DIA TV가 2015년에 캬하하, 꿀키, 대도서관, 채채TV, 회사원A 등 크리에이터의 방송을 본 1만 2천여 명의 시청자를 대상으로 설문 조사를 진행한 결과, 95%가 인플루언서의 정보를 신뢰한다고 답했다. 88%는 인플루언서의 행동을 따라 해보거나 따라 하고 싶다고 응답했다. 인플루언서의 영상을 지인에게 자발적으로 공유하거나 추천했다고 답한 비율은 69%에 달했다.

좋은 대학을 나오고 높은 자리에 앉은 사람들이 세상을 움직이는 시대는 지났거나 적어도 지나가고 있다. 더구나 대다수의 인플루언서가 유명 연예인이나 소위 말하는 셀럽이 아니라는 점도 주목해야 한다. 실제로 '대도서관', '벤쯔' 등의 크리에이터들은 유명 연예인이 아니라 지극히 평범했던 사람들인데, 지금은 지상파 방송에 출연하는 일까지 다반사로 일어나고 있다.

중국에는 왕훙网红이란 말이 있다. 이는 온라인상의 유명 인사를 일컫는 신조어다. 그들은 주로 웨이보와 같은 중국의 SNS에서 활동하는데, 특별한 정규 교육을 받은 적은 없지만 자신만의 콘텐츠와 아이디어를 바탕으로 큰 영향력을 행사하고 있다. 왕홍이 가진 영향력은 기업들에게 좋은 마케팅 수단이 될 수밖에 없다. 그들은 평범하기 짝이 없는 자신의 일상생활을 SNS를 통해 구독자들과 소통할 뿐인데, 중화권의 20~30대 여성들에게 막대한 영향력을 발휘하고 있다.

이러한 현상을 국내 기업들이 놓칠 리 없다. 2018년 10월, 현대백화점 면세점이 주관한 제1회 K뷰티 페스타에 66명의 왕홍을 초청해 국내 중소기업 제품을 홍보하고 중국에 라이브로 판매하는 행사를 진행했다. 행사를 진행한 약 4시간 동안 총 2억 뷰 이상을 기록하여 왕홍 마케팅의 폭발적인 영향력을 보여주었다.

가히 세상은 혁명적으로 변화하고 있다. 베이비부머 세대가 성공 모델이라고 생각했던 좋은 대학, 좋은 직장, 좋은 인생에 대한 개념이 송두리째 바뀌고 있다. 과거 기준으로 봤을 때, 좋은 대학을 나오지 못해도 성공하는 사람이 속출하고 있으며, 좋은 직장에 다니지 않아도 많은 수입을 올리는 사람이 셀 수 없이 많다. 어떤 것이 좋은 인생인지에 대한 정의도 새롭게 내려지고 있다.

그렇다면 50대 이상의 베이비부머 세대에게 유튜브와 같은 SNS는 먼 나라 이야기일까? 그렇지 않다. 유튜브에 대한 연구 자료를 보다 대단히 흥미로운 사실을 알게 되었다. SNS와 거리가 멀다고 생각되는 50~60대의 유튜브 사용 시간이 20대 다음으로 많았다.

이러한 현상은 유튜브가 가진 다양성, 민주성에 기인한다고 볼 수 있다.

세상의 별의별 다양한 콘텐츠가 유튜브를 통해 생산, 유통될 수도 있다. 현재 채널을 장악하고 있는 지상파 방송에서는 도저히 볼 수 없는, 정치적으로 편향되어 있는 내용이나 흘러간 팝송, 각설이 타령 등 소수의 마이너리티에게 어필할 수 있는 채널이 유튜브이기 때문이다. 대표적인 예로, 현재 50대 이상에서 각광받는 채널인 '금강산(구독자 6만 명)', '신의 한수(구독자 65만 명)'를 들 수 있다. 이는 유튜브가 갖고 있는 무한한 확장 가능성과 함께 요즘 젊은 세대와의 소통 가능성을 오히려 더 어렵게 만드는 요인이 될 가능성을 동시에 보여주고 있다. 유튜브와 같은 동일한 SNS를 사용하면서도 결국 각자가 원하는 콘텐츠를 선택적으로 즐길 수밖에 없기 때문이다.

다시 '오셀로'로 돌아가자. 앞서 설명했듯 오셀로는 흑과 백이 서로를 포위하면서 상대를 이겨야 하는 게임이다. 처음에는 흑이 백을 포위하면서 영향력을 넓혀나갔는데, 나중에는 백이 역전의 발판을 만들어내 결국 승리까지 거머쥐었다고 가정하자. 사실 승리가 누구의 것이든 흑은 백이 없으면, 백은 흑이 없으면 게임 자체를 진행하지 못한다. 둘은 서로에게 필요한 존재일 뿐이다.

윌리엄 셰익스피어William Shakespeare의 연극 〈오셀로〉에서 오셀로 장군의 이중성을 흑과 백에 비유해보면 어떨까? 군인이었던 오셀로는 당연한 것과 헛것을 구분하지 못하는 어린아이에 불과했다. 자신의 아내였던 데스데모나를 지극히 사랑한다는 당연한 믿음은 이아고라는 게임 운영자 손에 들어가자마자 질투라는 헛것에 송두리째 흔들리고 말았다.

요즘 젊은 세대는 자신들만의 룰이 있다. 그들은 기성세대가 추구했던 삶의 방식, 성공 방식을 따르고 싶어 하지 않는다. 정확히 말하면 따라야 할 이유를 모른다. 기성세대 역시 자신들만의 룰이 있다. 처음에는 기성세대가 젊은 세대를 포위하고 영향력을 행사하며 그들을 양육하였다. 하지만 시간이 흘러 밀레니얼 세대, 요즘에는 Z세대(1995년 이후에 태어난 세대)라고 하는 파워 그룹이 자신들만의 방식으로 인플루언서들을 만들어내거나 추종하면서 새로운 세력으로 떠오르고 있다. 누가 승자냐 패자냐 하는 것은 더 이상 의미가 없다. 승자는 사실상 결정되어 있기 때문이다. 바람직한 룰을 어떻게 만들어나갈 것인가만 문제로 남아 있다.

Inspire Me

다양한 미디어를 통해 '소년 농부' 한태웅에 대한 이야기를 접한 사람이 많을 것이다. 한태웅은 새벽 5시에 기상하여 논에 물을 대고 소와 염소에게 여물을 준 뒤 교복을 챙겨 입고 학교에 가는 중학생이다. 그는 초등학교 4학년 때, 어른들이 모두 놀러 간 틈을 타 경운기를 몰고 300평 가까이 되는 땅을 갈았다. 그는 자신의 재능이 농사에 있다는 것을 스스로 발견했다. 친구들이 게임에 빠져 있을 때, 그는 할아버지와 할머니가 농사일을 빨리 끝낼 수 있게 도와드리는 것이 더 즐거웠다. 또한 농사일에 지친 마을 노인들을 위해 경로당에서 노래를 부르는 것이 무척 '재미'있고 '의미' 있는 일이라고 생각했다.

요즘 젊은 세대는 '재미'는 물론, '의미'도 함께 추구한다. 내가 '왜' 일해야 하는지, 그 일에 어떤 목적이 있는지 파악할 필요가 있다. 'Start with why'라는 아이디어를 전 세계적으로 전파하고 있는 사이먼 사이넥Simon Sinek은 현재 미국에서 가장 영향력 있는 인플루언서 중 한 명이다. 사이먼은 대다수의 리더가 어떤 일을 지시할 때 무엇을, 어떻게 해야 하는지에 대한 방법론을 알려주는 데에는 익숙한 반면, 왜 해야 하는지에 대해서는 설명하지 못한다고 말한다. 요즘 젊은 세대의 기준으로 봤을 때, '왜'를 알면 무엇을, 어떻게 할지 자신들만의 방식으로 더 잘 수행할 수도 있는데 말이다.

사이먼은 애플과 삼성을 비교하며, 'why'의 유무가 세계 1위와 2위의 차이를 만들어냈다고 주장했다. 진위 여부를 떠나 새겨볼 만한 '가치'가 있다. 애플은 소수의 대기업만 소유하고 있던 컴퓨터를 세상 모든 개인의 소유로 확산하겠다는 마인드를 가지고 있던 기업이다. 애플은 단순히 컴퓨터만 개인들 손에 쥐여 준 것이 아니다. 아이팟, 아이튠즈, 아이폰 등 자신이 원하는 정보를 마음껏 사용하여 세상을 바꿀 수 있는 도구를 제공해주었다.

반면 삼성은 패스트 팔로어일 뿐이었다. 스마트폰을 왜 소유해야 하는지, 스마트폰을 통해 무엇을 변화시킬 것인지에 대한 남다른 생각 없이 저가의 물량 공세에 집중하여 세계적인 기업이 되었다. 2000년대 초반에 삼성이 미국 시장에서 구사했던 리베이트 전략(자사의 휴대폰을 구매한 고객에게 150불 가량을 현금으로 보상하는 전략)과 그 전략의 부작용으로 인한 손해 배상 사건은 삼성이 진정한 고객의 가치에 관심을 갖기보다 시장 장악을 위한 전술에 집중하는 기업이라는 것을 다시 한 번 확인시켜주었다.

애플을 칭찬하고, 삼성을 공격하기 위한 것이 주 목적이 아니다. 혁신을 통한 새로운 가치 부여만이 기업이 세상에 의미를 주는 유일한 방법이라는 것을 강조하기 위한 예시다. 삼성은 물론 애플도 한 번 창출한 가치를 영원히 '재탕'할 수는 없다. 미국 최대 규모의 비디오 대여 업체 블록버스터가 새로운 가치로 무장한 넷플릭스에게 순식간에 잠식당해버린 것처럼, 냅스터는 마이스페이스에 의해, 마이스페이스는 페이스북에 의해 그 가치를 잠식당해버렸다. 기업에서 영원한 승자가 없는 이유는 새로운 가치를 개발하고 남다른 의미를 부여하지 못하는 플레이어는 시장에서 도태될 수밖에 없기 때문이다. 똑같은 제품이나 서비스도 남다른 관점으로 생각해내고 그 관점을 자기만의 방식으로 세상에 펼칠 수 있을 때 사람들은 영감을 받는다.

플로깅plogging은 조깅을 하면서 쓰레기를 줍는 운동이다. 스웨덴에서 시작되어 전 세계로 확산되고 있는 운동법인데, 스웨덴어로 '이삭을 줍는다'라는 뜻인 'plocka upp'과 영어 'jogging'의 합성어다. 쓰레기를 줍기 위해 일어났다, 앉았다 하는 동작이 하체 근력 운동인 스쿼트의 자세와 닮았고, 쓰레기를 줍는다는 행위 자체가 '환경 보호'와 관련이 있다는 가치가 더해지면서 많은 사람의 공감을 얻게 되었다.

최근 쓰레기 문제가 전 세계적 이슈로 부상하면서 이 문제를 해결하는 방식 또한 다양해지고 있다. 과거에는 환경 보호의 중요성을 강조하는 동영상, 책자 등을 만들어 배포하고 사람들을 모아 쓰레기 제거 작업을 벌이는 등 보여주기 위한 이벤트가 주였다면, 최근에는 플로깅을 통해 운동과 자선 봉사를 결합한 방식들이 인기를 끌고 있다. 요즘 젊은 세대는 쓰레기 제거를 하나의 라이프 스타일 콘텐츠로 변화시키고 있다.

플로깅과 함께 비치코밍beachcombing이라는 활동도 유행하고 있다. 해변을 빗질하듯 바닷가에 있는 쓰레기나 부유물을 주워 모으는 행위를 말한다. 주워 모은 쓰레기나 부유물을 활용하여 예술 작품이나 액세서리를 만들기도 한다. 해양 환경 보호와 더불어 예술 작품 만들기, 예술 작품 감상하기가 동시에 가능하다. 실제로 제주도 비치코밍 페스티벌에서 주워 모은 해양 쓰레기를 활용하여 플라스틱 돌하르방, 해변 조각 작품 등을 선보이기도 했다. 디자이너, 영상 제작자, 일러스트레이터 등 6명으로 구성된 창작 집단 '재주도 좋아'는 비치코밍 페스티벌에서 참가자들이 쓰레기를 모아 오면 그것을 활용하여 즉석에서 함께 예술 작품을 만들었다. 그와 더불어 라이브 공연과 플리마켓을 진행하기도 했다. 그들은 남들에게 보여주기 위한 이벤트가 아니라, 좋은 삶을 위한 하나의 라이프 스타일에 관심이 많다.

　이때 소셜미디어는 중요한 소통 수단이 된다. 콘텐츠 공유에 익숙한 젊은 세대는 의미가 있거나 가치 있는 활동을 적극적으로 공유하고 '좋아요'를 누르며 동참한다. 플로깅이나 비치코밍에 감응한 젊은 세대는 자발적으로 자신이 버린 쓰레기를 찍어서 공유하는 '쓰레기 관찰기'라는 프로젝트를 벌이기도 했다. 한 달 동안 자신이 버린 쓰레기가 무엇인지 기록하고 관찰한 내용과 자신을 돌아본 소감을 소셜미디어에 올렸다. 이후 쓰레기 관찰 온라인 커뮤니티가 뒤따라 생기면서 사람들의 관심을 받기 시작했다. 이는 많은 사람이 '쓰레기를 줍는 행위'를 특별한 날에 힘들여서 하는 노동이 아니라 일상생활의 당연한 일부로 볼 수 있게 바꾸어주었다.

충성심이 약하다?
인정을 원한다!

●

기성세대가 흔히 하는 오해 중 하나는 요즘 젊은 세대는 충성심이 없다는 것이다. SNS를 활용해 원하는 것을 즉각적으로 얻을 수 있는 시대에 태어났기 때문에 변화에 필요한 참을성과 인내심이 부족하고, 결과적으로 어떤 대상에 대한 충성심이 부족하다는 것이다. 인간이 문자, 그림 등의 기록을 남긴 시대는 고작 1만 년 정도밖에 되지 않는다. 인간이 당시의 필요에 따라 수립한 정의正義는 시대를 관통하여 항상 옳은 것이 아닐 수도 있다. 충성에 대한 새로운 정의가 필요한 시대가 되지 않았나 싶다.

———

누구를 위한 충성심인가

우선 가장 먼저 해보아야 할 질문은 '누구를 위한 충성심인가'다. 오랜 기간 유교적 전통을 숭상해온 우리나라의 경우, '군왕을 섬김은 충忠의 시작이고 출세하여 이름을 날림으로써 부모를 드러냄은 효孝의 마침'이라 하여 충과 효를 누구나 지켜야 할 기초적인 도덕 윤리로 삼았다. 결국 충이든 효든 특정 대상, 예컨대 국가, 임금, 부모 등에 대한 순종 내지 복종을 의무로 규정하였다. 그러다 보니 아이러니하게 정몽주 같은 사람이 조선 시대 초기부터 사대부들에게 충절의 상징으로 인정되고 문묘에 배향되는 일이 일어났다. 사실 정몽주는 조선을 위해 단 하루도 살지 않았던 사람이 아닌가. 정몽주는 조선의 개창을 반대하여 죽임을 당한 사람이며 그의 충성의 대상은 고려였는데도 조선의 사대부들은 그의 충절을 기려 숭모의 대상으로 삼았다. 이로 짐작하건대, 사대부들에게 충의 대상은 국가나 국가의 상징인 임금이 아닌, 중세적 사회 질서를 유지하기 위해 필요한 유교적 규칙이었다는 것을 알 수 있다.

다시 세상이 바뀌어 기업이 주도하는 자본주의 시대가 도래했다. 사람들은 국가라는 추상적 실체보다는 '돈'이라는 구체적 실체가 주는 안락감에 더욱 환호했다. 임금이나 고위 관리가 되는 것보다 부를 소유함으로써 누릴 수 있는 경제적 권력을 더 선호하기 시작했다. 우리의 불행은 여기에서 시작되었는지도 모른다. 자생적 자본주의의 길을 찾아내지 못하고 다른 나라의 지배를 받는 수모를 겪으면서 우리는 국가와 자본주의가 결합된 사상을 이식받게 되었다. 이러한 국가자본주의는 사실상 기존의 유교적 충효 개념과 자본주의적 경제적 개념이 교묘하게 결합된 것이다. 전통 시대에 충과 효가 때로는 엄청나게 모순적이었던 것처럼, 이제는 충과 효, 경제와 윤리가 온통 뒤엉켜 무엇이 옳은 삶인지, 무엇이 잘못된 삶인지 많은 사람을 헷갈리게 하고 있다.

또한 자본주의 자체가 엄청나게 변화하고 있다. 서양에서 초기 자본주의는 개개인의 삶을 중요시하지 않았다. 부르주아들에게 개인이란 하나의 생산 도구에 불과했다. 돈, 물자, 사람은 그저 부르주아들의 경제적 자유를 쟁취하는 데 기여하는 수단일 뿐이었다. 물론 부르주아들은 자신들의 재산과 권리를 약탈하는 국왕, 영주, 귀족, 성직자들에게 대항하기 위해서는 경제적 부를 축적해야만 한다는 것을 알고 있었다. 자본주의는 부르주아들이 경제적 자유뿐 아니라 정치적 발언권까지 획득한 이후에 서서히 변화하기 시작했다. 그들이 특권 계급에 대항하여 자신들의 권력을 쟁취한 것처럼 그 아래 계급들 역시 자신들의 권리를 주장하기 시작한 것이다. 참정권 운동에서 시작하여 흑인 노예 해방 운동, 페미니스트 운동, 최근 성소수자 권리 운동 등이 사실 부르주아들의 권력 쟁취에서 시작되었다는 것은 그리 놀랄 만한 일이 아니다.

부르주아들이 특권 계급의 독점 구조를 깨뜨리기 시작한 이후, 기업 내 근무자들의 인적 환경 개선이 중요한 이슈로 대두되었다. 20세기 초반, 미국 웨스턴 일렉트릭western electric 호손 공장에서 실시된 실험에 의하면 노동생산성을 좌우하는 것은 작업 시간, 조명, 임금이 아니라 자신이 속해 있는 작업 집단에 대한 감정적 태도, 상사와의 관계, 동료와의 관계였다.

실로 중요한 발견이 아닐 수 없다. 인간은 기업이 원하는 산출물을 만들어내는 하나의 도구일 뿐이고, 기업이 마음만 먹으면 언제든 다른 인력으로 대체 가능한 존재라는 믿음이 대세였다. 흔히 말하는 공장 시대는 쉽게 대체 가능한 인력의 비율PERL, Percentage of Easily Replaced Laborers을 얼마나 잘 유지하는가가 관리의 비결이라고 했을 정도다.

그러나 하나의 발견이 나온다고 해서 세상이 금방 바뀌지는 않는다. 공장 시대는 발전과 변화를 거듭하며 오랜 기간 장수했다. 공장 시대의 획기적 변화를 일으킨 사람은 포드 자동차의 프레더릭 테일러Frederick Taylor였다. 그는 생산 공정을 세분화하여 프로세스라는 개념을 도입하였고, 분업화를 통해 생산성을 획기적으로 개선하였다. 그의 뒤를 에드워드 데밍Edward Deming이 이었다. 그는 1947년에 맥아더 장군의 초청으로 일본에 건너간 뒤, 일본 전역을 돌며 품질 관리 세미나를 개최하였고, 품질을 바탕으로 경영을 해야 한다고 주장하였다. 데밍은 테일러가 말한 프로세스의 중요성에 덧붙여 프로세스만 완벽하다고 완벽한 제품이 생산되는 것이 아니라고 지적했다. 그는 완벽한 제품을 만들기 위해서는 작업팀의 작업 태도(팀으로 일하기)와 경영자의 마인드, 전문가의 자부심 등 품질 경영 14원칙이 필요하다고 주장했다. 데밍의 품질 경영 방법론을 받아들인 일본 기업은 승승장구했고, 일본 기업들은 '데밍상'을 제정해 지금까지도 그의 업적을 기리고 있다. 1970년대 이후 미국 기업의 제품이 일본 기업의 제품에 비해 현저하게 뒤처졌던 이유와 무관치 않다.

생산 방식, 품질 관리 방식, 인사제도 등 일본으로부터 거의 모든 것을 그대로 받아들인 우리나라는 그들의 장점은 물론 단점까지도 고스란히 물려받았다. 종신고용제도와 연공서열제도가 그 한 예다. 신입사원이 정규직으로 한 번 채용되면 특별한 잘못을 하지 않는 한 정년까지 그 기업에 근무하는 것이 가장 보편적인 근무 형태인데, 이는 기업이나 근로자가 암묵적으로 이해하고 있는 심리적 계약이다. 이를 일컬어 '종신고용제도'라고 한다.

종신고용제도는 연공서열제도라는 유사한 파트너를 만들어낸다. 근로자의 승진과 임금이 연공에 의해 결정되고 선배나 상사는 후배나 부하에게 '사수-부사수' 관계를 형성하는 관습이 생기게 된다. 한국과 일본이 유교라는 공통분모를 가진 나라이기 때문에 '선후배 관계', '윗사람-아랫사람 관계'가 지극히 자연스러운 문화의 일부분이라는 점도 작용했을 것이다. 그러나 세상의 어떤 제도도

순기능만 존재하지는 않는다. 기업은 가족의 생계를 책임지는 존재가 되기 시작하면서 거의 모든 것을 근로자에게 제공하게 되었다. 그 대가로 근로자는 자신의 거의 모든 시간, 열정, 심지어 생각까지도 기업을 위해 존재하는 사람이 되어야 했다.

산업화 시대가 되면서 '과로사', '회사인간'이라는 용어가 등장했다. '과로사'라는 용어는 일본에서 처음 사용하기 시작했는데, 과로로 인해 근로자의 신체적·정신적 질병을 유발하여 사망에 이르는 상태를 말한다. 현재 우리나라에서는 과로사를 업무상 재해로 인정하고 있으며 산업재해보상보호법에 그 기준이 제시되어 있다.

'회사인간'은 또 어떤가. 일본의 고도 성장기에 등장한 이 용어는 자신의 성장과 회사의 성장을 동일시하고 회사의 성장은 곧 국가의 발전이라고 믿는 사람들을 일컫는다. 1980년대 이후부터 2000년대 초반까지 한국에도 분명히 존재했던 현상이다. 환경이 사람을 만든다고 하듯이 그들이 그렇게 믿고 살아온 이유는 단 하나다. 그래야 살아남을 수 있었기 때문에, 그것이 그들의 내면화된 신념이었기 때문이다.

문제는 세상이 바뀌고 있다는 데 있다. '회사인간'이라는 신조어를 만들어낸 일본은 '회사인간이 빠르게 사라지고 있다'라고 말하고 있다. 2014~2016년에 미국 갤럽이 세계 각국의 기업을 상대로 실시한 조사에 의하면, 일본 기업 직원들의 업무 몰입도는 139개국 중 132위로, 세계 최하위인 것으로 나타났다. '업무에 열의가 넘친다'라는 직원의 비율은 6%에 불과했고, '일할 마음이 들지 않는다'라는 직원의 비율은 70%, '불만을 이야기하는 데 적극적이다'라는 직원의 비율은 24%에 달했다. 회사인간의 본국에서 이토록 빠르게 변화가 일어난다면 우리나라도 예외는 아닐 것이다.

요즘 젊은 세대는 회사나 상사에게 이유 없는 충성을 하고 싶어 하지 않는다. 그들은 '자신'에게 필요한 이유 있는 '인정'을 원할 뿐이다. 충忠이라는 글자는 가운데 중中과 마음 심心으로 구성되어 있다. '자신에게 중요한 사람이나 대상에게 마음과 정성을 다하는 것'이 충이라는 뜻에 더 가까워지고 있는지도 모른다.

밀레니얼 세대의 인정 공식

사실 평생직장의 신화는 오래전에 깨졌다. 요즘 젊은 세대는 회사의 성장과 자신의 성장을 동일시하지 않는다. 결론은 분명하다. 회사가 자신의 인생을 책임져주지 않는다고 생각하는 사람들에게 헛된 신화를 강조하는 것은 망상에 불과하다.

이러한 현상은 비단 중소기업에만 나타나는 것이 아니다. 대기업에 입사한 신입사원들의 3년 이내 퇴사율이 44%에 달한다는 사실이 이를 방증한다. '안전'과 '안정'의 대명사였던 대기업 입사가 요즘 젊은 세대에게는 보호막이 되지 못한다는 것이다. 취업률이 몹

시 낮고 좋은 직장에 입사하기 어렵다고 해서 자신의 선택에 만족하는 것은 아니다. 그들은 높은 연봉을 위해 자신의 가치를 알아주는 회사로 쉽게 이직한다.

이제 그들이 원하는 '인정'이 무엇인지 알아야 하지 않을까? 그들이 원하는 인정 공식은 바로 이것이다.

$$\text{인정}^{recognition} = \text{공정성}^{justice} \times \text{경력 개발}^{career} \times \text{피드백}^{feedback}$$

우선 공정성에 대해 이야기해보자. 공정성은 어떤 직장에 입사했을 때 조직으로부터 받는 대우의 공정한 정도를 말한다. 단군 이래 최대 스펙을 갖추었다는 요즘 젊은 세대, 즉 90년생들은 자신이 가진 능력과 성과에 대해 공정하게 평가받고, 그에 따른 공정한 대우를 요구한다. 그들은 회사의 부당한 요구를 참지 않고, 기성세대라면 참고 살았을 것에 대놓고 항의한다. 따라서 그들을 인정한다는 것은 우선 공정한 조직 관리를 한다는 의미다.

그렇다면 공정성은 어떻게 확보해야 하는 것일까? 첫째, 분배 공정성이다. 분배 공정성은 자신이 투입한 노력과 비용에 합당한 보상이나 칭찬이 따라야 한다고 인식하는 것이다. 또한 타인과 비교했을 때 자신의 투입(노력, 비용) 대비 산출(보상, 칭찬)과 타인의 투입 대비 산출이 엇비슷해야 공정하다고 인정한다. 그렇지 않다고 인식할 경우, 불공정성을 지각하고 곧바로 업무를 대하는 태도와 성과에 바람직하지 못한 영향을 미치거나 이직을 결심할 수도 있다.

둘째, 절차 공정성이다. 업무를 수행하고 의사결정을 하는 과정에서 적절한 절차가 지켜졌는가에 대한 것이다. 요즘 젊은 세대는 절차가 합리적이고 민주적이어야 한다고 생각한다. 특정인에게만 적절한 절차가 적용되면 불공정하다고 자각하고, 업무 태도와 성과에 악영향을 미친다.

셋째, 상호작용 공정성이다. 비록 윗사람이라 해도 '요즘 젊은 세대를 얼마나 존중하면서 설명해주는가', '특정 의사결정에 대한 적절한 설명을 해주는가'와 관련이 있다. 일방적이고 무례한 태도로 납득할 수 없는 설명을 하던 시대, '까라면 까'라는 식으로 설명하던 시대는 지났다. 요즘 젊은 세대는 이런 대우를 받으면 공정하게 대우받지 못한다고 느낀다. 이 역시 곧바로 업무 태도와 성과에 악영향으로 작용할 수 있다.

공정성이 확보되었다면 이제 그들의 비전과 경력 개발에 관심을 기울여야 한다. 사람은 누구나 자신이 성장하고 발전할 수 있는 일과 그러한 일을 제공하는 기업에서 일하길 희망한다. 기성세대 역시 그러한 삶을 원했지만 방법이 없다고 생각했고, 그냥 참는 것 이외의 대안을 찾지 못했을 것이다. 그러나 요즘 젊은 세대는 다르다. 그들은 실직을 할지언정 자신이 원하지 않는 일을 시키는 직장, 자신이 원하는 일을 제공할 가능성이 없는 직장에 오래 머물고 싶어 하지 않는다. 그들이 기성세대와 다른 점은 실제로 대담하게 실행에 옮기는 것을 두려워하지 않는다는 것이다.

　MTV의 조사에 의하면 요즘 젊은 세대의 절반이 '싫은 일을 하느니 차라리 실직 상태가 낫다'라고 답했고, 높은 임금이나 인센티브도 중요하지만 그보다는 '자신이 좋아하는 일을 해야 한다'라고 답했다. 그들에게 비전과 경력 개발은 생각보다 거창한 BHAGs^Big Hairy Audacious Goals가 아닐 수 있다. 기성세대가 기업의 비전은 BHAGs라고 배워왔던 것처럼 그들은 개인 차원의 경력 개발에서 중요한 첫 번째 요건은 '내가 좋아하는 일을 하는 것'이라고 생각하고 있는 것이다.

　기업 입장에서는 누군가가 좋아하는 일은 대개 다른 사람도 좋아하기 마련이고, 그러다 보면 누군가는 궂은일을 해야 하는데, 그것이 실제로 가당키나 한 일이냐고 반문할 수도 있다. MTV는 이에 대한 답을 내놓았다. 젊은 세대가 원하는 것은 특정 직무 또는 특정 분야가 아니라는 것이다. 그들의 95%는 자신이 하는 일이 무엇이든 일의 목적과 중요성을 이해하길 원한다. 전체 사업의 관점에서 자신이 얼마나 중요한 역할을 감당하고 있는지 알면 더욱 열심히 일하고자 하는 의욕이 생긴다는 것이다.

　경영학 교수인 시드니 핀켈스틴^Sydney Finkelstein의 말을 참고할 필요가 있다. 그는 밀레니얼 세대 직원을 붙잡는 방법은 근무 환경 개선, 식당의 고급화, 호칭 파괴 등과 같은 외형적인 것이 아니라고 강조한다. 그들이 정말로 원하는 것은 '이 직장에서 내가 성장하고 있는가', '성장할 수 있는가'다. 그들은 동일한 업무를 반복적으로 하는 것이 아니라, 새롭고 도전적인 업무를 하며 권한과 책임이 늘어나길 바란다. 그리고 스스로 전문가 또는 사업가로 성장하고 있다는 느낌적인 느낌을 받고 싶어 한다.

또한 핀켈스틴은 유능한 직원을 무조건 오래 붙들지 말 것을 권고한다. 내가 더 나은 기회와 대우를 제공할 수 없을 때 상대가 다른 곳으로 떠나는 것은 자연스러운 현상이다. 중요한 것은 그들을 좀 더 있게 만드는 노력, 있는 동안 더 잘 활용할 수 있는 방법을 연구하는 것이다. 요즘 젊은 세대를 진정으로 이해하는 조언이 아닐 수 없다.

마지막은 피드백이다. 피드백이란 자신이 현재 수행하고 있는 업무에 대한 객관적인 반응을 보여주는 것이다. 사람은 누구나 자신이 수행한 업무가 잘한 것인지, 그렇지 못한 것인지 궁금해한다. 기성세대 역시 마찬가지였을 것이다. 그러나 기성세대는 선배나 상사에게 피드백을 구할 용기가 없었다. 피드백을 잘 해주는 좋은 상사보다 과묵한 타입의 상사, 말하지 않아도 '알 것'이라고 생각하는 상사가 대부분이었다.

그 당시 이심전심以心傳心, 염화미소拈華微笑 등 상대방의 본심을 알아내는 처세술이 유행한 것을 보면 진실에 기초한 '대화'는 거의 없었다고 보는 것이 맞을 것이다. 상황이 그러하다 보니 기성세대는 가슴앓이를 하지 않을 수 없었다. 일을 잘했다고 생각했는데, 연말

인사고과를 좋지 않게 받는다거나 나보다 성과가 좋지 않다고 생각한 동료가 특진하는 것을 보면 자신의 운명을 한탄하며 술을 푸는 것밖에 달리 할 수 있는 일이 없었다.

만약 요즘 젊은 세대가 같은 상황에 처한다면 어떻게 행동할까? 그들은 당연히 문제제기를 할 것이고, 그래도 시정이 되지 않으면 적절한 법적 절차를 밟을 것이다. 기성세대가 당연하다고 생각했던 일들이 이제는 당연하지 않은 일이 되어 가고 있다.

피드백을 위해 기성세대가 해야 할 첫 번째 일은 젊은 세대 개개인의 장단점을 파악하고, 그들의 현재 업무와 미래 원하는 업무 등을 세심히 관찰하는 것이다. 직접 관찰하는 것만큼 중요한 정보는 없다. 상대방에 대해 잘 모르는데 어떻게 진실에 기초한 피드백을 할 수 있겠는가.

그런 다음 두 번째로 해야 할 일은 긍정적 강화와 부정적 피드백을 하는 것이다. 긍정적 강화는 잘한 일을 잘했다고 사실에 근거한 피드백을 하는 것이다. 그래야 본인들이 잘하고 있다는 것을 알게 되고, 그 방향으로 계속해서 노력할 수 있다. 부정적 피드백은 사실에 근거하여 개선되어야 할 행동이나 결과를 알려주는 것이다. 고쳐야 할 행동이 없는 사람은 존재하지 않는다. 그들 역시 자신의 한계 속에 갇혀 있길 원하지 않는다.

피드백에서 가장 중요한 것은 '변화'를 약속하는 것이다. 무엇을 어떻게 하면 현재의 부족한 부분을 보완할 수 있을지, 무엇을 어떻게 다르게 하면 더 잘할 수 있을지 찾아내야 한다. 기성세대는 젊은 세대를 열린 마음으로 바라보아야 한다. 열린 마음이란, 내 경험과 관점을 일방적으로 전달하거나 강요하는 것이 아니다. 그들의 생각을 듣는 것이 먼저다. 듣고 난 다음에 자신의 경험과 생각을 조언하듯 이야기해야 한다. 이때 주의해야 할 것은 자신의 방법을 상대방에게 주입하려고 해서는 안 된다는 것이다.

앞서 거론한 세 가지, 즉 공정성, 경력 개발, 피드백을 위한 관찰과 경청 등은 기성세대가 유념해야 할 중요한 실천 항목이다. 기성세대가 절대로 해서는 안 되는 한 가지만 짚고 넘어가겠다. 바로 지적질이다. 피드백과 지적질을 혼동하는 사람이 많은데, 그 둘은 엄연히 다르다. 피드백이 상대방의 성장을 위한 것이라면 지적질은 상대방을 공격하기 위한 것이다. 피드백이 상대방을 존중하고 배려하는 것이라면 지적질은 상대방을 무시하고 자신이 우위에 있음을 증명하려는 행동이다. 피드백이 관찰과 사실에 근거한 것이라면 지적질은 자신의 감정과 편견에 기초한 것이다. 피드백이 상대방의 장단점을 균형 있게 보기 위한 것이라면 지적질은 상대방의 단점을 과도하게 부각하려는 것이다. 그 무엇보다도 피드백은 상대방을 존중하는 태도를 유지하는 것이지만 지적질은 상대방의 존재를 부정하는 것이다.

밀레니얼 세대의 연애 공식

밀레니얼 세대는 자신만의 지도를 가지고 자신이 원하는 삶을 살기를 원한다. 그래서 이전 세대가 한 번도 경험하지 못했던 길을 가려한다. 기성세대 역시 자신을 위한 삶의 중요성을 몰랐던 것은 아니다. 그들 역시 자신이 원하는 삶을 살고자 하는 욕구가 강했다. 전쟁이 끝나고 경제가 비약적으로 성장하기 시작하면서 굳이 누군가에게 속하는 사람, 누군가를 부양해야 하는 사람으로 만족하고 싶지 않았을 것이다. 그런데 베이비부머 세대의 삶은 어쩔 수 없는 부분이 많았다. 그렇게 살고 싶지 않았지만 그럴 수밖에 없었다는 변명 아닌 변명으로 살아왔을 것이다. 이전 세대와 달리 이혼이나 별거, 졸혼을 선택하는 사람도 늘었지만 대부분은 그냥 참고 살았다.

그러나 요즘 젊은 세대는 확실히 다르다. 그들에게 결혼은 필수가 아닌 선택이라는 생각이 지배적이다. 기성세대가 남들도 결혼하니까 당연히 해야 하는 것이라고 생각했던 것과 달리 그들은 자신의 경력에 방해가 되거나 행복하지 않을 것이라면 굳이 결혼을 할 필요가 없다고 생각한다.

그들에게 결혼은 값비싼 쇼핑이라는 인식이 강하다. 한 결혼 정보 회사의 자료에 의하면 2018년 기준, 주택을 포함한 결혼 비용은 약 2억 6천만 원이라고 한다. 요즘 젊은 세대의 연평균 수입을 2천

5백만 원이라 가정했을 경우, 한 푼도 쓰지 않고 저축하면 10년 만에 결혼하는 것이 가능하다는 계산이 나온다. 사정이 이러하다 보니 남성의 56%는 결혼 비용 때문에 결혼을 하지 않는다고 답했다. 반면 여성의 59.5%는 자유로운 삶을 위해 결혼하지 않는다고 답했다. 복수 응답자 중 58%는 시월드라고 부르는 시댁 식구들로부터 받을 스트레스를 피하기 위해 결혼을 거부한다고 했다. 그들은 결혼 비용이라는 현실적인 제약 조건만이 아니라 자신의 삶을 위해 결혼 자체를 거부하고 있는 것이다.

삼포세대라는 말이 유행한 적이 있다. 세 가지, 즉 연애, 결혼, 출산을 모두 포기한다는 의미인데, 요즘 젊은 세대의 연애관과 결혼관을 압축적으로 표현한 말이 아닌가 싶다. 삼포세대에서 더 나아가 취업과 내 집 마련을 포기한다는 의미인 '오포세대'라는 말까지 나오더니 급기야 인간관계와 미래에 대한 희망까지 포기한다는 의미인 '칠포세대'라는 신조어까지 등장했다.

사실 이는 우리나라에서만 나타나는 현상이 아니다. 미국의 경제 전문지 〈Entrepreneur〉가 '밀레니얼은 자신의 경력 관리를 위해 연애를 포기할 수 있다'라는 내용을 발표한 적이 있다. 응답자의 41%가 파격적인 승진 기회가 주어진다면 연애를 약 11년 가까이 연기할 수 있다고 응답했다. 또한 현재 연인이 있는 경우에는 약 8년 가까이 결혼을 연기할 수 있고, 현재 결혼한 경우에는 약 7년 가까이 출산을 미룰 수 있다고 응답했다. 그들에게 연애, 결혼, 출산은 자신의 승진 기회나 연봉 인상에 비하면 부차적인 일이라는 인식이 명확하다.

전통적인 관점에서는 연애, 결혼, 출산을 통해 가정을 꾸리는 일이 정상적인 범주로 간주되었다. 그러나 이미 밀레니얼 세대의 인구 비율이 베이비부머 세대를 넘어선 상황이다. 밀레니얼 세대의 절반 이상이 결혼은 필수가 아닌 선택이라고 보는 이 상황은 우리가 사는 세상의 혁명적 변화를 예고하고 있다.

연애는 이미 훅업 문화Hook-up culture라는 현상에 의해 대체되고 있는지도 모른다. 훅업 문화란, 모르는 사람과 만나 하룻밤 즐기고 헤어지는 문화를 말한다. 섹스는 하되, 상호 감정적으로 힘들어지는 상황을 기피하는 것이다. 결혼은 이미 동거라는 대체 수단의 확산, 동성 결혼 등으로 인해 인륜지대사라는 인식이 현저하게 퇴색되었다. 출산율 또한 급격하게 떨어졌다. 요즘 젊은 세대에게 연애, 결혼, 출산은 더 이상 새로운 관심 사항이 아니다. 그들이 유일하게 관심을 갖는 것은 '자기 자신'이다. 자신이 행복이며, 자신이 어떻게 세상을 살아나갈 것인지가 중요할 뿐이다. 심리학자 매슬로우Maslow가 말한 '자아실현의 욕구'가 가장 중요한 이슈로 이미 정착되었다.

나르시시즘과 새로운 조직 문화

그리스 신화에는 아름다운 외모를 가진 젊은 나르시소스와 그를 사랑하는 숲의 요정 에코의 이야기가 나온다.

여신 헤라의 저주를 받아 목소리를 잃은 에코는 누군가가 말을 할 때만 그 소리를 따라 할 수 있다. 가엾은 에코는 나르시소스를 사랑하게 된다. 자기중심적이고 거만한 나르시소스는 에코를 거들떠보지도 않았지만, 에코는 그의 곁을 떠나지 않는다. 그녀는 나르시소스가 자신에게 친절하고 사랑스러운 말을 해주기를 간절히 바란다. 그렇게 해야 자신도 나르시소스에게 그 말을 반복할 수 있으니까.

어느 날 나르시소스는 물에 비친 자신의 모습을 보고 "나는 너를 사랑해!"라고 말한다. 그래서 에코도 나르시소스를 향해 "나는 너를 사랑해!"라고 말할 수 있었다. 하지만 물에 비친 자기 모습에 심취해 있던 나르시소스는 그녀의 목소리를 듣지 못한다. 나르시소스의 관심과 사랑을 한 번도 받지 못한 에코는 우울한 감정에 빠져 점점 아무것도 먹지 못하게 되고, 결국 죽음에 이르

고 만다. 나르시소스 역시 물에 비친 자신의 모습에 넋
을 잃고 있다가 연못에 빠져 죽게 된다.

이 비극적인 이야기에서 한 사람은 병적으로 자기 자신에게 빠져 있다가, 또 한 사람은 그의 사랑을 얻기 위해 모든 것을 희생하며 그가 사랑을 말하기만을 기다리다가 목숨을 잃었다.

지그문트 프로이트^{Sigmund Freud}는 자기 자신을 사랑하는 인간의 보편적 심리를 '나르시시즘^{narcissism}'이라고 이름 붙였다. 인간이라면 누구나 나르시시즘적 특성을 가지고 있고, 또 그래야만 세상을 살아갈 만한 힘을 가지게 된다. 흔히 '자기중심적 사고'라는 불리는 나르시시즘이야말로 인간을 살아가게 하는 원동력인지도 모른다. 문제는 병적일 정도로 자기중심적 상태의 나르시시즘이다.

병적일 정도로 자기중심적 상태의 나르시시즘이 야기하는 문제는 크게 두 가지다. 하나는 상대방의 입장을 공감할 줄 모른다는 것이고, 또 하나는 모든 현상을 자기 입장에서 판단한다는 것이다. 예를 들면, 결혼하지 않겠다고 선언한 젊은 세대에게 기성세대가 "참 불쌍하다" 또는 "노후에 외롭겠다"라고 판단해버리는 것이다. 반박은 얼마든지 가능하다. "결혼을 했는데도 불쌍하게 사는 사람은 없나요?", "결혼하면 외롭지 않나요?"라고 되물을 수 있다. 결혼 여부와 관계없이 불쌍한 사람도 있고 외로운 사람도 있는 법인데 상대방 입장을 전혀 고려하지 않고 판단해버리는 경우가 상당히 많

다. 반대의 경우도 마찬가지다. 기성세대의 자기 헌신과 희생을 단순히 '대책 없는 이타주의', '꼰대들의 속물근성'이라는 말로 공격해버리면 이 또한 젊은 세대의 나르시시즘이 되고 만다.

프로이트는 1914년에 발표한 논문에서 나르시시즘을 1차적 자기애와 2차적 자기애로 나누어 설명했다. 1차적 자기애는 타인을 인식하지 못하는 유아들이 자기를 세상의 중심으로 여기고 자기의 욕구 충족을 중심으로 행동하는 것을 말한다. 배가 고플 때, 자고 싶을 때, 누군가가 안아주기를 원할 때 유아들이 주로 하는 행동은 큰 소리로 우는 것이다. 즉 우는 것으로 자신이 원하는 것을 충족하려고 한다.

2차적 자기애는 성장 과정을 거친 성인들이 타인과의 상호작용을 위해 베풀었던 행동들이 좌절을 경험할 때 발생한다. 내가 이만큼 해주었는데 상대방이 나만큼 해주지 않는다든가, 내가 베푼 사랑이 배신이 되어 돌아올 때 사람들은 크나큰 좌절과 트라우마를 경험하게 된다. 이때 자신이 경험한 상처를 보듬는 방법으로 타인이 아니라 자신을 사랑하는 자기중심적 사람으로 다시 태어난다. '다 소용없어, 내가 행복해야 해'라며 자신을 향한 에너지에 집중하게 된다는 것이다.

기성세대는 기성세대대로 얼마나 많은 아픔과 상처를 경험했을까. 밀레니얼 세대는 밀레니얼 세대대로 얼마나 많은 좌절을 회피하고자 노력했을까. 어찌 보면 전 세계 사람들이 자기애에 빠져 있는 시대가 도래하고 있는지도 모른다. 가급적 새로운 관계를 만들지 않고 자기에게 주어진 일에만 집중하며 잘 모르는 익명의 사람들과 짧고 안전한 관계망 안에서 살고 싶은 욕구가 현대의 나르시시즘을 더욱 증폭시킬지도 모르는 일이다.

그야말로 '군중 속의 고독'은 날로 심해져 최근 '셀카 현상'을 낳은 것인지도 모른다. 셀카는 자신을 사진 속에 예쁜 모습으로 담으려는 인간의 욕구가 그대로 반영되어 있다. 남녀노소 불문하고 한동안 셀카 열풍이 불어 '셀카봉'이라는 도구까지 불티나게 팔렸다. 그런데 좀 더 생각해보면 '셀카 현상'은 자기를 예쁘게 포장하려는 욕구를 넘어 남에게 잘 보이기 위한 욕구까지 포함되어 있다는 것을 쉽게 눈치 챌 수 있다. 셀카를 찍는 이유를 생각해보자. 자신의 프사(프로필 사진)를 장식하거나 페이스북이나 인스타그램 등 SNS에 자신의 사진을 올리기 위함이 아닌가?

상황이 이 정도에 머문다면 자기애라고 불리는 나르시시즘은 그래도 귀여운 수준이다. 세상이 바뀐 줄 모르고 수직적·위계적 조직 문화에 안주하며 조직 내 작은 권력을 마치 자신의 실력인 양 착각하는 수많은 나르시시스트가 지금도 우리나라 조직에 수없이 존재하고 있다. 정말 큰 문제는 자신의 사익을 위해 구성원들을 끝없이 이용하고 고통스럽게 하며 새롭고 참신한 젊은 세대의 앞날을 갉아먹고 있는 나르시시스트들이 충신忠臣으로 둔갑하여 절대 권력자들의 사랑을 독차지하고 있다는 사실이다.

기성세대는 '세상은 원래 다 그런 거야'라는 말로 젊은 세대를 회유하거나 위로하려 든다. 그러나 그들은 불의를 용납하지 않을 것이며, 시간이 걸리겠지만 우리 안의 작은 파시즘을 그대로 방치하지 않을 것이다. 왜냐하면 그들은 타인보다는 자신이 중요하고, 먼 미래보다는 오늘이 중요하다고 생각하기 때문이다. 연애, 결혼, 출산조차도 연기하거나 포기할 수 있는 사람들이 아닌가.

이제 우리는 과거 세대와는 전혀 다른 가치 체계를 가진 젊은 세대가 그걸 만들어낼 수 있는 공정하고 투명한 방법이 무엇인지를 생각해야 한다. 가장 우선적으로는 수직적 사고를 가지고 자신의 권위에만 의존하는 사람들을 견제할 수 있어야 한다. 필자는 그들을 현대의 나르시시스트라고 부르고 싶다. 그들은 자신의 경험과 사상을 절대적인 것으로 인식하고 있다. 자신과 생각이 다른 사람들을 '불신'하고, 기본적으로 인간에 대한 '불신'을 기초로 모든 의사결정을 행하는 경향이 있다. 자신이 원하는 결과가 나오면 그걸로 만족하지만 자신이 원하는 결과가 나오지 않으면 '자신이 원하는 방법으로' 결과를 내도록 강요한다. 결과적으로 자신 이외에는 모두 부족하거나 믿을 수 없는 사람이고, 그 결과, 조직의 의사결정에 심각한 후유증을 남겨 구성원들은 상호 간 불신의 늪에 빠지게 된다.

이런 나르시시스트를 견제할 가장 좋은 방법은 모든 정보를 공개하고 공유하는 문화를 만드는 것이다. 요즘처럼 디지털 기술이 발달한 시대에 실현 가능성이 가장 큰 방법이다. 조직 내 의사결정에 영향을 미치는 모든 변수, 예컨대 20~30개의 변수를 설정한 후 각 변수의 조합이 산출하는 결과가 부정적으로 뜰 때 누구나 'STOP'을 외칠 수 있는 시스템을 설계하는 것이다. 그렇게 해야만 한두 명의 조직 내 독재자가 함부로 권력을 휘두르는 것을 방지할 수 있다.

그러나 더 근본적인 방법은 젊은 세대가 자기 목소리를 제대로 낼 수 있는 문화를 만드는 것이다. 그들은 대개 자기 생각과 의견을 솔직하게 표현하는 편이지만 도저히 가망 없고 비전 없는 조직이라는 판단이 들 때에는 침묵을 지키며 이직 준비에 열중할 가능성도 크기 때문이다.

앞서 여러 차례 이야기했듯 그들은 자신의 목적과 경력 개발이 중요하기 때문에 가망이 없는 회사에 애착과 충성심을 가지지 않는다. 군이 누구를 위해 자신을 희생하겠는가. 핀켈스틴의 주장처럼 젊은 세대가 자기 역할을 제대로 할 수 있도록 그들에게 주요 직책이나 직무를 부여하는 등의 방법을 적극 고려해야 한다. 그들이 새로운 조직 문화를 만드는 산파 역할을 할 수 있도록 해야 새로운 시대에 적합한, 지금과는 전혀 다른 문화를 만들어낼 수 있다.

특정 사람이나 특정 권위에 충성하던 시대는 지났다. 누군가에게 잘 보여 일정 기간 승승장구한다고 한들 그것이 행복을 보장할 수 있겠는가. 요즘 젊은 세대는 자신이 보유하고 있는 능력만큼, 자신이 이루어낸 성과만큼 인정받기를 원한다. 그것이 가능한 조직일 때 조직 또한 발전할 수 있다.

간섭이 아닌
관심을 원한다

●

〈죽음의 무도〉라는 음악이 있다. 카미유 생상스^{Camille Saint Saens}라는 천재 작곡가가 내놓은 교향시로, 죽은 자들이 무덤에서 나와 광란의 춤을 추는 장면을 음악적으로 묘사한 작품이다. 2009년에 김연아 선수가 검은 원피스에 짙은 스모키 화장을 하고 카리스마 넘치는 표정과 완벽한 안무로 전 세계 사람들에게 감동의 물결을 선사하였다. 그때 사용된 배경 음악이 바로 〈죽음의 무도〉다.

생상스는 모차르트나 베토벤만큼 우리에게 잘 알려진 작곡가는 아니지만, 그의 천재성은 모차르트에 필적할 정도였다고 한다. 그런 생상스에게도 트라우마가 있었다. 생상스는 아주 어렸을 때 세상을 떠난 아버지 때문에 평생 죽음의 공포를 갖고 있었고, 어려서부터 어머니의 강력한 간섭에 시달렸다. 결국 그는 평생 어머니로부터 벗어날 수 없었다. 40세가 되어서 겨우 결혼을 했지만 아내로부터 도망쳐 어머니에게 돌아갈 정도였다. 어머니가 죽고 나서야 그는 비로소 남미, 아프리카 등 전 세계를 방랑하며 자신이 원하는 여행을 했고, 알제리에서 객사한 것으로 전해지고 있다. 〈죽음의 무도〉는 어쩌면 생상스 자신을 치유하기 위한 음악이었는지도 모른다.

간섭의 심리학

간섭은 인간의 오랜 습성이다. 바둑이나 장기와 같은 오래된 게임에서부터 훈수訓手라는 이름의 간섭과 참견이 있어 왔다. 훈수라는 한자에서 알 수 있듯 부정적인 의미만 있는 것은 아니다. 바둑이나 장기를 두는 사람이 자기 생각에 빠져 좀 더 큰 수를 읽지 못할 때, 어떤 선수가 다음 수를 어디에 둘지 몰라 장고 끝에 악수를 두려고 할 때 훈수는 큰 도움이 될 수 있다. 훈수를 통해 결정적인 실수를 방지하거나 신의 한 수를 통해 단번에 승기를 잡을 수 있을 때 훈수의 효과는 극대화된다.

그런데 문제는 그 이후에 발생한다. 내가 훈수를 둬서 유리해진 사람이 있는 반면, 불리해진 상대방도 있다. 상대방 입장에서는 자기가 유리한 고지를 점령하고 있었기에 게임에서 이길 수 있었는데 공연한 간섭으로 게임의 양상이 달라졌다고 화를 낼 수도 있다. 훈수 한 번으로 판을 깨고 만 것이다. 그런데 사실 훈수를 두는 사람이 신의 한 수를 충고할 만큼 월등한 실력을 갖추고 있는 경우는 매우 드물다. 그래서 훈수의 진정한 역효과가 발생하는 것이다. 전문가도 아닌데 이래라저래라 훈수를 두다가 쌍방 모두에게 욕을 먹고 결국 분위기만 망칠 수도 있으니 유의해야 한다.

요즘 젊은 세대가 즐겨 하는 인터넷 방송에서 게임하는 도중 훈수를 두는 사람을 훈수충訓手蟲이라고 부른다. '훈수 두기를 밥 먹듯 자주 한다'라는 의미가 내포되어 있다. 자신의 짧은 지식과 경험에 의존해 자신이 그 분야의 전문가라도 된 듯 착각에 빠져 '감 놔라, 배 놔라' 하는 습성에 빠져 있는 것이다. 훈수충이 갖고 있는 첫 번째 문제는 무책임하다는 것이다. 훈수 자체에 집중할 뿐, 결과는 책임지지 않는다. 책임을 지지 않는 훈수는 사실상 자기만족을 위한 것이지, 상대를 위한 것이 아니다. 지독한 나르시시즘의 변형일 뿐이다.

훈수충이 갖고 있는 두 번째 문제는 '우월성'에 사로잡혀 있다는 것이다. 자신이 그 게임을 운영하는 당사자도 아니면서 모든 것을 알고 있는 것처럼 상대방이 자신의 말을 따라주길 원한다. 자신의 훈수대로 하면 "옳지! 옳지!" 하고 두둔하다가도 자신의 훈수를 따르지 않으면 "에이, 뭐야!" 하고 상대방을 비난한다. 그리고 자신의 훈수대로 했음에도 결과가 좋지 않으면 "다음을 위한 수업료"라고 에둘러대기 일쑤다. 훈수충에 충蟲 자가 들어간 것을 보면, 아무래도 그런 자들이 갖고 있는 버러지 같은 습성을 빗댄 말이 아닌가 싶다.

훈수충까지는 아니더라도 우리 주변에 간섭하고 참견하기를 좋아하는 기성세대가 많다. 사실 그들은 훈수충 못지않게 무책임성과 우월성을 여지없이 드러낸다. 그들의 무책임성은 자신들이 살아보지도 않은 미래를 살아본 과거의 잣대로 재단하는 데 있다. 다시 한 번 말하지만 기성세대는 경제가 성장하던 시대를 살아왔다. 그때는 열심히 살기만 하면 되는 시대, 권위와 권력에 순종하면 노후가 보장되는 시대, 10년, 20년 앞이 예측 가능한 시대, 공부를 잘하면 중산층 이상의 삶이 보장되는 시대, 연애와 결혼, 출산이 가능한 시대였다. 반면 요즘 젊은 세대가 살아가는 시대는 어떤 것도 예측할 수 없다. 연애, 결혼, 출산은 물론이고 한 번의 성공이 미래의 성공을 보장하지도 않는다. 공부를 잘하는 것과 잘 사는 것은 별개의 문제가 되었고, 열심히 산다고 원하는 것을 얻을 수 있는 것도 아닌 세상이 되었다.

사람의 습성은 쉽게 바뀌지 않는 법이다. 저간의 사정을 다 아는 기성세대이지만 그들이 할 줄 아는 것이 좋게 말하면 훈수요, 나쁘게 말하면 훈수충이기 때문에 끝없는 간섭과 참견을 일삼을 가능성이 크다. 하지만 그들은 그것이 간섭이 아닌 사랑이고, 참견이 아닌 관심이라고 믿는다. 사랑과 관심으로 포장된 간섭과 참견은 더욱 구제 불능이다. 자신들의 선한 의도(사랑과 관심)를 믿어달라고 하는 것이기에 뭐라고 딱히 반박할 논리를 만들어내기도 어렵다.

어차피 미래를 살아내야 하는 사람은 요즘의 젊은 세대이고, 그들이 모든 고통과 불편을 감당할 텐데, 대체 어떤 실질적 효과가 있기에 기성세대는 사랑과 관심, 필자의 표현으로는 간섭과 참견을 끈질기게 지속하는 것일까? 기성세대 중 유독 간섭과 참견이 심한 사람들은 자신이 예상하는 공포로부터 탈출하기 위해 '통제감^{sense of control}'을 갖고 싶은 게 아닐까 싶다.

통제감 상실이 불러오는 공포

통제감은 개인의 행복을 결정짓는 매우 중요한 요소다. 우리에게 일어나는 수많은 사건이 자신의 통제하에 있다는 믿음은 스트레스를 줄여줄 뿐 아니라 미래에 대한 예측 가능성을 높여주기 때문에 행복감을 경험할 확률이 커진다. 반대로 나에게 일어나는 많은 사건이 내 통제하에 있지 않은 경우를 생각해보자. 다른 누군가가 나와 관련된 사건의 결정권을 쥐고 있으면, 거기에 덧붙여 운명이나 행운이라는 여신이 개입해야 가능한 것이라면 우리의 통제권은 상실되고, 미래에 대한 공포감은 커질 수밖에 없다.

통제감 상실은 미래에 대한 공포로 연결된다. 흔히 공포는 괴로운 일이 닥칠 것이라는 두려움이나 무서움으로 정의되는데, 기성세대는 미래가 예측 가능한 방향으로 흘러가지 않을 것이라는 생각에 직면하면 통제감을 상실하고 금방 공포감에 사로잡힌다. 자신의 노후는 물론이고 자녀의 학업, 취업, 결혼 등 어느 하나도 확실하지 않은 상황에 놓여 있는 기성세대를 생각해보면 그들의 공포감을 쉽게 이해할 수 있을 것이다. 통제감이 상실되고 공포감이 확대되면 인간의 행복감은 금방 바닥에 다다른다. 미래에 대한 생각은 털끝만큼도 없는 젊은 세대의 철없음이 더욱 공포를 불러일으키기도 한다.

그리스 신화에 나오는 메두사는 한때는 아름다운 여신이었지만 아테나의 저주를 받은 후 머리에 뱀이 달린 흉측한 모습으로 변한다. 메두사를 본 사람들은 너무 무서워 그 자리에 '돌'처럼 굳어버리고 만다. 실제로 고소공포증이 있는 사람들은 높은 곳에 올라가면 공포를 느껴 온몸이 돌처럼 굳어버리는 듯한 경험을 한다. 마찬가지로 미래에 대한 공포에 사로잡힌 사람들도 극한의 긴장감을 경험한다. 그들 역시 메두사를 본 사람들과 유사한 공포를 느끼기 때문일 것이다.

메두사를 대하는 우리의 태도는 메두사를 물리친 페르세우스를 통해 변화될 수 있다. 메두사의 얼굴을 정면으로 보기만 해도 돌이 된다는 것을 안 페르세우스는 메두사의 얼굴을 보지 않고 처치할 방법을 궁리하다 거울처럼 반들반들하게 광을 낸 방패를 활용하기로 결심한다. 페르세우스는 메두사를 정면으로 보지 않고 방패를 보면서 메두사의 목을 자르는 데 성공한다. 페르세우스는 메두사의 목을 아테나에게 바치고, 아테나는 자신의 방패에 메두사의 목을 달아 적을 물리치는 데 사용한다.

만약 기성세대가 페르세우스의 메두사 처치 방법을 동일하게 사용한다면 어떤 방식이 될 수 있을까? 우선 공포에서 벗어나기 위해 거울을 준비해야 한다. 거울은 상대방을 비추기도 하고 나를 비추기도 하는, '대상을 객관적으로 볼 수 있는 도구'가 될 수 있을 것이다. 막연한 미래에 공포를 느끼는 것보다 거울에 비친 상대방을 관찰하고 분석하는 일이 우선되어야 한다.

일단 요즘 젊은 세대가 살아가야 할 환경과 자신이 살아온 환경의 차이를 나열해볼 필요가 있다. '디지털, 인공지능, 로봇, SNS 등으로 특징지어진 세상은 어떤 모습일까?', '인간관계와 라이프 스타일은 어떻게 달라질까?', '그들에게 바람직한 가치는 무엇이 될까?', '내가 살아왔던 아날로그 세상과는 어떤 차이가 있을까?' 등 생각나는 모든 질문을 적어보고 자신이 아는 범위 내에서 답변을 정리해보자.

그다음에는 요즘 젊은 세대는 어떤 역량을 갖추고 살아가야 하며 그러기 위해서는 앞으로 무엇을 준비해야 하는지, 그들이 즐겨하는 게임은 무엇이며 왜 그토록 게임을 즐거워하는지, 왜 공부를 할 때는 게임을 할 때처럼 몰입하지 못하는 것인지, 게임을 잘하면 어떤 장점이 있는지, 게임의 적정 시간은 어느 정도이며 그들이 자기 자신을 통제하며 살아가기 위해서는 내가 어떤 역할을 해야 하는지, 요즘 젊은 세대가 준비해야 할 역량, 기술, 자격은 무엇이 있는지 등의 질문과 그에 대한 답변을 정리해볼 필요가 있다.

마지막으로 지금까지 정리한 질문과 답변을 그들에게 물어보아야 한다. 직접 만나 물어보는 것도 괜찮고, 상황이 여의치 않다면 이메일이나 문자 메시지, 카톡으로 물어봐도 괜찮다. '답변이 없으면 어떻게 하지?' 하는 또 다른 공포에 사로잡힐 필요는 없다. 일단 물어보자. 그리고 내가 무엇을 도와줄 수 있는지 물어보자. '가만히 있어주는 것, 간섭하지 않는 것, 참견하지 않는 것'이 도와주는 것이라는 답변이 돌아올까 지레 공포에 떨지 말자. 그럴 수도 있는 것이다.

'호랑이 굴에 잡혀 가도 정신만 차리면 산다'라는 옛말은 허튼소리가 아니다. 지레 겁먹지 말고 차근차근 상대방을 관찰하고 분석하다 보면 상대방을 이해하게 되고, 이해하다 보면 대화가 되고, 대화가 되면 어느새 둘 사이의 소통이 시작된다. 소통이 시작되면 아테나처럼 메두사의 목을 방패에 달아 전쟁터에 나갈 수 있다. 여기서 전쟁터라 함은 제4차 산업혁명이라는, 미래의 거칠고 예측할 수 없는 물결이 될 것이다. 제4차 산업혁명은 우리에게 사업 방식, 업무 방식, 관리 방식, 인간관계 방식 등 모든 것을 송두리째 바꿀 것을 요구하고 있다. 새로운 관점을 갖지 않으면 도태될 수도 있다는 것을 암시하고 있다. 공포에 사로잡힐 것이 아니라 공부할 것을 요구하고 있다.

제4차 산업혁명에 대한 답은 요즘 젊은 세대가 쥐고 있다. 비록 그들은 기성세대를 당황스럽게 하고, 답답하게 하고, 때때로 공포에 떨게 하지만 이미 제4차 산업혁명이 원하는 방식을 무의식적으로 수용하고 있다. 통제감을 상실했다고 느끼는 순간, 공포에 사로잡힐 것이 아니라 메두사를 잡을 거울을 준비해야 한다. 거울을 확보한다는 것은 그들에게 간섭이나 참견을 하는 것이 아니라 진정한 관심을 기울인다는 뜻이다.

간섭과 관심의 차이

말이 쉽지, 간섭과 관심을 실제 생활에서 구분할 수 있을까? 의문이 드는 것이 사실이다. 물질적 세계와 인간적 세계를 구분하여 설명하면 쉽게 이해가 될 수도 있을 것 같다. 물질의 세계에서 둘 이상의 파동이 만나면 어떤 현상이 일어날까? 호수에서 2개의 물결이 만난다면, 두 물결의 높이는 각각의 물결을 합한 수치와 같다.

이러한 현상을 '파동의 간섭'이라고 한다. 이때 같은 간섭이라 하더라도 두 가지 현상으로 나타날 수 있는데, 하나는 '보강 간섭'이라 하고, 또 다른 하나는 '상쇄 간섭'이라 한다. 보강 간섭은 파장과 진폭이 같은 물결이 만나 마루와 마루, 골과 골이 합쳐지는 현상을 말한다.(그림 2). 파동의 진폭은 원래 파동의 2배가 되고, 세기는 4배가 된다고 한다. 물질의 세계에서도 파장이나 진폭의 패턴이 유사한 것이 시너지 효과(보강 간섭)를 불러일으키는 것을 관찰할 수 있다.

한편, 두 물결의 마루와 골이 상이하게 생겨나 마루와 골이 합해져 진폭이 0이 되는 것을 상쇄 간섭이라고 한다. 물질의 세계 역시

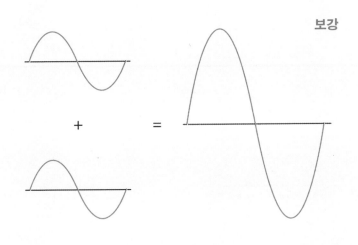

보강

〔그림 2〕 보강 간섭   출처: 네이버 지식백과

서로 다른 형태가 만나 0이 되는 현상이 나타나는 것을 관찰할 수 있다(그림 3). 2개의 물결이 상이한 패턴을 가지고 만날 때 파동은 사실상 소멸된다.

인간의 몸 역시 물질로 이루어져 있고, 인간의 정신 또한 뇌 속에 존재하는 신경세포들 간의 화학작용이라고 가정한다면 사람들 사이에 보강 간섭과 상쇄 간섭이 존재한다는 가정을 할 수 있지 않을까? 코드가 맞는 사람, 코드가 맞지 않는 사람은 보강 간섭과 상쇄 간섭을 지칭하는 것이 아닐까? 사람들 간에도 파장과 진폭이라는

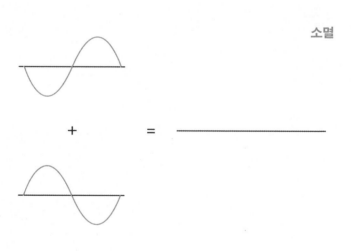

〔그림 3〕 상쇄 간섭   출처: 네이버 지식백과

파동의 원리가 작동한다고 말해도 큰 무리가 없을 듯하다. 우리는 일상생활에서 이유 없이 죽이 잘 맞는 사람과 특별한 까닭 없이 잘 맞지 않는 사람을 숱하게 경험하고 있다. 인간은 자연의 원리를 자연 상태 그대로 내버려두거나 인간의 필요에 따라 활용하여 문명을 진보시켜왔듯이, 인간에게 적용되는 원리 또한 차이를 인정하여 그대로 두는 것이 현명할 때가 있고, 필요에 따라 조정이나 교정을 시도하는 것이 현명할 때가 있다.

이 개념을 사람이 사는 집단에 적용해보자. 사람들 사이의 차이를 인정하고 다양성을 포용해야 할 때가 좋은 경우가 있다. 인종, 성별, 국적, 종교, 성적 지향 등 사람들 간의 차이 그 자체가 상대방을 차별하는 이유가 되어서는 안 된다는 생각은 인간을 인간답게 만드는 데 매우 중요한 발견이었다. 이러한 개념을 발전시키고 수용하기까지 수백 년이 걸렸다.

마찬가지로 다양성의 인정이라는 가치와 배치되지 않으면서도 인간을 인간답게 만드는 공통 개념 또한 발견되었다. 자유, 민주주의, 인권, 평등과 같은 개념이 그것이다. 문제는 차이 개념이든 공통 개념이든 누구나 총론에 찬성하지만 각론에 들어가면 제각기 해석이 다른 경우를 허다하게 볼 수 있다는 것이다. 개념이란 것이 추상적인 차원에 머물면서 사람마다, 집단마다 다른 해석을 낳기도 하는데, 적절한 조정이나 교정이 필요한 이유가 여기에 있다.

기성세대와 요즘 젊은 세대 간의 간섭이 상쇄 간섭, 즉 아무런 시너지 효과를 낳지도 못하면서 불필요한 갈등만 일으키는 간섭이 되지 않으려면 조정과 교정이 필수다. 교정 수단의 첫 단추는 '관심'을 가지는 일이다. '관심'이란 내 마음의 한 자리를 타인에게 내주는 일이고, 상대방의 이야기를 들어주는 일이고, 상대방이 내 영역 안으로 들어와도 좋다는 표현을 해주는 일이다. '관심'이 반복적으로 일어날 때, 우리의 간섭은 상쇄 간섭을 넘어 보강 간섭으로 발전할 수 있을 것이고, 그 순간이 오면 누구도 간섭이냐 관심이냐를 구분하려 들지 않을 것이다.

기성세대와 요즘 젊은 세대의 차이를 알고 구분짓는 일은 물론 필요하다. 그래야 이해와 공감의 수준이 높아지고 그것을 바탕으로 우리가 무엇을 해야 할지 알 수 있기 때문이다. 그러나 더 중요한 것은 두 세대의 세대 차이를 뛰어넘어 더 나은 미래를 건설하는 일이다. 그 시작은 기성세대라는 물결과 젊은 세대라는 새로운 물결이 파장과 진폭을 유사하게 맞추어내고 공통의 어젠다agenda를 개발해내는 것이다. 그렇지 않으면 각각의 파동이 가진 마루와 골이 서로를 메워 결국은 제로 상태로 되돌아가고 만다.

Pick me! Pick me! Pick me up!

요즘 젊은 세대에게 '관심'을 표현하는 방법은 무엇일까? 더구나 그 관심이 단순히 사생활에 관한 것이 아니라면 무엇에 대한 관심을 원하는 것일까? 결국 그들의 인정 욕구를 충족시켜주는 것이 가장 좋다. 그들이 간섭을 싫어하고 관심받기를 원하는 것은 인정받고 싶다는 욕구 때문이다. '헬리콥터 맘'이라는 표현이 있을 정도로 그들은 어려서부터 부모의 지나친 관심을 받았다. 그들은 조금씩 나이가 들면서 부모의 간섭은 거부하면서도 인정이라는 이름의 '관심'을 강력하게 원하고 있다. 최고의 스펙을 갖추고도 극심한 경쟁에서 살아남아야 한다는 강박관념이 그들을 짓누르고 있다. 간섭은 당연히 거부한다. 관심은 원한다. 관심 중에서도 개인의 사생활에 대한 관심이 아니라 인정받기에 합당한 관심을 원한다.

〈프로듀스 101〉이라는 방송 프로그램이 있다. 2016년 시즌 1을 시작으로 2019년 시즌 4 방송을 하고 있다. 101명의 출연자 중 시청자의 표를 가장 많이 받은 11명의 연습생이 데뷔하는 프로그램이다. 매회 탈락자가 발생하는데, 시청자는 자신이 응원하는 연습생이 탈락할까봐, 연습생은 본인이 탈락할까봐 가슴을 졸인다. 치열한 경쟁을 게임하듯 바라보면서 상호 긴장감을 즐기는 것이다. 그런데 최종 선택된 11명, 그중에서도 센터가 되는 연습생에게는 엄청난 보상과 함께 강력한 개인 브랜드를 구축할 수 있는 기회가 뒤따른다. 시즌 2의 강다니엘이 대표적인 경우다. 최단 시간에 인스타그램 팔로어 100만 명을 돌파하며 교황의 인기를 넘어섰을 뿐만 아니라 그가 속한 워너원이라는 프로젝트 그룹은 약 1년 반 정도의 시한부 활동 기간에 1천억 원 이상의 매출 효과를 거둔 것으로 알려졌다. 그들은 'winner-takes-it-all'이라는 승자 독식의 세계를 여실히 보여주었다.

보통 수준의 능력을 가진 세대라고 해서 경쟁이 없는 것은 아니다. 그들 역시 대학 입시부터 취업에 이르기까지 치열한 경쟁을 밤낮없이 치르고 있다. 그들은 직장생활, 사회생활, 결혼생활에 대한 환상이 없다. 부모 세대를 통해 결혼생활이 그다지 행복하지 않다는 것을 알고 있고, 직장생활 역시 좋아서가 아니라 마지못해 하고 있다는 것쯤은 눈치 채고 있다. 넓은 인맥이 좋은 것만이 아니라 피곤한 일이라는 것도 깨닫고 있다. 그들은 처음부터 반쯤 지쳐 있다고 보는 것이 옳은 판단일 것이다.

그들은 크게 둘 중 하나를 선택한다. 하나는 관계의 단절, 사회생활 포기 쪽으로 방향을 잡는 것이다. 그들은 일본어로 히키코모리[ひきこもり]라고 부르는 은둔형 외톨이로, 사회생활 자체를 포기하고 스스로 관계의 단절을 추구한다. 그러나 대부분은 사회생활, 직장생활은 하되 제한된 범위 내에서 자신의 삶을 추구한다. 그들은 사회와 직장에 큰 기대를 갖지 않는다. 그래서 경쟁에서 반드시 이기는 것보다는 남과 비교해 뒤처지지 않을 만큼의 노력만 해야겠다고 마음먹는다.

따라서 그들의 인정 욕구 또한 '야망'의 수준이 아니라 '소망'의 수준이다. 야망은 목표를 위해 물불을 가리지 않는다는 의미가 내포되어 있지만, 소망은 그렇게 되었으면 하는 바람일 뿐이다. 만약 자신의 바람대로 이루어지지 않는 직장이라면 미련 없이 떠나거나 다른 곳에서 다른 소망을 추구해도 무방하다.

물론 그들 역시 개인마다 야망이나 소망의 수준이 다를 것이다. 다만 그들은 기성세대에 비해 한곳에 집착하는 마음이 덜하다는 공통점이 있다. 사정이 이렇다 보니 그들은 현재 있는 곳에서 부당한 대우를 받는 것을 절대로 허용하고 싶어 하지 않는다. 그들은 부당하다는 느낌이 들면 곧바로 문제제기를 한다. 그리고 이왕이면 급여나 인센티브를 많이 받을 수 있을 때 많이 받아 두고, 승진할 수 있을 때 남들보다 빨리 승진하면 좋은 일이라고 생각한다. 군이 미래를 위해 현재를 희생하려 하지 않는다. 남들만큼 받으면 되고 남들 승진할 때 하면 되는 것이 아니라 여건이 허락하면 남들보다 더 많이 받고, 더 빨리 승진하면 좋을 뿐이라고 생각한다. 그들의 인정 욕구는 지독히 현실적이고 현세적이다.

그들의 슬픔이 여기에 있다. 이전 세대가 겪지 않은 치열한 경쟁에 오랜 기간 노출되어 있다 보니 반쯤 지쳐 있는 상황인데, 사회생활은 해야 하니 경쟁을 피할 수는 없다. 때로는 직장을 옮겨 다니는 방식으로 자신의 인정 욕구를 충족하거나 불의를 보면 참지 않고 목소리를 내지만 정작 본인들도 누군가에 의해 선택받아야 하는 존재임을 절실히 느끼고 있다. 〈프로듀스 101〉 시즌 1에서 'Pick me! Pick me! Pick me up!'이라는 노래 가사로 자신들이 선택받고 싶다는 욕망을 과감하게 드러낸 것을 보면 그들의 인정 욕구가 어떤 것인지 어렵지 않게 짐작할 수 있다.

요즘 젊은 세대를 간섭하고 싶다는 기성세대의 은밀한 욕망은 실현 불가능하다. 미래의 권력이 그들에게 있기 때문이 아니다. 간섭이나 참견이 훈수가 되면 그 자체만으로도 상대방이 거부하기 때문이다. 간섭은 관심이 되어야 한다. 그런데 관심 또한 그들이 원하는 관심이어야 하지, 그들이 원치 않는 영역에 관심을 보이면 이 또한 성립 불가능하다.

기성세대의 관심은 젊은 세대가 원하는 인정 욕구의 충족이라는 방향으로 나아갈 수밖에 없다. 앞서 말했듯 요즘 젊은 세대가 원하는 것은 공정함이다. 그들은 더 잘하는 사람에게 조금이라도 더 많은 기회가 돌아가야 한다고 생각한다. 또한 자신의 이익만을 추구하기 위한 야망이 아니라 타인 대비 공정한 수준의 소망이 실현되길 원한다.

단언컨대,
미래는 그들의 것

●

〈이코노미스트〉는 해마다 연말이 되면 다음 해의 정치, 경제, 사회,
문화를 전망하는 특집 기사를 내놓는다. 2018년 말, 〈이코노미스
트〉에 '레오나르도 다빈치, 2019년을 방문하다'라는 제목의 기획
기사가 눈길을 끌었다.

　2019년은 세계적인 천재 과학자이자 예술가로 손꼽히는 레오나
르도 다빈치의 사후 500년이 되는 해이기 때문에 프랑스와 이탈리
아에서는 '르네상스 500주년'이라는 주제로 관광객을 유치하기 위
한 대대적인 이벤트가 기획되어 있다. 그런 분위기에 힘입어 〈이코
노미스트〉에서 기획 기사를 선보인 것이다. 500년 전에 죽은 레오

나르도 다빈치가 2019년으로 시간 여행을 온다면 어떤 기분일까 상상하며 쓴 글이다. 스마트폰을 본 레오나르도 다빈치의 시각이 재미있게 표현되어 있다.

내게 가장 신기한 것은 공기를 통해 보이지 않게 흐르는 세 번째 유체다. 이것은 직사각형 유리끼리 글과 소리, 그림을 전달할 수 있게 하고, 직사각형 유리가 다른 공간으로 향하는 창문 역할을 하도록 하며, 어떤 그림보다 더 충실하게 사물의 모습을 포착할 수 있게 한다. 매우 놀라운 것은 사람들로 하여금 그들의 직사각형 유리와 그 안에 있는 이미지를 꾸준히 들여다보게 하는 힘이다. 그림은 더 이상 자연이 만든 모든 가시적인 작품의 유일한 모방 수단이 아니다. 거울이 사실적인 그림을 보여주는 데 대가인 것처럼 이미지를 제자리에 고정하는 이 직사각형 유리도 마찬가지다.

레오나르도 다빈치가 다시 살아온다 해도 현대의 과학 기술은 온통 '신기할 뿐'이고 '매우 놀라운 것'이라는 점을 강조하고 있다. 왜 사람들은 '직사각형 유리' 안의 이미지를 꾸준히 들여다보는 것일까? 어떤 힘이 '직사각형 유리' 안의 이미지를 계속해서 보게 만드는 것일까? 어떻게 해서 '직사각형 유리'끼리 글과 소리, 그림을 전달할 수 있게 된 것일까? 이 질문에 대한 대답은 요즘 젊은 세대가 할 수 있다. 그들은 '디지털' 세상에 최적화된 상태로 태어나서 살아온 세대이기 때문이다.

인구 구성 변화에 따른 새로운 룰

〈이코노미스트〉는 2019년을 인구상 주요한 변화가 일어나는 변곡점이 될 것이라고 내다봤다. 미국을 기준으로 설명하고 있기는 하지만, 2019년을 기점으로 사회를 구성하는 주류 세대가 바뀔 것이라고 했다. 1965~1976년에 태어난 X세대가 2000년대 초반에 주도권을 밀레니얼 세대에게 넘긴 것과 유사하게 2019년은 밀레니얼 세대의 인구수가 베이버부머의 인구수를 추월하는 해가 될 것이라고 전망했다(그림 4).

인구 구성이 바뀐다는 것은 우리에게 어떤 의미일까? 18세기 말 《인구론人口論》의 저자인 토마스 로버트 맬서스Thomas Robert Malthus는 식량은 산술급수적으로 증가하는데 인구는 기하급수적으로 증가하기 때문에 과잉 인구로 인한 식량 부족을 피할 수 없으며, 그로 인해 범죄와 죄악이 창궐할 것이라고 예언하였다. 맬서스의 인구론은 필연적으로 인위적인 산아 제한, 성적 방종을 막기 위한 도덕적 규

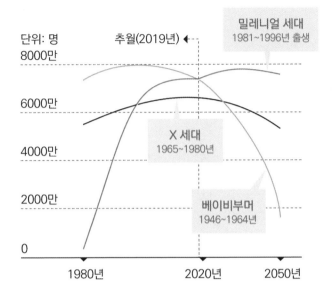

단위: 명
8000만

추월(2019년) ◄┈┐

밀레니얼 세대
1981~1996년 출생

6000만

X 세대
1965~1980년

4000만

2000만

베이비부머
1946~1964년

0

1980년   2020년   2050년

[그림 4] 미국의 세대별 인구 변화   출처: PEW 리서치 센터

제로 이어졌다. 하지만 인구의 폭발적 증가는 예측대로 진행되었으나 기술 혁신, 생산성 혁신으로 식량의 절대적 부족 사태는 일어나지 않았다. 중진국 이상의 국가에서 식량은 오히려 과잉 생산 현상을 보여주었다. 맬서스가 예측한 미래는 반은 맞고, 반은 틀렸다.

오늘날 전 세계는 정반대의 현상에 직면해 있다. 인구 증가가 아니라 인구 감소를 걱정하고 있다. 인구 감소는 저출산·고령화를 잉태했다. 그에 따라 젊은 세대의 고령층 부양에 대한 우려의 목소리가 들려오고 있다. 인구가 줄면 소비가 줄고, 소비 절벽 현상이 본격화되면 경제는 저성장의 늪에 빠지게 되고, 청년층의 실업은 더욱 늘어나게 된다고 걱정한다.

반대로 생각해보면 어떨까? 인구가 줄면 기업은 인공지능이나 로봇에 대한 의존도가 심화되어 진짜 인재에 대한 대우는 더 좋아질 것이다. 저출산으로 인해 청년의 수는 줄어들겠지만, 소수의 청년은 기업으로부터 더 인간다운 대우를 받을 것이다. 공장 시대처럼 대체 가능한 인력의 비율을 유지하려 드는 것이 아니라 개인의 창의성과 자율성, 다양성이 더욱 중요해질 것이다.

디지털과 SNS로 무장한 요즘 젊은 세대가 위계적 조직 문화를 해체하고 불필요한 과잉 노동을 없애며 진정으로 기업의 '본질'에 집중하여 좀 더 공정하고 정의로우며 사람들의 필요를 충족시키는 세상을 만들어낼 수도 있지 않을까?

왜 국가나 기업, 조직은 인구가 많아야 하고, 그래야 더 나은 가치를 창조한다고 믿는 것일까? 아마도 최근 수백 년의 역사에서 그래야 발언권이 생기고 남들보다 우위에 서서 '갑질'하는 양상을 보아왔기 때문일 것이다. 그러나 밀레니얼 세대가 베이비부머 세대의 인구를 추월하기 시작하면서 게임의 룰이 급격하게 바뀔 가능성이 크다. 앞서 설명했듯 그들은 재미를 추구하고 현재를 중시한다. 또한 디지털 기술로 무장해 있고 SNS를 통해 자신들의 영향력을 확장해나가고 급기야 감동과 의미를 추구하는 삶을 살기를 원한다. 그들에게 높은 계급, 사회적 지위, 규모의 크기, 사회적 대의, 국가적 의제 따위는 중요하지 않다.

2018년 평창 동계올림픽에서 여자 아이스하키의 남북단일팀이 큰 논란을 일으켰다. 특히 2030세대는 왜 국가라는 이름으로 남북 단일팀을 구성해야 하느냐며 거세게 항의했다. 그동안 국가대표가 되기 위해 노력했던 선수들이 국가가 개입한 낙하산(북한 선수들을 지칭)들 때문에 평생에 한 번 얻을까 말까 한 기회를 놓쳐야 하는지에 대한 공정성 시비가 크게 일었다. 과거의 권위주의 시대에서는 상상도 하지 못한 항의가 아닐 수 없다. '남북단일팀'이라는 대의 앞에 누가 감히 토를 달고 이의를 제기한단 말인가. 그러나 요즘 젊은 세대는 국가보다는 개인의 행복, 단일팀보다는 공정한 기회의 보장을 중요하게 생각한다.

요즘 젊은 세대가 사회의 주류가 된다는 것은 세상의 모든 룰이 바뀌어간다는 것을, 소비 시장의 성향은 물론 콘텐츠 생산, 유통 방식이 그들의 입맛에 맞게 설계되어야 한다는 것을 의미한다. 이미 많은 기업과 미디어, 공공기관이 그들을 주요 고객으로 삼고 그들을 위한 맞춤형 마케팅을 재빠르게 선보이고 있는 것이 이를 반증한다.

예를 들면 스포츠를 즐기는 방식조차 그들의 기호에 맞출 가능성이 커져 스포츠 관중을 위한 디지털 플랫폼을 운영하는 것이 대세로 자리를 잡아가고 있다. 2016년, 호주 멜버른의 에티하드 스타디움은 '스마트 시트'라 불리는 좌석에 설치된 기기를 통해 다른 콘텐츠(다른 스포츠, 라이브 방송, 어린이 채널, 스코어보드 피드 등)를 경기장에서 이용할 수 있는 환경을 만들었다. 디지털 플랫폼을 활용하여 팬 경험을 다양화시키기 시작한 것이다. 과거의 스포츠 경기장이 지금 보고 있는 경기에 관중을 몰입시키려는 노력을 했다면 지금은 디지털 플랫폼을 통해 경기 이외의 조건을 즐길 수 있는 자율성을 부여하고 그 여건을 제공하기 시작했다. 요즘 젊은 세대가 전형적으로 좋아하는 멀티태스킹 환경을 조성해준 것이다.

멀티태스킹 능력 UP

'밥 잘 사주는 예쁜 엄마'는 밀레니얼 세대를 상징하는 새로운 가족 유형이다. 《트렌드 코리아 2019》의 저자 김난도는 가사와 육아에만 집중하는 착한 엄마보다는 모든 일을 적당히 잘하는 밀레니얼 엄마가 미래의 트렌드가 될 것이라고 내다봤다. 밀레니얼 엄마는 가사와 육아만큼이나 자신의 삶을 중요하게 생각하기 때문에 소스만 부으면 먹을 수 있는 간편식을 선호하고 가성비 높은 외식 장소를 잘 파악해두고 있다. 각종 만능 소스가 밀레니얼 엄마들의 헬프템이 되어 가고 있다.

바야흐로 멀티태스킹 시대가 열리고 있다. 다중 작업이라고도 하는 멀티태스킹은 동시에 여러 작업을 처리하는 것을 말한다. 스마트폰으로 음악을 들으며 인터넷 검색을 하고, 보고서를 만드는 등의 일을 동시에 수행 가능한 상태를 말한다. 세상이 복잡해지고 한 번에 처리해야 할 일이 많아지면서 멀티태스킹 능력이 어느 때보다 중요해지고 있다.

과거처럼 한 번에 하나씩 선택해서 집중적으로 처리해도 되는 일이라면 더할 나위 없이 좋을 것이다. 그러나 직장인이라면 누구나 알고 있겠지만 본인이 처리해야 할 업무나 정보가 한 번에 하나씩 발생하는 경우는 거의 없다. 보고서 작성과 고객 불만 처리를 동시에 진행해야 하고, 두 시간 후의 회의 준비도 해야 하며, 타 부서 동료들과 업무 협의도 진행해야 한다. 이때 내 머릿속에 있는 단기 기억과 장기 기억 속의 정보들을 꺼내 잘 조합하고 처리해서 내가 원하는 결과를 얻어내야 한다. 여러 가지 일을 동시에 처리하면서도 일의 우선순위를 순간적으로 판단해 지금 당장 해야 할 일과 다음에 해야 할 일을 정리해낼 수 있어야 한다. 이런 일을 처리하는 기억을 작업 기억working memory이라고 하는데, 작업 기억의 차이가 지능의 60%를 차지한다고 한다. 영국의 알렉소풀루 교수에 의하면 작업 기억 능력을 가진 사람이 멀티태스킹 능력이 뛰어나다고 한다. 심지어 작업 기억 능력을 잘 활용하면 스트레스 대처 능력도 좋아지고 일상생활을 영위하는 데에도 직접적인 도움을 받을 수 있다고 한다.

《다동력多動力》의 저자 호리에 다카후미는 정신없이 빠르게 돌아가는 요즘 세상에 한 가지 일에만 몰두하는 속칭 장인정신은 미친 짓이라고 서슴없이 말한다. 특히 자신이 좋아하지도 않는 일에 수십 년을 허비하는 것은 요즘 세상에 맞지 않다며 하나밖에 할 줄 모르는 사람이 되기보다는 다양하게 이것저것 많은 것을 할 줄 아는 사람이 되어야 한다고 조언한다. 심지어 완벽하게 하지 않아도 된다고 말한다. 한 우물을 파서 한 분야의 전문가가 되는 것을 미덕으로 삼았던 과거와 정반대의 훈수가 아닐 수 없다.

호리에 다카후미는 '동시에 일을 해내는 세 가지 방법'을 추천했다. 간단히 정리하면 다음과 같다. 첫째, 일단 시작하고 달리면서 생각하는 것이다. 준비하는 데 허송세월하지 말고, '잘 안 되면 어쩌지?'라고 걱정하지 말고, 완벽한 것을 기대하지 말아야 한다. 완벽할 때까지 몇 년을 기다리기보다는 졸속이라도 시행착오를 겪으며 개선하는 것이 더 나은 선택이다.

둘째, 자신만의 시간을 갖는 것이다. 다른 말로 바꾸면 '자신이 좋아하지 않는 일'을 하는 데 시간을 낭비하지 말라는 뜻이다. 가슴이 두근거리지 않는 일을 하면 끝내 성과가 없다. 진정으로 원하는 일이 무엇인지 찾고 거기에 매달리기 위해 자신만의 시간을 가져야 한다. 자신이 하기 싫은 일은 남에게 맡기는 것도 한 방법이다. 청소, 요리 등이 싫다면 그 일을 대신해줄 누군가를 찾아 위임하면 된다. 그것이 더 효율적인 삶을 사는 방법이다.

셋째, 원액을 만드는 것이다. 여기서 말하는 원액이란 자신만의 아이디어, 발언, 주장을 만들어내라는 뜻이다. 창조적인 사람이 되지 않으면 성과가 적을 수밖에 없고 다른 사람들의 아이디어를 따라 살아갈 수밖에 없다. 업무량의 많고 적음이 중요한 것이 아니다. 다른 사람들과 다른 생각을 하는 것에 집중해야 한다.

기성세대가 요즘 젊은 세대에게 하는 조언은 호리에 다카후미의 조언과 상당히 다르다. 기성세대는 안정된 직업을 갖고 안정된 직장에서 남들처럼 살라고 말한다. 그리고 욕심내지 말고 주어진 일을 하나씩 하나씩 해나가라고 말한다. 그런데 그들의 말처럼 한 번에 하나씩, 10년, 20년을 해나가면 정말로 전문가가 될 수 있을까? 세상은 엄청난 속도로 변하고 있는데, 나 혼자 전문가랍시고 거드름을 피우는 40대가 되어 있다면 과연 무슨 소용이 있을까?

그래서 요즘 젊은 세대는 다르게 생각하는지도 모른다. 그들은 산만해 보이더라도 이것저것 시도해보려 한다. 동시에 몇 가지 아르바이트를 하듯 직장도 여러 군데 다녀보고, 연애도 여러 사람과 해보고, 가슴 두근거리는 일이 무엇인지 알아보기 위해 여기저기 기웃거린다. 한 개의 전공을 선택해서 수년을 공부했어도 나와 맞지 않다고 느끼면 그만큼의 세월을 손해 볼 수도 있다고 생각한다. 그들은 마음 맞는 사람들과 일을 하면 그 일이 평생 직업이 될 수도 있다는 생각에 다양한 사람을 만나본다. 말하자면, 그들은 작업 기억을 향상하면서 멀티태스킹 능력을 스스로 키워나가고 있는 것이다.

몰입? 맞춤형 몰입!

일반적으로 봤을 때 요즘 젊은 세대의 멀티태스킹 능력이 높은 이유는 자신들이 좋아하는 일에 깊이 빠지는 '몰입 경험' 때문이다. 동시에 이런저런 다양한 시도를 하지만 그들은 대체로 자기들이 자주 하는 게임, 오락, 뷰티, 요리, 스포츠 등을 깊이 이해하고 좋아하기 때문에 진정으로 즐길 수 있는 것이다. '몰입 이론'의 창시자인 미하이 칙센트미하이Mihaly Csikszentmihalyi는 "몰입을 자주 경험하는 사람들은 자율성과 독립성이 강하고 남들의 시선을 신경 쓰지 않으며 일 그 자체를 즐기는 경향이 있다"라고 말했다. 좋아하는 일을 하다 보면 시간 가는 줄 모르고 흠뻑 빠져서 물 흐르듯 자연스럽게 수행하는 상태가 된다.

요즘 젊은 세대가 가진 또 하나의 특성은 개인 맞춤형 서비스에 몰입하는 경향이 강하다는 것이다. Me, Me, Me(나나나) 세대의 특성에 걸맞게 세상에 단 하나뿐인 자기만의 제품, 서비스, 캐릭터를 소유하고 싶어 한다. 대표적으로 서브웨이 샌드위치를 예로 들 수 있다. 서브웨이 샌드위치는 빵, 채소, 토핑, 소스 등 샌드위치를 만들 때 들어가는 모든 재료를 취향에 맞게 선택할 수 있어 세상에 하나뿐인 자기만의 샌드위치를 만들 수 있다.

또 다른 예는 세상에 단 하나뿐인 자기만의 향수를 만드는 것이다. 최고급 프랑스산 향수에 전문 조향사의 노하우를 활용하여 자신이 좋아하는 향수를 맞춤 제작하는 센틀리에라는 향수 브랜드가 있다. 자신만의 독특한 개성을 향으로 표현하고자 하는 개인 취향이 반영되어 있다고 할 수 있다. 이러한 현상은 비단 샌드위치나 향수 산업에만 국한되지 않는다. 자동차, 게임 분야는 물론이고 피자와 같은 먹거리 산업에도 주문형 서비스가 일반화되어 가고 있다.

2019년을 기점으로 인구 구성의 다수가 밀레니얼 세대로 넘어가고 있다. 그렇다면 수많은 시도와 실패를 두려워하지 않고, 본인들이 원하는 일을 동시에 실험해보는 것을 주저하지 않으며, 자기만의 맞춤형 제품, 맞춤형 서비스를 추구하는 그들은 어떤 세상을 원할까? 물론 그들이 원하는 세상이 어떤 모습인지 정확히 말할 수 있는 사람은 없을 것이다. 그러나 전체적인 방향성은 조심스럽게 짚어볼 수 있다.

첫 번째는 자율과 참여가 보장되는 세상이다. 우선 자율이란 그들의 역량과 열정을 믿어주고 알아서 일할 수 있는 환경을 조성해주는 것이다. 어찌 보면 반드시 칼퇴근을 장려하는 것이 자율이 아닐 수도 있다. 일찍 출근했다가 일찍 퇴근하는 것이 좋은 사람도 있을 것이고, 늦게 출근했다가 늦게 퇴근하는 것이 좋은 사람도 있을 것이다. 출퇴근 시간, 더 나아가 출퇴근이라는 개념 자체를 자율에 맡기는 편이 좋을 것이다. 이건 믿음의 문제로, '인간은 일하기 싫어하는 존재다'라는 전제 자체가 틀렸다고 봐야 하는 데서 출발한다. 만약 '인간은 일하기 싫어하는 존재다'라고 가정한다면 우리는 인간을 감시하고, 감독하고, 통제해야 한다는 결론에 자연스럽게 도달하게 된다. 이 기본 가정을 버리지 않는 한, 진정한 의미의 자율은 없다. 참여 또한 마찬가지다. '사람은 누구나 자신이 속한 집단에 기여하고 공헌하고 싶어 한다'라는 가정이 성립되어야 한다. 이 가정이 무너지면 '사람은 가급적 편하고 싶어 하고 자기에게 손해되는 일은 피하려 한다'라는 의심이 자리 잡게 된다. 그러면 결론은 정해져 있다. 참여 대신 강제가 일상화되고, 열정 대신 회피가 횡행하게 된다.

두 번째는 실수와 실패의 용인이다. 실수는 일을 진행하는 과정에서 방법을 잘못 선택하여 발생하는 비용이고, 실패는 일의 방향을 잘못 선택하여 발생하는 비용이다. 실수보다는 실패에 훨씬 큰 대가를 지불해야 한다. 불확실한 상황에서 실수나 실패를 용인하지 못하는 집단은 나중에 더 큰 대가를 치러야 할지도 모른다. 현재 누구도 정확한 정답을 알지 못하기 때문에 실수나 실패를 두려워하다가 요즘 젊은 세대의 창의성을 억압할 수도 있다.

세 번째는 성장과 성과에 대한 도전이다. 성장은 '일의 수행 과정에서 무엇을 배웠는가'를 질문하고 토의하는 과정을 지칭한다. 성과는 일의 수행 결과가 무엇인가를 의미한다. 요즘 젊은 세대는 자신이 일을 통해 무엇을 배우고 있으며 그 배움이 경력 개발에 어떤 도움을 주고 있는지, 자신이 산출해낸 일의 결과가 집단에 어떤 영향을 미쳤는지 알고 싶어 한다. 그런 대화를 할 수 없다면 그들을 진정으로 이해하고 있다고 말할 수 없다.

밀레니얼 세대보다 미래에 더 가까이 다가간 세대는 없다. 두 말할 필요도 없이 그들이 미래의 주역이요, 미래를 책임지는 사람들이 될 것이다. 우리는 어떻게 그들과 함께 미래를 살아갈 것인가를 선택해야 할 시점에 와 있다.

CHAPTER 2

리더십을
뒤집어라

이주일 팀장은 최근에 팀장으로 승진했다. 20대 후반에 지금의 회사에 입사하여 15년 만에 팀장으로 승진한 것이었기에 한껏 기대에 부풀었다. 더구나 입사 동기들에 비해 2년 정도 빠른 승진이었다. 그는 승진 후 얼마 지나지 않아 우수한 성적으로 신임팀장 교육까지 마쳤다. 이제 좋은 팀장이라는 소리를 들으며 뛰어난 성과를 보여주고 임원 승진을 향해 계단을 차례차례 밟아나갈 예정이었다.

이 팀장은 신임팀장 교육에서 일 관리 방법, 사람 관리 방법, 성과 관리 방법 등에 대해 배웠다. 팀원을 존중하고 자율성을 최대한 발휘할 수 있는 환경을 만드는 방법, 팀원들에게 공정하게 업무 배분하는 방법, 맡은 업무 목표를 달성하도록 지도하는 방법, 팀원들 동기부여하는 방법, 동기부여가 되지 않을 때 코칭하는 방법, 팀원을 존중하는 대화법, 성과를 달성하기 위해 업무 전반을 장악하고 팀원 개개인의 니즈를 정확히 파악하여 목표를 향해 한 방향으로 정렬시키는 방법 등.

이 팀장은 의기양양하게 자신의 팀으로 돌아왔다. 교육 후 첫 팀 회의를 개최한 날, 그는 팀원들에게 자신이 받은 교육 내용을 간략하게 설명한 뒤 이렇게 말했다.

"여러분, 이번 교육을 통해 저는 정말로 많은 것을 배웠습니다. 배운 내용을 잊어버리지 않기 위해 팀 운영에 적용하려고 합니다. 첫째, 일 관리는 여러분에게 믿고 맡기겠습니다. 즉 여러분의 자율성을 한껏 존중하겠다는 의미입니다. 두 번째, 사람 관리는 여러분이 자발적으로 일하고 싶은 환경을 조성하는 데 집중하겠습니다. 그러기 위해서는 여러분의 의견을 경청하고 존중하며 갈등을 조정하는 데 집중하겠습니다. 마지막으로 성과 관리 또한 놓치지 않겠습니다. 성과 달성을 위해 조직 전체가 한마음 한뜻으로 일할 수 있도록 제가 중간자 역할을 충실히 하여 여러분과 함께 노력하겠다는 뜻입니다."

이 팀장이 교육 소감, 향후 적용 방안 등을 약 20분에 걸쳐 이야기하는 동안 팀원들은 가만히 그의 이야기를 듣고만 있었다. 이 팀장이 말을 마치자 김바로 대리가 고개를 들더니 굳은 표정으로 입을 열었다.

"팀장님이 하고자 하는 업무 추진 방향이 구체적으로 어떤 것인지 이해가 잘 되지 않습니다. 그리고 교육 한 번 받고 오셨다고 팀원들의 의견은 묻지도 않고 일방적으로 방침을 발표하시는 건 아닌 것 같습니다. 저는 동의할 수 없습니다."

분위기가 이상하다는 것을 감지한 이 팀장은 옆자리에 앉아 있던 조연수 차장에게 넌지시 물었다.

"제 이야기가 별로 영양가가 없었나요? 오늘 처리할 업무가 많아서 지금 다들 마음이 바쁜 건가요?"

조 차장은 아무 말 없이 고개를 끄덕이며 빨리 회의를 끝내라는 신호를 보냈다.

어디서부터 무엇이 잘못된 것일까? 이 팀장은 혼란에 빠졌다. 팀원들을 존중해주겠다는데, 자율성을 보장해주겠다는데, 성과 달성을 위해 한마음으로 노력하자는데 대체 뭐가 문제인 건지 알 수 없었다. 팀장이 이 정도 이야기쯤은 할 수 있는 것은 아닌가 섭섭한 마음이 들기도 했다.

———

세상이 변했다. 이제는 구성원 대부분이 밀레니얼 세대다. 그런데 우리가 받는 교육의 상당수는 산업화 시대의 교육 내용, 교육 방식이다. 존중이니, 자율성이니, 독립성이니 좋은 말을 한다 해도 팀장의 기본적 패러다임이 바뀌지 않은 교육은 현실에 맞지 않다. 가장 큰 문제는 그들을 '대상화'하는 것이다. 많은 팀장이 '내가 좋은 것을 배워왔어. 당신들에게 잘해줄 테니 같이 해보자'라는 식으로 말한다. 그들이 원하는 것이 무엇인지, 그들이 정말 나에게 원하는 것이 있기나 한지 알려고도 하지 않은 채 그저 '잘해주겠다', '잘해보겠다'라고 말하는 것은 의미가 없다. 어차피 서로가 서로를 대상화하고 타인화하는 이상, 조직은 그냥 먹고살기 위해 모인 '타자들의 집단'일 뿐이다.

'완장의 시대'는 갔다

●

노란 바탕에 푸른 글씨가 새겨진 '저수지 감시원'이라는
완장. 임종술이라는 사람은 저수지 관리권을 따낸 최 사
장과 동네 이장의 권유로 저수지 감시원이라는 직책을
수락한다. 임종술의 작은 권력은 '완장'의 형태로 완성
된다. 그는 동네 사람들은 물론이고 저수지 야영객과 낚
시꾼에게 크고 작은 폭력을 마구 행사하기 시작한다. 그
에게는 최 사장의 사유 재산을 지켜야 하는 의무가 있
었고, 그 의무를 완수하기 위해 정당한 폭력을 행사해도
된다는 강렬한 인식이 마음속에 차올라 있었다.

리더십을 뒤집어라

윤흥길의 소설《완장》의 이야기다. 소설이 우리에게 전하는 메시지는 '완장'이라는 작은 권력의 징표를 소지하는 순간, 인간은 허망하기 짝이 없는 권력을 행사하며 갑질의 유혹에 쉽게 넘어간다는 것이다.

사실 완장의 역사는 유구하다. 역사학자 유발 하라리Yuval Noah Harari 는 인류 역사를 인지혁명, 농업혁명, 과학혁명으로 구분했다. 인지혁명은 인간이 왜 지구상의 다른 많은 종을 물리치고 지구의 지배자가 되었는가를 설명한다. 그 권력의 도구는 '언어'라는 것이다. 호모 사피엔스는 '언어'라는 도구를 쥐면서 자기들끼리 협업할 수 있었고, 그들의 존재를 위협한 다른 종들은 멸종의 길을 걷기 시작했다.

농업혁명은 권력을 만들어내고 권력을 추앙하는 인간의 속성을 더욱 강화시켰다. 종교(신), 국가, 돈, 법 등 인간이 숭배해야 할 추상적 대상들을 인간 스스로 만들어내면서 '지배-피지배' 관계를 더욱 심화시켰다. 물론 종교, 국가, 돈, 법이라는 허상의 실체들은 인간들을 상호 협력하게 만들었고, 그 결과 문명이라는 거대한 시스템을 출현하게 했다.

산업혁명으로 촉발된 과학혁명은 자본과 제국이 후원자가 되면서 예측할 수 없는 방향으로 사피엔스의 운명을 몰아가고 있다. 인간은 잘해야 인공지능이나 로봇에 의해 조종될 뿐이며 '나보다 나를 더 잘 아는 빅 데이터'가 인간을 지배하는 순간, 인간은 소멸의 길을 걸을 수도 있다고 경고한다.

완장은 형태를 바꾸며 진화해왔다. 그것이 언어든 종교든 국가든 돈이든 법이든 그것을 쥐는 사람은 '임종술'이 팔뚝에 차고 있던 '완장'의 다른 이름일 뿐이다. 어쩌면 지금까지 우리가 배운 온갖 잡다하고 불온했던 지식은 그 완장의 힘을 합리화하기 위해 지어낸 이솝우화와 같은 것인지도 모른다. 그런데 현재 제4차 산업혁명이 가고 있는 방향은 전통적 의미의 완장을 거의 완벽하게 해체하고 있다. 우선 지구상에 인간만이 만물의 척도이고 만물의 영장이라는 신화는 깨지고 있다. 인간은 지구상에 존재하는 하나의 '종'에 불과하다. 우리가 배웠던 역사상의 숱한 영웅들 역시 당시 권력의 도구들을 잘 이용한 운 좋은 사람들일 뿐이지 우리가 숭배해야 할 대상은 아니다.

휴머니즘과 인간의 자유 의지 역시 허상일 가능성이 크다. 휴머니즘이란 인간이 자기가 속한 집단의 질서를 유지하기 위해 스스로 만들어낸 개념이다. 인간이 자유 의지를 갖고 있다는 주장 또한 근면 성실해야 잘 살 수 있다는 권선징악의 또 다른 버전일 수 있다. 이 순간 이런저런 개념이 허상일 가능성이 크다는 이야기 역시 어떤 사람은 있는 그대로 받아들이고, 어떤 사람은 전혀 동의하지 않는다. 걱정할 것은 없다. 그것 또한 여러분의 자유 의지가 아니라 그렇게 각자 프로그래밍되어 있기 때문에 그렇게 생각한다는 것을 말하고자 하는 것이다.

문제는 인간이 더 큰 권력을 만들어내고 그것을 향유하는 데는 대단히 능숙하지만 권력의 획득을 통해 '더 큰 행복'을 만들어내는 데는 무척 미숙하다는 것이다. '임종술'이라는 완장을 찬 인간이 남들보다 우위에 서서 남들을 지배하는 데는 익숙하지만 그것을 통해 그가 행복했던 것은 아닌 것처럼 말이다. 아마도 그는 지속적으로 행복할 수 없다는 것을 깨닫고 완장을 내려놓은 뒤 자신이 사랑했던 기생과 도망치지 않았을까. 기생 부월이 한 말은 걸작 중에 걸작이다.

"눈에 뵈는 완장은 기중 벨 볼일 없는 하빠리들이나 차는 게여! 진짜배기 완장은 눈에 뵈지도 않어! 권력 중에서도 아무 실속 없이 넘들이 흘린 푸시레기나 줏어 먹는 핫질 중에 핫질이 바로 완장인 게여."

그렇다. 완장은 행복을 만들어내는 도구가 아니다. 지금까지 사피엔스의 역사가 그랬다고 해서 영원히 완장을 추구하는 삶을 살 수는 없다. 그렇다면 완장보다 더 큰 진짜배기 완장이란 무엇이고, 그것을 추구하는 것은 어떤 의미가 있다는 말인가. 아니라고 믿고 싶지만 유발 하라리가 예측한 대로 인간은 '빅 데이터'라는 더 큰 완장을 만들어낼 가능성도 있다. '빅 데이터'라는 거대한 정보를 소유한 사람과 그렇지 못한 사람, 생명공학의 새로운 기술을 이용하여 자신과 가족의 유전자를 조작해낼 수 있는 사람과 그렇지 못한 사람 간에 엄청난 격차가 존재할 수도 있으니 말이다.

《노비에서 양반으로, 그 머나먼 여정》의 저자 권내현은 200여 년 전 18세기 초 조선에 살았던 김흥발의 가문을 추적했다. 김흥발의 아버지는 양반에 귀속된 노비였다. 노비는 양반의 재산이었기에 가족이 함께 살 수도 없었고, 그 어떤 사회적 권리도 행사할 수 없었다. 노비들이 자신의 신분으로부터 벗어나기 위해 선택할 수 있었던 방법은 두 가지뿐이었다. 도망치는 것과 자신이 양반이 되는 것. 조선 후기는 노비의 인구 비율이 전체 40%가 넘을 정도로 노비가 지탱한 사회였다. 몇 년 전에 〈추노〉라는 드라마가 인기를 끌었는데, 추노란 도망간 노비들을 체포하여 본래 주인에게 돌려주는 사람을 말한다. 당시 얼마나 많은 노비가 도망이라는 방법을 통해 신분 질서에서 벗어나고자 했는지 생생하게 보여준 드라마였다. 그런데 김흥발의 아버지는 도망이 아닌, 스스로가 양반이 되는 길을 선택했다. 주인집에서 따로 떨어져 독립적인 생활을 하는 외거 노비는 상황에 따라 재산을 축적할 수도 있었고, 노비가 노비를 거느리는 것도 가능했다. 호적 대장을 통해 추적한 결과, 김흥발의 아버지 대에서 시작된 '노비 신분 벗어나기'는 장장 200년에 걸친 프로젝트였다. 호적 대장을 세탁하고 또 세탁하여 노비에서 평민으로, 평민에서 양반으로 올라가는 데 성공했다. 김흥발 가문은 천신만고 끝에 어엿한 양반 가문이 된 것이다.

김흥발 가문이라는 예외적 존재가 있기는 하지만 보통의 노비가 엄격한 신분 질서 아래에 있는 자신의 신분을 바꾸는 것은 말처럼 쉬운 일이 아니었다. 동서양을 막론하고 전통 시대의 완장은 개인의 평생을 좌우할 뿐만 아니라 자손 대대로 미천한 신분을 세습하는 것이기에 더욱 어려웠다. 그래서 김흥발의 아버지가 스스로 양반이 되어 완장을 선택할 수밖에 없었던 상황을 이해하지 못할 것도 없다. 그는 그것이 오랜 시간이 걸리는 일이지만 현실적인 방법이라고 생각했을 것이다.

그들에게 위아래는 중요하지 않다

사실 현대라고 다를 것도 없다. 시골에서 공부를 매우 잘하는 평범한 집안의 아이가 사법고시나 행정고시를 패스하여 집안을 먹여 살렸다는 현대 신화를 우리는 여러 차례 접했다. 평범한 집안의 부모는 아이가 출세하여 가문을 일으켜주기를 기대한다. 그 기대를 한 몸에 진 아이는 그 길만이 돈 없고 빽 없는 자기 집안의 희망이라는 사실을 너무나 잘 알고 있어 권력이라는 완장을 향해 내달린다. 그리고 그 결과, 완장을 손에 거머쥔다. 그가 그다음에 무엇을 할 것인지는 자명하다. 또 다른 임종술이 되든지, 어디론가 도망치지 않을까? 지금도 형태만 바뀌었을 뿐 완장 문화는 사실 상당 부분 계속되고 있다고 볼 수 있다.

그런데 필자가 '완장의 시대는 갔다'라고 주장하는 데는 다른 이유가 있다. '현대판 노비'들의 생각이 달라지고 있다. 우선 소비자 수에 있어서 베이비부머 세대를 제치고 제1의 나수 세대로 치고 나오고 있다는 점, 베이비부머 세대가 대거 은퇴하고 있다는 점, 저출산으로 인해 시장에서 필요로 하는 수보다 공급의 수가 줄어들고 있다는 점이 사태를 전혀 다른 방향으로 몰아가고 있다.

다소 과격한 표현으로 요즘 젊은 세대를 '현대판 노비'라고 지칭했으나 그들은 사실 주도권을 쥔 세대로 부상하고 있다. 기성세대에게 굽실거리지 않고 자신의 소신대로 발언을 하는 편이니 큰 상처나 트라우마가 없다. 남들이 출세를 하든 돈을 많이 벌든 자신의 가치대로 선택한 인생을 살아가니 비교 열위 때문에 오는 스트레스도 적다. 게다가 그들은 돈, 권력을 가지고 자기 위에 군림하려는 자들을 용납하지 않으려는 사회적 정의감도 투철하다. 인생은 선택일 뿐이라는 사람들에게 돈이나 권력과 같은 완장은 '그 딴 것 개나 줘라'와 같은 조롱의 영역에 속한다. 부러움의 대상이 아니기 때문에 더 이상 과거의 완장은 완장이 아닌 것이다.

14세기에 흑사병이 유럽을 휩쓸어 인구의 3분의 1이 죽어나갔다. 그런데 흑사병으로 인한 인구 감소는 뜻하지 않은 결과를 가져왔다. 농노들의 임금과 곡물의 가격이 상승했다. 인구 감소는 노동력의 감소를 가져왔고, 노동력의 감소는 임금 상승을 가져왔다. 봉건 영주들의 곡식을 경작, 수확해줄 사람이 부족해지자 농노들은 임금 인상을 요구했다. 요구를 들어주지 않으면 다른 영지로 떠나

버리면 그만이었다. 영주들은 선택권이 없었다. 농노들의 임금 인상과 곡물 가격 상승은 봉건 체제의 급속한 와해를 가져왔다.

봉건 체제가 흑사병이라는 우연한 사건으로 봉건적 완장을 저절로 없애버린 것과 같이 유사한 현상이 제3차 산업혁명에서 성행했던 완장을 걷어갔다. 적어도 수직적·위계적 형태의 완장은 더 이상 먹히지 않는다. 디지털 시대가 열리면서 더 이상 정보를 독점할 수 없는 상황이 되었고, 디지털 기술을 보유한 요즘 젊은 세대는 세상을 전혀 다른 곳으로 바꾸고 있기 때문이다.

그들은 완장 자체를 인정할 마음이 없다. 새로운 아이디어와 참신한 솔루션으로 무장하고 더 나은 문제 해결 능력을 가진 사람이 많은 사람에게 인정받으면 된다고 생각한다. 그들에게 위아래는 전혀 중요치 않다. 윗사람이 자신의 경험과 지식을 전수해주고 아랫사람은 그걸 받아서 살아가는 세상이 아니라고 믿고 있다. 이제 모든 리더십을 뒤집어야 하는 세상이 오고 있다.

'일 관리'를 뒤집어라

●

다음 중 어떤 것이 '일'일까?

    1. 시간 가는 줄 모르고 3시간째 게임에 빠져 있다.

    2. 마트에서 장을 보면서 3시간째 카트를 밀고 있다.

    과학적 관점에서 보면 1번은 '일'이 아니고, 2번은 '일'이다. 과학에서 말하는 '일'이란 물체에 힘^{F}을 가하여 힘이 작용한 방향으로 이동한 거리^{s}가 있어야 한다. 즉 과학에서 말하는 '일'은 'W=Fs'라는 공식으로 설명된다. 따라서 과학적 관점에서 보면 우리가 일상적으로 수행하는 업무라 하더라도 '일'을 하지 않은 경우가 발생한다.

첫 번째는 힘^{F}이 작용하지 않았는데 이동 거리^{S}가 0인 경우다.

팀장이 방향을 제시하지도 않았는데 팀원이 알아서 일을 처리했다면 과학적 관점에서 보면 '일'을 한 것이 아니다. 마찰력이 0에 가까운 빙판 위에서 스케이트가 저절로 미끄러져 가는 현상을 '일'이 아니라고 정의하는 것과 같은 이치다.

두 번째는 힘^{F}을 가해도 물체가 움직이지 않아서 이동 거리^{S}가 0인 경우다. 팀장이 팀원에게 아무리 지시해도 업무가 진척되지 않을 때, 팀원이 팀장에게 아무리 결재를 요청해도 자꾸만 미루고 있을 때 우리는 '일'을 하지 않았다고 말할 수 있다.

마지막으로 물체가 등속 원운동을 한다고 가정할 때도 '일'을 하지 않았다고 말할 수 있다. 원운동은 구심력과 원심력이 0이 되는 경우를 일컫는 것이므로 힘의 방향과 이동하는 방향의 합이 0이 되어 '일'을 했다고 말할 수 없다. 만약 팀장과 팀원의 의견, 팀원과 팀원의 의견이 팽팽하게 대립한다면 우리는 '일'을 하지 않은 것이다.

18세기 유럽에서는 증기를 실용적인 목적으로 이용하기 위한 과학적 실험이 성행했다. 1712년에 영국인 기술자 뉴커먼^{Thomas} ^{Newcomen}은 응축된 증기를 물에서 분리시키는 피스톤에 착안하여 피스톤이 달린 증기기관을 개발했다. 1765년에는 영국인 기술자 와트$^{James\ Watt}$가 뉴커먼의 증기기관을 크게 개선시켜 피스톤의 축을 회전시키는 새로운 동력 장치를 개발했다. 뒤이어 1769년에 프랑스인 기술자인 퀴뇨Cugnot에 의해 도로용 증기 자동차가 제작되었고, 1803년에 영국인 발명가 트레비식Richard Trevithick이 증기관차를 만들었다. 1807년에 미국인 기술자 풀턴Robert Fulton은 증기기관을 여객선에 사용했다.

이렇게 증기기관을 개발하고 개선한 선구자들이 제대로 '일'을 한 덕분에 산업혁명이 시작되었고, 세상은 크게 변화되었다. 엄청난 생산성 혁신이 일어났고 전 세계를 상대로 물류와 인구의 이동이 빈번해졌으며 농노나 자유농민들은 더 이상 토지에 얽매일 필요가 없었다. 대규모 도시화가 사람들을 도시로 불러들였다. 그들은 도시에서 새로운 의미의 '일'을 하기 시작했다.

이런 연유로 산업혁명 이후 '일'은 과학적 관점에서 정의되고 이해되었다. 어떤 힘이 가해져야 했고, 반드시 힘이 가해진 방향으로 적정한 이동 거리가 발생해야 했다. 그래야 생산성 혁신이 뒤따라오고 목표한 만큼의 '성과'가 발생했기 때문에 생산 목표를 달성한 사람들은 '영웅'이나 '산업 전사'로 칭송받을 수 있었다.

가진 것이 노동력밖에 없었던 사람들 역시 누군가가 업무 지시라는 힘을 가해줘야 일을 시작한다고 생각했다. 그들은 생산 목표 달성을 위한 부품에 불과했기 때문에 섣불리 자율성을 발휘하여 일을 했다가는 자원을 낭비한 죄로 해고될 가능성이 컸다.

PDCA에서 ACDP로!

산업혁명의 일하는 방식은 체계적인 '일 관리' 방식으로 발전하였고, 점점 더 체계화되기 시작했다. 체계적인 '일 관리' 방식으로 굳어져 우리에게 오랫동안 힘을 발휘하고 있는 것이 에드워드 데밍의 PDCA$^{Plan-Do-Check-Act}$다. PDCA는 관리자 교육의 기초를 이루는 개념인데, 지금까지도 과학적인 일 관리 프로세스로 정평이 나 있다.

PDCA의 첫 번째 Plan은 '목표 달성을 위해 무엇을 해야 하는가'를 계획하는 단계다. '누가, 언제, 어디서, 무엇을, 어떻게, 왜'와 같은 육하원칙^{5W1H}에 근거하여 업무 계획을 세운다.

두 번째 Do는 계획을 기초로 하여 실행하는 단계다. 계획한 목표를 달성할 수 있도록 시간을 관리하고, 산출물이 잘 나올 수 있도록 열심히 업무를 수행한다.

세 번째 Check는 실행의 결과를 평가하는 단계다. 계획대로 실행이 잘되었는지 여부를 평가하고 그렇게 평가한 근거를 추적하여 검증한다.

네 번째 Act는 검증을 통해 발견된 문제를 개선하는 단계다. 계획 자체를 수정할지, 실행 단계를 변경 혹은 중지할지를 판단하여 개선 활동에 들어간다. 이 단계에서 계획, 실행, 평가가 변경될 수도 있고, 중지될 수도 있고, 지속될 수도 있다(그림 5).

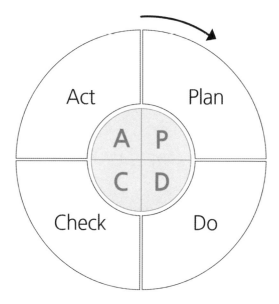

〔그림 5〕 PDCA 개념도

산업화 시대에 거의 모든 관리자나 팀장들은 PDCA 또는 PDCA
의 변형인 유사 일 관리 프로세스를 통해 '일'을 해왔다. 상황에 따
라, 사람에 따라 PDCA는 여전히 유효할 수 있다. 그러나 전반적
인 상황과 업무 방식이 너무나 빠르게 바뀌어 가고 있기 때문에
PDCA를 뒤집어 보려는 노력이 필요하다.

우선 Plan 단계를 다시 한 번 점검해봐야 한다. 기존의 PDCA 모
델에서 말하는 Plan은 '주어진 조건'에서의 Plan이다. 사실상 목표
는 주어져 있고, 그 목표 안에서 세부 목표를 어떻게 수립할 것인가

에 집중하는 것이다. 우리가 '왜' 그 목표를 달성해야 하는지, 꼭 그 '방법'으로 목표를 달성해야 하는지 의문이 들지만 누구도 문제를 제기하기 어려워 그저 정해진 방향대로 열심히 하는 방법만 생각한다. 사정이 이렇다 보니 사실상 회의에서 할 말이 별로 없다. '답은 정해져 있으니 너는 시키는 대로 해'인 상황에서 누구의 어떤 아이디어가 필요하다는 말인가. 조직 문화가 유연한 조직에서는 이렇게 반문할지도 모른다.

"우리는 개방적인 조직 문화 덕분에 Plan 단계에서부터 활발히 토론을 해 문제를 발견하고 원인을 찾아내 적절한 목표를 수립한다."

그런 경우라 하더라도 Plan 단계에서 오랜 시간을 보내면 여전히 문제가 발생한다. 세상은 저만치 달려가고 있고 환경은 급속하게 바뀐다. 그런 상황에서 계획하고 분석하는 데 시간을 너무 오래 지체하면 타이밍을 놓칠 가능성이 크다.

Plan이 잘못되면 뒤따라오는 Do 역시 잘못될 가능성이 매우 크다. 방향이 잘못되었으니 열심히 실행할수록 격차가 더 벌어지고, 실행하는 팀원들은 맥이 빠진다. Check는 또 어떤가. 계획 대비 실행의 갭이 클수록 점검 단계에서 분석해야 할 자료가 많아진다. 자료가 많아지면 지적할 것이 많아지고, 지적이 많아지면 회의 분위기가 나빠진다. 마찬가지로 Act 역시 개선 항목이 많아지기 때문에 당초 업무보다 엄청난 업무량이 발생한다. 본의 아니게 PDCA는 제4차 산업혁명 시대에 문제 해결을 위한 선순환 사이클이 아닌 문

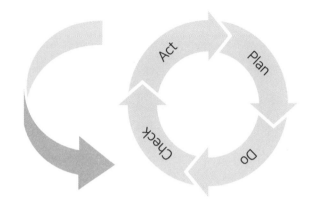

〔그림 6〕 ACDP 개념도

제 해결의 악순환 사이클이 되어버린다.

　뒤집어야 한다. PDCA가 아니라 ACDP가 되어야 한다(그림 6). Act 우선주의를 정착시켜야 한다. 현장에 가까이 있는 팀원들이 문제가 보이는 즉시 개선할 수 있도록 해야 한다. 그들이 문제를 가장 잘 알고 있다는 믿음을 보여주어야 한다. 그들이 스스로 일할 수 있는 환경을 조성해야 한다. 팀장이 방향 제시라는 '힘'을 가하고 팀원들이 비로소 움직여야 '일'이라는 잘못된 신념을 버려야 한다. 그런 다음 Check해보아야 한다. 행동우선주의를 정착시켜야 그 개선 행동이 맞는지 틀린지를 알 수 있다. 누구도 당시에는 어떤 개선 행동이 옳은지 그른지 확실하게 말할 수 없다. 해보아야 알 수 있는 시대가 요즘 시대다. 설령 나중에 틀렸다 하더라도 그것을 쓸모

없는 비용이라고 간주할 필요는 없다. 틀린 방향, 틀린 실행을 오래 붙들고 있어서 발생하는 기회 손실보다는 이로 인한 비용이 훨씬 적게 들기 때문이다.

그리고 Do해야 한다. 이때 실행은 Check 이후의 실행이라서 시행착오를 줄여줄 가능성이 매우 크다. 마지막으로 Plan한다. 현장에서 발견된 문제점이 즉시 개선되고 점검을 통해 차이를 찾아내어 실행한 후에 비로소 방향을 수정하고 계획을 세우는 것이다. 적들이 사방에서 공격할 때는 조준 후 발사할 것이 아니라 발사 후 조준하는 것이 더 지혜롭다. 세상은 하루가 다르게 바뀌고 있는데 언제까지 계획 수립에 안주할 것인가. 행동하는 것이 우선이다.

'일'을 재정의하라

팀장은 PDCA를 관리하는 사람이 아니라 ACDP가 정착될 수 있도록 지원하는 사람이 되어야 한다. ACDP는 '일'을 재정의하는 데서 시작된다. '일'을 재정의한다는 것은 그 '일'의 본질이 무엇인지, 우리가 왜 월급을 받고 있는지에 대한 근본적 질문이다. 끊임없이 우리가 하는 '일'의 의미와 중요성을 질문하지 않고서는 왜 Act부터 시작해야 하는지 본래 의미에 도달하기 어렵다. 그래서 팀장은 '일'의 본질에 대해 질문할 수 있는 사람이 되어야 한다.

꽤 오래전부터 '업'의 본질이 중요하다는 주장이 있어 왔다. 삼성 이건희 회장은 신경영을 주창하면서 사업의 본질을 파악하는 것이 사업 성공의 핵심이라고 말했다. 그는 반도체 사업은 시간 사업, 시계는 패션 사업, 백화점은 부동산 사업, 증권업은 상담 사업 등 업의 본질을 꿰뚫는 것이 그 사업을 성공으로 이끌 수 있다고 하면서 호텔업은 업의 본질이 무엇이냐고 물은 적이 있다. "호텔업은 서비스업이다"라고 초등학생 수준의 답변을 한 임원은 그 이후 세계 여러 나라를 다니며 호텔업의 본질을 파악했고 몇 년이 지나서야 "호텔업은 장치 사업이다"라고 했다는 유명한 일화가 전해져 내려온다.

사업의 본질을 파악하는 것이 사업 성공의 핵심이라면 '일'의 본질을 파악하는 것 또한 팀장 수준에서는 대단히 중요한 핵심을 파악하는 일이라고 할 수 있다. 늘 해오던 업무를 좀 더 열심히 하는 방식으로는 '일'을 재정의했다고 말할 수 없다. 예를 들어 '총무팀'은 무슨 '일'을 하는 팀이라고 정의할 수 있을까. 회사마다 조금씩 차이가 있기는 하지만 총무팀은 대개 조직 내의 비품 관리, 서류 관리, 건물 관리, 행사 기획, 대관 업무 등 타 부서에서 맡기 애매한 지원 업무를 수행하는 지원 부서다. 총무팀 팀장은 총무팀의 '일'을 어떻게 재정의할 수 있을까. '타 부서에서 하지 못하거나 하기 싫은 허드렛일을 도맡아 하는 부서'라고 재정의하고 싶은 팀장은 없을 것이다. 아마도 대부분의 총무팀 팀장은 '꼭 해야 하는 일을 하는 부서'라는 상투적인 '일'의 정의로 만족하고 있을 것이다. 그러나 '평소에는 잘 모르지만 없으면 금방 티가 나는 일' 또는 '내부의 고객 만족을 중시하는 일' 등과 같이 자신들이 하는 '일'을 재정의하는 순간, 일의 범위, 일의 의미가 한순간에 달라진다는 것을 알게 될 것이다.

《한근태의 재정의 사전》에 따르면 어떤 일을 할 때 가장 먼저 해야 할 중요한 일은 그 일에 대해 남이 내린 정의가 아닌 내가 내린 정의가 무엇인지 명확히 하는 것이라고 한다. 일반적이고 사전적인 정의가 존재한다 하더라도 나의 관점으로 새롭게 정의하는 것, 즉 재정의할 수 있는 능력이 있어야 한다. '재정의'는 단순한 말장난이 아니다. 동일한 업무를 하지만 전혀 다른 업무를 할 수 있는 능력을 스스로 만들어내는 것이다. 동일한 업무에 전혀 다른 생각, 전혀 다른 의미, 전혀 다른 방식을 접목할 수 있어야 한다.

한 금융 기업의 마케팅 부서가 자신들이 수행하는 '일'을 '고객의 성공을 돕는 것'이라고 정의했다고 가정해보자. 이미 훌륭한 '일'의 정의를 가진 부서에 부임한 팀장이라면 어떻게 재정의하는 것이 가능할까. 첫 번째 방법은 기존의 정의에 의미를 덧붙이는 것이다. 예를 들면, '고객의 성공'이라는 말이 훌륭하지만 뭔가 덜 구체적인 느낌이 든다면 '고객의 재무적 성공' 또는 '고객의 자산 증가를 돕는 일'이라는 형태로 재정의해도 훌륭한 재정의가 된다. 두 번째 방법은 의미를 빼는 것이다. '고객의 성공'이라는 의미가 지나치게 범위가 넓은 것 같다면 '성공'을 '성과'라는 말로 대체하여 지나치게 부풀려진 MSG를 빼는 것도 생각해볼 수 있다. 물론 전혀 다른 관점의 재정의라면 더욱 좋다. '미래 금융을 주도하는 플랫폼'이라는 재정의를 통해 디지털, 인공지능, 로봇이 함께하는 금융업을 강조하는 것이다.

'일'을 재정의한다는 것은 단순히 슬로건을 만드는 작업이 아니다. 슬로건이 일반적으로 남에게 보여주기 위한 것이라면, 일의 재정의는 일의 범위, 일의 내용, 일하는 방식의 변화를 통해 새로운 기회를 탐색한다는 의미가 내포되어 있다. 일 자체를 전혀 새로운 관점으로 바라볼 수 있도록 만든다. 기업의 존재 목적을 '돈 버는 것', '매출의 극대화'라고 하는 것보다 '고객의 니즈를 충족시키는 것', '이해 관계자가 신뢰하는 것'이라고 표현하는 것이 인식의 확장을 가져오는 것과 유사하다. 인간은 기본적으로 언어에 의해 의식이 확장되는 유기체이고, 그 언어로 인해 전혀 다른 생각과 의미 부여가 가능한 존재가 아닌가.

자, 이제 내가 하는 일을 재정의해보자.

현재 나의 일: _____

_____

의미를 더한다면: _____

_____

의미를 뺀다면: _____

나의 일 재정의: _____

과거의 경험과 지식을 버려라

팀장이 '일 관리'를 위해 해야 할 두 번째 행동은 그동안 자신이 경험했던 거의 모든 것, 자신이 알고 있는 거의 모든 것을 버리는 것이다. "수십 년 또는 수년에 걸쳐 배웠던 것을 모두 버리라니! 무슨 뚱딴지같은 소리야?"라고 반문할 수도 있다. 경험이란 기껏해야 과거에 관찰했거나 직접 참가함으로써 얻어진 과거의 결과다. 지식 역시 과거에 내가 문제를 해결하기 위해 사용했던 과거의 도구다. "과거란 객관적으로 존재하는 사실들의 집합이 아니라 현대에 와서 끝없이 재해석되는 결과물이다"라고 한 이탈리아 역사가 베네데토 크로체Benedetto Croce의 말을 빌리자면 과거란 존재하지도 않는다. 그래서 역사조차도 항상 현대사일 수밖에 없는 것이다.

개인이 가진 경험과 지식이 거의 쓸모없게 된 가장 큰 이유는 인간보다 더 뛰어난 인공지능이 인간의 경험과 지식을 대체하고 있기 때문이다. 알파고를 기억할 것이다. 1997년에 인공지능 체스가 인간을 완파한 이후 '바둑에서도 인공지능이 인간을 이길 수 있을까?'에 시선이 집중되었다. 불과 20년 만에 구글의 딥마인드가 개발한 인공지능 바둑 프로그램인 알파고는 2015년에 유럽 바둑 우승자인 판후이를, 2016년에 한국의 이세돌 9단을, 2017년에 세계 1위 커제를 차례대로 누르고 세계에서 가장 강력한 인공지능임을 입증했다. 인간이 만든 기계가 인간을 누르고 세계 최정상의 자리에 섰다. 한국기원은 '입신'의 경지에 도달하였다고 인정하며 알파고에게 '프로 명예 단증(9단)'을 수여했고, 중국의 기원도 '프로기사 9단'의 칭호를 부여했다. 더 이상 대적할 상대가 없어진 알파고는 사실상 바둑계를 은퇴해야 했다. 구글의 딥마인드는 2017년 5월에 '알파고라는 인공지능은 이제 질병 진단, 기후 변화 예측, 자율주행차 등으로 역할을 확대하여 인류의 삶의 질 향상에 도움을 줄 것이다'라고 발표했다.

우리가 알고 있는 경험과 지식은 인공지능 기계보다 하찮것없는 것이 되고 말았다. 더구나 인공지능은 스스로 학습하는 알고리즘이 인간의 상상을 초월한다. 알파고의 알고리즘은 심층신경망^{DNN, Deep Neutral Network}이 몬테 카를로 트리 탐색^{MCTS, Monte Carlo Tree Search}을 통해 가장 유리한 선택을 할 수 있게 프로그래밍되어 있다. 심층신경망은 정책망과 가치망의 결합에 의해 이루어지는데, 정책망은 승리 가능성이 가장 높은 다음 수를 계산하는 데 능력을 발휘하게끔 설계되어 있고, 가치망은 트리 탐색의 단계를 줄여 승률을 높이도록 설계되어 있다.

여기서 정말 중요한 것은 알파고가 보여준 엄청난 잠재성, 즉 특수 목적에만 국한된 잠재성이 아니라 인공 일반 지능artificial general intelligence으로의 진화 가능성이다. 실제로 스티븐 호킹Stephen Hawking은 인공지능이 자기 개량을 통해 일반 지능을 획득하는 것이 어렵지 않으며, 종국에는 인공지능이 지구를 장악할 가능성도 있다고 경고하였다.

인간이 만들었지만 인간의 능력을 수십, 수백 배 능가하는 인공지능 기계가 이미 출현하였고, 자가 학습을 통해 어느 방향으로 진화해나갈지도 모르는 상황이 연출되고 있다. 그래서 팀장 등의 리더들은 지금 당장 탈학습unlearning을 해야 한다. 탈학습은 학습learning이라는 단어 앞에 부정이나 반대의 의미인 'un'을 덧붙여 '이미 배운 것을 잊는다', '고쳐서 배운다', '잘못이나 습관을 버린다'라는 뜻을 가지고 있다. 과거의 경험과 지식을 완전히 버리고 새로운 시대에 맞는 새로운 지식을 배워야 한다. 과거의 경험에 의존하고 본인이 알고 있는 지식을 과대 포장하여 요즘 젊은 세대에게 심어주려고 하는 것은 참으로 어리석은 행동이다.

원숭이 네 마리를 통해 진행한 실험이 있다. 원숭이 네 마리를 우리에 넣고 먹이를 조금씩 줄여갔다. 배고픈 원숭이들은 철창을 통해 작은 바나나만 들어와도 그것을 잡으려고 손을 내밀었다. 연구

자들은 바나나를 잡으려고 원숭이가 손을 내밀면 뜨거운 물을 부었다. 그리고 새로운 원숭이 한 마리를 교체하여 투입하였다. 새로 들어온 원숭이는 이 사정을 모르고 있었기 때문에 바나나가 철창 속으로 들어오자마자 손을 내밀었다. 기존에 있던 세 마리 원숭이는 이전의 학습을 통해 손을 내밀지 못하도록 말리기 시작했다. 결국 네 마리 원숭이가 모두 교체되었고 뜨거운 물을 붓는 장치는 제거되었다. 배고픈 원숭이 네 마리는 바나나가 철창 안으로 들어와도 손을 내밀지 않았다. 학습된 무력감이 그들을 지배했고 그들은 새로운 시도를 하지 않았다.

환경 변화에 따라 새로운 경험과 지식을 익히는 학습이 얼마나 중요한지는 아무리 강조해도 지나치지 않을 것이다. 그런데 새로운 학습은 대개 기존의 학습 때문에 방해를 받는다. 기존에 알고 있던 경험, 지식과 잘 부합하면 받아들이지만 기존의 것과 배치되거나 낯선 학습은 기피하게 된다. 특히 팀장과 같은 관리자일수록 자신이 과거에 익힌 경험과 지식에 안주할 가능성이 크다. 그 이유는 첫째, 편하기 때문이다. 이미 알고 있는 경험과 지식은 자신에게 익숙하기 때문에 편안하고, 편안하면 새로운 것을 학습할 동기를 상실한다. 두 번째 이유는 팀원에 대한 지배력을 상실할까 두려워하기 때문이다. 기존의 경험과 지식으로는 본인이 팀원들에 비해 우위에 서 있다고 할 수 있지만 새로운 경험과 지식은 팀장이나 팀원이나 마찬가지로 낯설고 익숙하지 않기 때문에 지배력을 상실할 가능성이 크다고 판단한다. 문제는 팀장들이 알고 있는 경험이나 지식이 그다지 쓸모가 없는 것인데 말이다.

어떻게 하면 팀장들이 과거의 경험과 지식을 버리고 새로운 경험과 지식을 쌓도록 할 수 있을까? 가장 쉬운 방법은 잘 모르는 분야에 배치하는 것이다. 만약 팀장이 특정 분야에 아주 오랜 기간 근무했거나 그 분야의 전문가라면 이보다 더한 비극은 없을지도 모른다. 자신의 경험과 지식을 믿고 모든 팀원을 자기 수준에 맞추려할 것이다. 전혀 다른 생각을 가진 팀원은 팀장 생각과 맞지 않는다는 이유로 불이익을 보게 되고 서서히 소외될 가능성이 크다. 원치않았겠지만(사실 원했을 수도 있다), 팀장 주변에는 그의 말에 순종하고 그의 수준보다 못한 팀원들로 가득 차게 될 것이다. 그래서 팀장의 역할이 관리자라면 잘 모르는 분야에 배치하여 새로운 경험과 지식을 쌓게 하는 것이 좋다. 만약 사정이 여의치 않다면 팀장에게 새로운 프로젝트를 부여하는 것도 한 방법이다. '지금과 전혀 다른 분위기의 팀을 만드는 방법은?', '팀원들이 팀장을 존경하게 만드는 방법은?', '우리 부서의 새로운 고객을 만드는 방법은?'과 같이 팀장 혼자 수행해야 하는 개인 프로젝트를 주는 것 그리고 자신의 연구 결과를 팀원들에게 공유하고 의견을 구하도록 하는 것이다.

후배 멘토, 선배 멘티

'늙으면 더 지혜로워진다'라는 말은 사실일까? 농경 시대에나 맞는 말이다. 오랜 기간 특별한 지식의 변화도 없고 새로운 경험이 중요하지도 않았던 시대에는 맞는 말이다. 씨 뿌리기, 쟁기질, 소먹이 주기 등은 시대에 따라 크게 변하지 않았다. 먼저 해본 사람, 많이 해본 사람의 경험이 중요했기 때문에 사회 질서 또한 위아래 서열이 중요했다. 먼저 살아본 사람의 지식은 다음 세대에게 삶의 지혜가 될 수 있었다. 그러나 요즘처럼 변화가 빠른 세상에서 나이든 사람의 지식은 자칫하면 고집불통이 되거나 뻔뻔해질 가능성이 클 뿐이다.

농경 시대뿐만이 아니다. 산업화 시대가 열리면서 수많은 지식과 기술이 탄생했다. 그것을 배우지 않으면 직장에 적응하기 어려웠고 적정한 수준의 업무를 수행하는 것이 불가능했다. 그래서 선배가 후배를 가르치는 것이 당연한 관례였다. 가장 흔한 후배 지도 방식은 OJT^{On-the-Job-Training}였다. OJT는 관리자나 감독자가 부하 직원의 능력 향상을 책임지는 사람이라는 전제에서 출발했다. 그들의 능력을 키우는 것이 관리자의 책무였기에 도제 관계에 준하는 끈끈한 인간관계가 수반되었고, 부하 직원은 관리자에게 업무적으로나 인간적으로 순종하는 자세를 유지해야 했다. 선배의 말은 곧 하늘이었다. 그렇게 업무 능력을 향상시킨 부하 직원은 선배가 된 뒤 자신 역시 부하 직원을 OJT로 훈련하였다. 지식이 표준화되어 있고 업무 절차가 단순하고 반복적인 경우 OJT는 매우 효율적이었다.

OJT와 함께 멘토링mentoring도 한동안 크게 유행했다. 멘토링은 지식과 경험이 풍부한 멘토mentor가 멘티mentee에게 지도와 조언을 제공하면서 멘티의 잠재력과 실력을 장기간에 걸쳐 키워준다는 의미다. 멘토라는 말은 그리스 신화에서 유래했다. 고대 그리스의 왕 오디세우스가 트로이 전쟁에 출전하면서 친구인 멘토에게 아들 텔레마코스의 양육을 부탁했다. 멘토는 10년 동안 텔레마코스의 스승이자 지도자, 상담자, 때로는 아버지 역할을 해주었고, 그 덕분에 텔레마코스는 훌륭한 성인으로 성장했다. 흔히 멘토는 '정신적 지주'라고도 불리우는데, OJT가 업무 지도적 성격이 강하다면 멘토링은 개인적 관계를 장기간에 걸쳐 맺으면서 심리적 성장에도 깊이 관여한다는 의미가 내포되어 있어 보다 종합적이고 전인적인 교육이라는 특징을 갖고 있다.

다시 말하지만 시대가 변했다. 일부 업무는 여전히 단순 반복적이지만 대부분의 업무는 더 이상 단순하지 않다. 업무를 수행하는 방식도 하나의 정답이 존재하지 않는다. 선배들의 경험과 지식이 절대적 권위를 갖고 부하 직원들에게 어필할 수 있는 시대도 지나가고 있다. 단순 반복적인 업무는 대부분 기계나 컴퓨터로 대체되고 있고, 컴퓨터나 기계가 수행하기 어려운 복잡한 업무들은 높은 수준의 판단력, 새로운 관점을 통한 문제 해결 능력, 타 부서와의 협업 능력을 요구하고 있다. 더 이상 표준화되기 어려운 지식은 창의성과 순발력을 요구하고 있고, 선배, 후배 모두 각자의 업무를 수행하는 경우가 더 자주 관찰되고 있다.

결국 시대의 변화를 반영하듯 기존의 멘토링을 뒤집는 현상인 역멘토링^{reverse mentoring}이 유행하기 시작했다. 통상 멘토는 선배가 맡고 멘티는 후배가 맡던 현상과 정반대로 신입사원이나 후배가 멘토가 되고 고위 임원진이나 선배가 멘티가 되었다. GE의 잭 웰치 Jack Welch 회장이 그 선구자다. 1999년, 인터넷이 붐을 이루기 시작할 무렵, 멘토인 신입사원과 멘티인 임원들을 일대일로 매칭시켜 인터넷, IT, 스마트폰 등을 학습하도록 지시한 것이다.

역멘토링은 이후 국내 기업에도 도입되어 간간이 시행되었는데, 최근 SNS 붐을 타고 선배가 후배에게 새로운 트렌드와 지식을 배우는 비형식 학습 프로그램이 활성화되고 있다.

CJ CGV는 2030세대의 생각을 이해하고 그들의 트렌드를 따라잡기 위해 경영진이 멘티로 적극 참여하고, 2030세대 신입사원들이 멘토가 되는 역멘토링을 시행하고 있다.

한 홈쇼핑 회사에서는 갓 입사한 막내 사원들의 아이디어를 반영하여 대박을 냈다. 막내들의 아이디어는 마니아들을 위한 피규어 공략이었는데, 정작 10년 이상의 경력을 가진 선배들은 피규어 아이디어에 부정적이었다. 매출 부진을 돌파하기 위해 회사는 막내들의 아이디어를 전격 채택했고, 결과는 대박이었다. 첫 방송부터 매진을 기록하며 기존 직원들의 우려를 깔끔하게 씻어냈다.

화장품 회사 에스티 로더도 20대 직원들과 임원들의 일대일 역멘토링을 시작했다. 그들은 매달 한 차례씩 모바일 세대의 취향에 대해 학습하는 시간을 갖는다. 20대 멘토들은 40대 이상의 멘티들에게 요즘 유행하는 채팅 애플리케이션이나 쇼핑 애플리케이션을 소개해주고, 실제 핫하다고 소문난 브랜드의 팝업 매장을 함께 방문하기도 한다.

우리은행 역시 '채움멘토단'을 발족하여 요즘 젊은 세대의 트렌드와 참신한 아이디어를 경영에 적극 반영하겠다는 의지를 발표하였다. 최근 코오롱, 대명 등 많은 기업이 분야를 불문하고 역멘토링에 뛰어들고 있다.

약 20년 전에 미국에서 시작된 역멘토링이 한국에서 유행처럼 번져가는 이유는 무엇일까. 첫 번째 이유는 새로운 경험과 지식이 기성세대에 있지 않다는 것을 깨달았기 때문이다. 불과 20~30년 전만 하더라도 윗사람의 경험과 지식이 중요하다고 생각했지만 최근에는 아랫사람에게도 배울 점이 많다는 것을 인정하기 시작했다. 두 번째 이유는 요즘 젊은 세대를 경영의 중심으로 끌어들이지 않고는 그들을 동기부여할 수 없다는 것을 깨달았기 때문이다. 뚜렷한 소신과 자기 목소리를 가진 세대를 변방에 방치해두고는 경영의 질적 향상을 도모하기가 쉽지 않다. 기성세대인 경영진의 개방적 자세 또한 간과할 수 없다. 지난 20년 가까이 진행된 디지털화로 인해 그들 역시 디지털 이민자로서 위기의식을 느껴 스스로 개방적인 사람이 되고자 노력하는 것이다.

역멘토링이 한때의 유행으로, 보여주기식 이벤트로 끝나지 않으려면 어떻게 해야 할까? 가장 먼저 해야 할 일은 제도화다. 요즘 젊은 세대를 위로하기 위한 잔치라면 생명력이 그리 길지 못할 것이다.

앞서 소개한 홈쇼핑 회사의 사례처럼 젊은 세대에게 트렌드만 배울 것이 아니라 그들의 아이디어가 실제 업무에 반영되어 성과로 입증되는 사례가 증가해야 한다. 그러기 위해서는 아이디어의 제안, 아이디어의 수용, 아이디어의 상품화 과정이 제도적으로 확립되어야 한다.

두 번째로 해야 할 일은 역멘토링 주제의 발굴과 확장이다. 흔히 역멘토링의 주제는 모바일, 애플리케이션 등 주로 디지털, IT에 국한되는 경우가 많다. 요즘 젊은 세대의 가장 큰 장점이 그 분야이기 때문에 초기에는 당연한 현상이다. 하지만 디지털이나 IT에만 국한되면 주제의 빈곤 때문에 금방 아이디어가 고갈되고 만다. 따라서 디지털이나 IT를 활용한 응용 분야까지도 확장해나가야 한다. 요즘 젊은 세대가 선호하는 뷰티, 음식, 게임 등으로 확장해나가다 보면 본업과의 연관성을 발견할 것이고, 궁극적으로 새로운 비즈니스 모델로 연결될 수도 있을 것이다.

세 번째로 해야 할 일은 역멘토링을 활성화하기 위한 포스팅이다. 지금은 대개 신입사원인 멘토들이 자기가 멘토링 가능한 분야를 포스팅하는 식이라면 향후에는 멘티들이 원하는 분야를 포스팅하고 멘토링이 가능한 멘토들이 그에 응하는 방식도 병행해야 한다. 그래야만 다양한 멘토링 주제가 선정될 수 있을 것이고, 수요자(멘티)들이 원하는 역멘토링으로 발전해나갈 수 있을 것이다.

일과 놀이의 경계는 점점 불분명해지고 있다. 전통적 의미의 일에서 과감하게 탈피하고 누구에게나 배울 수 있다는 사실을 받아들여야 한다. 일은 관리자가 관리하는 것이 아니다. 구성원 스스로 즐길 수 있는 환경을 조성해주어야만 잘 관리될 수 있다.

'사람 관리'를 뒤집어라

●

다음 중 어떤 사람을 관리하기가 가장 어려울까?

1. 불평분자/반골 성향을 가진 직원

2. 기회주의 뺀질이

3. 불성실하고 태만한 직원

4. 저성과자

1번 불평분자나 반골 성향을 가진 직원을 관리하기 가장 어렵다고 대답한 팀장은 반대 의견을 불편하게 느끼고 있을 가능성이 크다. 많은 팀장이 자신의 업무 방침이나 업무 추친 방식에 반대하는 직원을 위험인물로 지목하곤 한다. 그리고 명시적으로 티를 내지는 않지만 묵시적인 방법으로 지시를 따르지 않거나 협조하지 않는 직원을 귀신같이 찾아내 잠재적 반란 세력으로 간주한다.

당연히 자신에게 반기를 들지 않는 직원은 자기 사람으로 간주한다. 그중 매우 적극적으로 자신을 따르는 직원은 충신으로 삼는다. 자신이 가진 '완장'을 과시하고 지배 도구로 삼기 위해 은밀한 방법으로 편을 가르고 자기에게 순종하지 않는 자들은 여러 가지 방법으로 처벌하는 꼰대, 그들이 보여주는 전형적인 적폐가 아닐 수 없다.

그런데 생각해보자. 역사는 반대자들에 의해 발전되어 왔다. 현재 완장을 찬 사람들 눈에는 반대자들이 자신을 거역하기 위해 존재한다고 생각하겠지만 실상 반대자들은 '다르게 생각할 여지'가 있다고 말하는 것이고, '그래야 더 나은 성과를 낼 수 있다'고 주장하는 것뿐이다. 반대 의견을 수용하지 않는 것에 그치기만 해도 정말 유능한 팀장이라 할 수 있다. 갖은 방법으로 '처벌'하기를 불사하는 팀장들이 부지기수다. 역사에서 배우는 것과 초일류 기업에서 말하고 있는 우수 사례는 그저 남의 이야기다. 그들에게는 당장 편하고 당장 자기 말이 먹혀 들어가는 것이 더 중요하다.

사실 제4차 산업혁명은 단지 과학과 기술만의 문제가 아니다. 받아들이는 사람의 사고와 태도가 문제다. 과학과 기술의 이면에는 개발자들의 사고가 녹아들어 있다. 그들이 처음부터 마지막까지 일관되게 한 주장은 '반대 의견 역시 가치가 있다', '반대 의견에 귀를 기울여야 진심으로 발전한다'라는 것이다.

2번 기회주의 뺀질이를 관리하기 가장 어렵다고 대답한 팀장은 그들의 '충성심'을 의심하고 있을 가능성이 크다. 기회주의란 원래 확고한 원칙과 신념에 따라 행동하지 못하고 시류에 따라 이리저리 왔다 갔다 하는 행동을 말한다. 그래서 그들이 얻은 또 다른 이름은 '뺀질이'다. '뺀질이'는 자기에게 주어진 역할이나 업무를 제대로 이행하지 않고 요리조리 빠져나가며 책임 회피를 일삼는 스타일의 사람을 낮추어 부르는 말이다. 이들 또한 '충성심'을 중시하는 팀장들에게 눈엣가시다.

그런데 또 생각해보자. 속칭 '뺀질이'들이 왜 충성심을 가지지 못하는 것일까? 그들은 팀장이 쓸데없거나 불필요한 일들을 너무 많이 시키고, 회의 시간이 너무 길다고 말한다. 회의라고 해봤자 잔소리로 시작해서 잔소리로 끝나는데, 누가 좋아하겠는가. '뺀질이'들은 갖은 이유를 만들어 회의에 참석하지 않거나 다른 업무를 핑계로 일찍 자리에서 빠져나간다. 불필요한 보고서를 만드는 일도 너무 싫어 한다. 구두 보고를 하거나 한 페이지 정도로 간단하게 정리할 일인데도 거창한 양식의 보고서를 만드느라 며칠을 소비해야 하는 것이 불합리하다고 생각한다. 그래서 다른 사람, 다른 부서가 보고서를 만들게 한다든가 자료 불충분을 이유로 다음 기회로 미루어버린다. 자기계발에 충실한 '뺀질이'도 있다. 어떤 직원은 외국어 학원에 가야 한다는 이유로 일주일에 3일 이상 퇴근 시간보다 10분 먼저 나간다. 팀장들이 보기에 그들은 구제 불능 '뺀질이'이고, 직장에 대한 충성심이 없는 사람들이다.

생각을 뒤집어보자. 다른 관점에서 보면 '뺀질이'들은 기회주의자가 아니라 실용주의자일 수도 있다. 충성심을 강조하는 팀장들은 원칙주의자가 아니라 '꼰대'일 수도 있다.

3번 불성실하고 태만한 직원을 관리하기 가장 어렵다고 대답한 팀장은 직원들에 대한 관심과 사랑이 부족할 가능성이 크다. 안 그러던 직원이 갑자기 업무 태도가 불성실해졌거나 일을 대충대충 처리하는 것을 보았다고 가정하자. 그때 첫 번째로 해야 할 일은 즉각 관심을 가지고 관찰하는 것이다. 관심과 관찰을 충분히 수행했다 해도 섣불리 '관리'하려 들면 안 된다. 상담을 통해 원인을 파악하는 것이 두 번째로 해야 할 일이다. 세 번째로 해야 할 일은 '전문가'를 통해 의견을 청취하고 당사자와 함께 대책을 수립하는 것이다. 인사 부서를 통한 인사 조치, 예컨대 부서 전배, 권고사직 등을 취하는 것은 마지막 수단이 되어야 한다.

객관적으로 보아도 근무에 불성실하고 태만한 직원들이 있다. 그들에게 관심과 사랑을 가지라고 하는 이유는 '동기 부족'이라는 현상 때문이다. 직원들은 가끔 여러 가지 이유로 일하고자 하는 의욕이나 동기를 상실할 수 있다. 어떤 이유로 인해 근무에 불성실한지, 어떤 계기로 인해 근무에 태만한지를 알아야 적절한 조치를 취할 수 있다.

팀장들은 동기 이론에 대한 지식을 갖고 있을 필요가 있다. 즉 사람은 왜 움직이는가, 특히 근무에 필요한 바람직한 태도와 자세를 어떻게 가지게 되는가를 알 필요가 있다. 동기 이론은 크게 내용 이론과 과정 이론으로 나뉜다. 내용 이론은 사람들이 무엇을 원하고 필요로 하는가를 밝혀준다. 유명한 매슬로우의 욕구 5단계, 알더퍼Alderfer의 존재 욕구, 관계 욕구, 성장 욕구 그리고 맥클리랜드McClelland의 성취 욕구, 친화 욕구, 권력 욕구 등은 직원들이 무엇이 충족되지 않아 동기부여가 안 되는지를 설명한다.

과정 이론은 개인의 욕구를 넘어 조직이라는 제도적 차원의 문제로 인해 발생하는 동기부여 저하 요인을 설명한다. '기대×수단×유의성'을 함수로 하는 기대 이론, 목표 설정의 적절성을 강조하는 목표 설정 이론, 절차를 지키고 분배를 공정하게 관리하는 공정성 이론 등이 바로 과정 이론이다.

요즘 젊은 세대와 함께하는 팀장이 해야 할 일은 불성실하고 근무 태만한 직원들을 비난하는 것이 아니라, 그들이 왜 동기부여가 안 되는지, 그들의 욕구 중 무엇이 좌절되어 있는지, 어떤 과정을 거쳐 동기부여를 해야 하는지를 파악하는 것이다.

4번 저성과자를 관리하기가 가장 어렵다고 대답한 팀장은 사실 앞서 말한 불평분자, 뺀질이, 불성실하고 태만한 사람을 통틀어서 종합적인 고민을 안고 있는 사람이다. 팀장의 궁극적 책임은 팀의 목표를 달성하여 '성과'를 보여주는 것이다. 그래서 기업마다, 조직마다 '저성과자' 관리가 시대의 화두로 떠오르고 있다. 저성과자란 '자기 위치에서 하나 이상의 중요한 성과 기준을 달성하는 데 실패한 사람'을 지칭한다. 그런데 '하나 이상의 중요한 성과 기준'을 달성하는 데에는 두 가지 측면이 존재한다. 부정적인 행위^{misconduct}와 같이 결근, 지각, 업무 태만, 불복종, 고의적/비고의적 업무 실수 등 업무 환경의 기준을 준수하지 못할 때 나타나는 현상이 있고, 낮은 수준의 성과^{poor performance}와 같이 업무 수행에 필요한 역량이 부족해서 기준에 미달할 때가 있다. 어떤 경우라 하더라도 팀장의 관심이 필요하겠지만, 저성과자라고 지칭할 때는 대개 후자, 즉 '낮은 수준의 성과'에 국한하여 살펴볼 필요가 있다.

세계적인 인사 컨설팅 회사인 머서^{Mercer}는 저성과자란 개인 성과가 자신에게 주어진 요구 수준보다 미흡하고 미래의 성장을 위한 보유 잠재력도 미흡한 수준에 있는, 일반적으로 조직 내 하위 10% 정도에 속해 있는 조직 구성원을 뜻한다고 정의한 바 있다(그림 7).

그렇다면 저성과자를 대하는 팀장의 자세는 어떻게 변화해야 할까? 머서의 주장대로 조직 내 10% 정도가 저성과자, 즉 성과도 낮

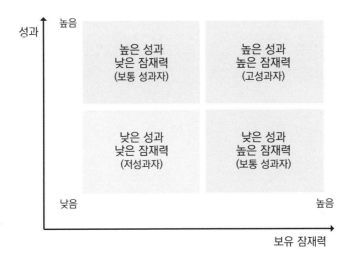

성과

높음

높은 성과
낮은 잠재력
(보통 성과자)

높은 성과
높은 잠재력
(고성과자)

낮은 성과
낮은 잠재력
(저성과자)

낮은 성과
높은 잠재력
(보통 성과자)

낮음

높음

보유 잠재력

〔그림 7〕 저성과자의 개념

출처: 머서, 2004

고 보유 잠재력도 낮아 앞으로도 별 기대할 것이 없는 직원들을 어떻게 해야 할까? 여기서 가장 중요한 포인트는 머서가 제시한 매트릭스는 '과거의 데이터'라는 사실이다. 가깝게는 최근 1년, 멀게는 3~5년 전의 성과와 잠재력으로 직원들을 '분류'하고 있다. 머서의 매트릭스가 직원들을 분류하고 분석하는 데 도움이 될 수는 있으나 이 매트릭스를 고정불변의 분석표로 받아들이는 순간, 치명적 오류에 빠질 가능성을 배제할 수 없다.

첫째, '과거의 데이터'에 근거해서 직원을 판단할 경우 사람의 성장 가능성, 변화 가능성을 차단하고 고정관념에 치우쳐 판단할 가능성이 크다. 많은 기업이 고성과자라고 부르는 핵심 인재$^{\text{A Player}}$들에게 기대했다가 얼마나 많은 실수와 실패를 거듭했는지를 생각해 보면 알 수 있다. A Player, B Player, C Player와 같은 분류 자체가 대단히 자의적인데, 이것을 고정불변의 것으로 간주하면 조직의 성과는 물론, 구성원들 간의 협업 자체를 망가뜨리는 결과를 가져올 것이 분명하다.

둘째, 한 개인의 성과를 그 개인 고유의 성과로 볼 수 있는 것이 얼마나 존재하고, 그것을 정말로 추적해낼 수 있는가 하는 문제다. 세상에 존재하는 거의 모든 기업이나 조직의 성과는 구성원 개인 간 상호 의존성^{interdependency}으로 이루어져 있다. 단순하게 말하면 상대적으로 덜 부지런하고 일을 덜 하는 직원을 구분하기 쉽지 않다는 것이다. 그들은 상대적으로 더 잘하고 덜 잘할 수는 있어도 엄연히 서로에게 의존하고 도움을 주고받으면서 일하고 있을 가능성이 크다. 여기에 팀장이 잘못 개입하면 황금알을 더 얻기 위해 거위를 죽이는 우를 범할 수도 있다.

그러므로 팀장은 구성원을 일시적으로 고성과자, 중간 성과자, 저성과자로 나눌 수는 있지만 이 분류를 고정불변의 고정관념으로 인식해서는 안 된다. 그들 간의 상호 협력적 관계를 잊어서도 안 된다.

반대 의견을 장려하는 '악마의 변호인'

'사람 관리'를 위한 생각 뒤집기는 'Devil's Advocate(악마의 변호인)'라는 방법을 사용해보길 권한다. 수직적·위계적 관계에서는 아무리 수평적 조직 문화를 만들려고 해도 쉽지 않다. 팀장 자신이 완장이라는 함정에서 빠져나오기도 어렵다. 자신의 경험과 지식의 범주 안에 머물면서 자꾸 과거에 했던 방식으로 일을 추진하려는 관성을 가지고 있다. 또한 요즘 젊은 세대가 아무리 자기 목소리를 가진 사람들이라고는 해도 팀장을 꼰대라고 판단하면 입을 닫을 가능성을 배제할 수 없다. 굳이 힘들게 자기 의견을 내세워서 팀장의 미움을 살 필요가 없다고 생각한다. 이런 분위기라면 팀장들은 구성원들의 의견을 충분히 수용하고 반영했다는 착각에 빠지기도 한다. 분명히 의견을 물었고, 별다른 이견이 없어 암묵적 동의를 받았다고 생각한다. 그리고 자기기만에 빠지기 시작한다.

이때 Devil's Advocate가 필요하다. 중세 로마 가톨릭 교회에서 성인을 추대할 때 일부러 반대 입장을 취하는 사람을 '악마의 변호인'이라 불렀다. 시복이나 시성으로 추대한다는 것은 로마 가톨릭 입장에서 매우 중요한 의사결정이다. 그래서 추천 대상이 되는 사람의 생애를 면밀히 조사하고, 그들이 일으켰다는 기적이 사실과 부합하는지도 파악해야 했다. 추천 대상이 시복이나 시상이 될 만한 자격이 있는지를 검증할 때 찬성 역할을 하는 사람을 God's Advocate, 반대 역할을 하는 사람을 Devil's Advocate라고 불렀다. 악마의 변호인 역할을 맡은 사람은 교황청에 의해 임명되었기 때문에 추천 대상에 대한 호불호와 전혀 관계없이 반대 의견을 말해야 했다. 그들은 악역을 맡았음에도 안전할 수 있었고, 객관성이 담보될 수밖에 없었다.

쿠바 미사일 위기 때 존 F. 케네디^{John F. Kennedy} 대통령에게 동생인 법무부 장관 로버트 케네디^{Robert F. Kennedy}가 '악마의 변호인'을 둘 것을 제안했던 일화는 유명하다. 1962년 10월, 미국은 자신들의 U-2 첩보기를 통해 쿠바에 소련의 미사일 기지가 건설되고 있다는 사실을 알게 되었다. 존 F. 케네디 대통령은 쿠바에 미사일 기지를 미국에 대한 선전 포고로 간주하겠다며 제3차 세계대전도 불사하겠다고 발표했다. 세계는 미국과 소련의 전면적인 핵전쟁 위협에 떨었다. 이때 로버트 케네디는 '악마의 변호인'이라는 역할을 주문했고, 존 F. 케네디 대통령은 이를 받아들였다.

존 F. 케네디 대통령은 전쟁을 불사할 것인지, 외교적 노력을 통해 쿠바 사태를 해결할 것인지 '악마의 변호인'의 목소리에 귀를 기울인 후 필사적인 외교적 노력을 통해 니키타 흐루쇼프^{Nikita Khrushchyov} 서기장과 타협점을 찾기 시작했다. 그 결과, 소련의 미사일 기지 건설이 중단되었고, 터키에 있던 미국의 ICBM 기지도 제거되었다. 불과 1년 전인 1961년, 존 F. 케네디 정부가 쿠바에 피

그만 침공으로 크게 실패했던 사례를 돌이켜보면 의사결정을 하는 집단 내에 '악마의 변호인' 역할이 얼마나 중요한지를 알 수 있다.

미국의 심리학자 어빙 제니스^{Irving Janis}는 '집단사고^{Group Think}'의 위험성을 경고했다. 머리 좋고 유능한 사람들이 모인 집단일수록, 자신들이 윤리적으로 옳다고 믿는 집단일수록 내부 응집력이 강하다는 것이다. 그들은 서로 간에 생각이 유사하다고 믿기 때문에 내부 토론에서 언쟁을 피한다. 다른 사람들과의 좋은 관계를 유지하고 집단의 리더에게 반기를 드는 사람이라는 인상을 피하기 위해 다른 의견을 내는 것을 주저하고 스스로 만장일치의 함정에 빠진다. 내부에서 비판의 목소리가 나오지 않으면 외부의 비판에 귀를 기울여야 하는데, 이 또한 구조적으로 차단된다. 외부에는 온통 믿을 수 없는 '적'들이 자기들을 공격하려 한다고 믿기 때문이다.

마지막으로 성과에 대한 압박을 받고 있을수록 자기들의 생각을 강화하려고 든다. 빨리 의사결정을 해서 성과를 보여줘야 한다는 강박관념이 자기들의 노선에 집착하게 만들고 다른 의견에 귀를 기울이지 않는 결과를 가져온다. 즉 내부의 응집력, 외부 의견의 구조적 차단, 성과에 대한 압력이 재앙에 가까운 의사결정을 불러온다.

집단사고와 같은 재앙은 무능한 사람들이 불러일으키는 것일까? 그렇지 않다. 유능한 사람들이 더 자주 경험한다. 그렇다면 윤리적으로 잘못된 사람들이 경험하는 것일까? 그렇지 않다. 나만 옳다는

141
리더십을 뒤집어라

오만함이 결합될 때 더 자주 일어난다. 세상을 단순히 유능함 vs. 무능함, 윤리 vs. 비윤리로 판단하는 것 자체가 위험하다. 기업 내에서도 마찬가지다. 어떤 기업이든 무능한 사람을, 처음부터 비윤리적인 사람을 팀장이라는 중요한 자리에 앉힐 리 없다. 대개는 유능하고 윤리적이며 좋은 성과를 내리라는 기대감이 있는 사람에게 팀장이라는 직책을 부여한다. 그런데 왜 불길한 예감은 항상 맞는 것일까? 잘할 것이라고 기대했던 팀장들이 저조한 성과를 내거나 깨끗하고 정직한 이미지를 가진 팀장들이 부정한 사건에 연루되는 일들이 생각보다 많이, 자주 일어난다.

인간 본성에 대한 깊은 이해가 요구된다. 처음부터 착하고 유능한 인간이 따로 존재하는 것이 아니다. 실무자로 있을 때 착하고 유능했던 사람도 관리자라는 직책이 부여되면 성과를 내야 한다는 압박감과 자신의 유능함을 계속해서 보여줘야 한다는 중압감에 사로잡힌다. 그리고 자신에게 지지를 보내주는 충신들에 둘러싸여 말도 안 되는 최악의 의사결정을 내린다. 이는 미국의 뇌 과학 연구자들이 오랜 기간 연구한 '착한 원숭이' 실험에서도 입증되었다. 원래 착하고 유능하고 집단에서 지지를 받았던 착한 원숭이들이 리더라는 직책을 맡고 난 뒤 뇌 구조에 변화가 일어났다. 합리적 판단과 이성을 관장하는 전전두엽에 변화가 생긴 것이다.

팀장은 팀장 자신의 선한 의도와 보유 능력을 과신해서는 안 된다. 자신의 생각과 판단이 잘못되었을 수도 있다는 생각을 할 수 있어야 한다. 또한 자신의 부족함을 인정한다는 것이 무능함을 보여주는 것이 아니라는 것도 알고 있어야 한다. 누구나 인간이기 때문에 실수하고 실패할 수 있는 것처럼 세상 모든 사람의 불완전함을 받아들여야 한다.

그런데 자신의 불완전함을 인정하고 수용하는 데서 그쳐서는 안된다. 자신의 불완전함을 수정하고 교정해야 더 나은 곳을 향해 나아갈 수 있다. 역할을 맡은 팀 내 누군가가 과감히 반대 의견을 표현하게 하라. 안 되는 이유만 족족 찾아내 반박하게 하라. 악마의 변호인 역할을 맡은 직원들이 젊은 세대일수록 더욱 좋다. 그들은 부여받은 역할을 하는 것이기에 매우 안전하다고 느낄 것이고, 팀장은 자신의 생각과 판단을 다시 한 번 점검할 수 있기에 더 나은 결과를 이끌어낼 수 있다. 이것이 상호 win-win이 아니고 무엇이겠는가.

처음부터 '적합한 사람'은 없다

사람을 '관리'한다고 할 때 우리가 흔히 저지르는 실수는 좋은 사람 vs. 나쁜 사람, 적합한 사람 vs. 부적합한 사람, 유능한 사람 vs. 무능한 사람이라는 이분법적 오류에 빠지는 것이다. 물론 사람들은 개인차가 존재한다. 재능도, 성격도, 성품도 다르다. 다르기 때문에

특정 분야를 잘 수행할 만한 사람들이 있을 수 있다. 그것을 반대할 이유는 없지만 더 중요한 기준이 있다는 뜻이다.

가장 중요한 기준은 '본인이 원하는가, 그렇지 않은가'가 되어야 한다. 재능, 성격, IQ, EQ, 성품을 떠나 누가 어떤 일을 하고 싶어 하는지, 아닌지가 더 중요하다는 뜻이다. 본인이 원하는 것, 즉 자발성은 그 어떤 능력보다 중요하다. 재능, 능력, 성격을 넘어 어떤 난관도 넘어설 준비가 되어 있다. 팀장은 구성원들의 가슴을 뛰게 하는 일이 무엇인지 물어보고 그것을 할 수 있는 환경을 만들어주어야 한다. 어차피 우리는 상대방에게 어떤 재능이 있는지, 상대방이 어떤 분야에 잘 맞는지 정확하게 알지 못한다. 상대방에 대해 정확히 모를 바에야 그들이 원하는 일을 하게 하고 스스로 일에 미치게 만드는 것이 좋지 않을까? 이보다 현명한 방법이 또 있을까?

2001년에 출간되어 전 세계적으로 엄청난 인기를 끌었던 책이 있다. 경영의 구루라 불리우는 짐 콜린스Jim Collins 의 《좋은 기업을 넘어 위대한 기업으로》라는 책이다. 짐 콜린스는 이 책을 쓰기 위해 자신의 연구진과 5년간 1만 5천 시간을 투입하여 2천 페이지의 인터뷰, 6천 건의 논문을 조사하였다. 그리고 그 결과, 평범한 기업을 넘어 위대한 기업이 된 회사들의 공통점을 찾아냈다. 짐 콜린스와 그의 연구진은 새로운 비전과 전략을 짠 기업이 위대한 기업이 되었다는 전통적 믿음과 달리, '적합한 사람을 버스에 태우고 부적합한 사람은 버스에서 내리게 한 다음 버스를 어디로 몰고 갈지 생각한 기업'이 위대한 기업이 되었다는 결과를 발표했다. 핵심만 이야기하면 보통 사람이 중요한 것이 아니라 적합한 사람, 적임자를 앉히는 것이 위대한 기업이 되는 첩경이라는 뜻이다.

하지만 필자는 짐 콜린스의 말에 동의하지 않는다. '적합한 사람을 판단하는 사람은 누구여야 하는가' 하는 의문에 곧바로 봉착하기 때문이다. 적합한 사람이 누구인지 판단하는 사람이 '신의 한 수'를 둔다는 보장은 어디에도 없다. 그것을 판단하는 사람 역시 제아무리 잘난 사람이라 해도 불완전한 정보, 불확실한 기대 속에서 사람을 판단하기 때문에 실패 확률이 무척 크다. 잘 해야 자기 마음에 드는 자기 사람을 고를 가능성이 크다. 자기 사람을 중요한 직책에 앉혀 놓고 버스를 어디로 몰고 갈지 결정한다고 가정해보자. 가는 방향은 불 보듯 뻔하다. 두 사람이 평소 대화를 나눈 그 방향일 것이다. 그런 곳에서 무슨 혁신과 창의성이 싹틀 수 있단 말인가. 차라리 위대한 기업은 우연히 만들어졌다가 우연히 사라진다고 하는 것이 나을 것 같다.

다시 강조하지만 사람은 애초부터 어떤 회사나 직무에 적합하지 않다. 한 번 적합할 수는 있지만 영원히 적합한 사람은 없다. 물론 회사가 영위하는 사업 분야에 조금이라도 가까운 재능, 비슷한 전공, 잘 맞는 적성을 찾아보는 것을 나무랄 필요는 없다. 그러나 우리가 할 수 있는 것은 거기까지다. 나머지는 신의 영역이다. 사람은 원래 변화무쌍한 존재가 아닌가. 잘하다가도 못하는 경우가 허다하고 잘하지 못하다가도 잘할 때가 있다. 좋아했던 일이 싫어지기도 하고 싫어했던 일이 좋아지기도 한다. 심지어 자신의 재능을 발견했다며 신나게 일하다가도 '이 산이 아닌가봐'라며 돌아서기도 한다.

현재 인간이 가진 능력으로는 예측 가능하지도 않은 일을 우리는 불확실성을 회피하고자 하는 심리 때문에 자기의 시야를 고정시키려 한다. 어떤 사람을 믿고 싶기 때문에 믿는 것이다. 사실 배신은 지나친 믿음에서 오는 것이 아닌가. 믿고 싶어서 믿었고 너무 믿었기 때문에 배신당하는 것이다. 그러므로 팀장은 처음부터 적합한 사람, 처음부터 나와 잘 맞는 사람을 찾는 일을 그만둬야 한다. 그리고 그런 사람을 찾아야 한다는 생각을 뒤집어야 한다. 그런 사람은 존재하지 않는다고 생각해야 한다. 영리한 요즘 젊은 세대는 이미 이것을 정확하게 깨닫고 있다. 그들은 사람들을 쉽사리 믿지 않는다. 이렇게 말하면 그들이 불신 속에서 살아가는 것처럼 들리겠지만 그런 뜻이 아니다. 사람에 대한 시각이 고정불변이 아니라는 것을 알고 있다는 뜻이다. 인류 역사를 통해 우리가 구축해왔던 견고한 믿음은 사실 그 시대의 필요에 의해 생겨났을 뿐이다. 그러니 세상 모든 것은 변한다는 믿음 말고 믿어야 할 것은 아무것도 없다.

그렇다면 사람 관리를 잘하기 위해 팀장들이 해야 할 일은 무엇일까? 첫째, 사람을 관리한다는 생각부터 버려야 한다. 사람은 관리의 대상이 아니라 소통의 대상이다. 그들이 무엇에 흥미를 갖고 있는지 파악하는 것으로 족하다.

둘째, 너무 잘하려고 하는 생각을 버려야 한다. 팀장이 왜 꼭 팀원들에게 잘해야 하는가. 각자의 역할이 있을 뿐이고 그 역할에 충실하면 되는 것이다. 누군가에게 잘하려는 생각에서부터 공급자 마인드가 싹튼다. 무심하게 그러나 역할에 맞게 대하라.

셋째, 자발적으로 하겠다는 사람을 굳이 막지 말아야 한다. 무언가 적극적으로 해보겠다는 의욕이 있는 사람은 이유가 무엇이든 잘할 가능성이 크다. 실패하지 않으려는 의지가 실패를 방지하기 때문이다. 팀장은 적극적으로 지지해주고 지원해주어야 한다. 반대로 어떤 일을 하지 않겠다는 사람은 시키지 말아야 한다. 본인이 하기 싫은 일을 하게 되면 실패는 이미 예정된 것과 다름없다. 스스로 내면에서 실패할 수밖에 없는 이유를 만들어내기 때문이다. 나머지 업무는 평범한 사람들에게 배분하면 된다.

대부분의 사람은 특별히 하고 싶은 일도, 하기 싫은 일도 없다. 해야 하니까 할 뿐이다. 그들에게 특별히 하고 싶은 일, 하기 싫은 일이 생길 때까지 기다려주면 된다. 어쩌면 누군가에게는 그런 일이 영원히 생기지 않을지도 모른다.

기다려주는 것, 환경을 조성해주는 것, 열심히 하겠다는 사람을 지원해주는 것 이외에 팀장이 사람 관리를 위해 특별히 해야 할 일은 없다. 한 번 더 강조하지만 가장 적합한 인재는 가장 그 일을 하

147
리더십을 뒤집어라

고 싶어 하는 사람이다.

단기 성과주의를 폐기하라

팀장은 누군가에게 반대 의견을 장려하는 악마의 변호인 역할을 맡길 수 있다. 처음부터 적합한 사람과 부적합한 사람을 골라내는 행동을 중지할 수도 있고, 원하는 사람에게 원하는 일을 맡기는 방식을 선택할 수도 있다. 그런데 팀장이 조직에게 보여주어야 하며, 보여주지 않으면 안 되는 '성과'는 어떻게 관리해야 할까? 사실 성과주의라는 개념은 20세기 들어 기업이 발명한 꽤 그럴 듯한 관리 도구다.

일본이나 한국 기업에서는 오랜 관행이었던 연공주의를 대체하는 것이 반드시 필요했다. 연공주의는 말 그대로 근속 연수에 따라 연봉이나 인센티브가 결정되는 방식이다. 단순히 회사를 먼저 들어왔다고 해서 더 높은 연봉을 받는다는 것은 공정하지 못했다. 그들은 나이가 들어가면서 나태해지기도 했고, 매너리즘에 빠지기도 했다. 무임승차자가 되어 조직의 성과에 기여하기보다는 해치는 역할을 하는 존재가 되기도 했다. 경쟁이 격화되고 조직의 생사가 달린 주요한 의사결정에서 연공이 높은 사람들의 폐해가 지적되면서 성과주의 인사가 대두되었다. 산출한 성과에 따라 연봉이 다르게 결정되고, 인센티브 역시 차별적 보상 체계가 정비되면 조직의 성과가 더 좋아진다는 생각이 성과주의 또는 성과연봉제의 핵심 사상이다.

그런데 세상은 또다시 변화하고 있다. 성과주의나 성과연봉제가 만병통치약이 아닌 이상 또 다른 문제를 잉태하고 있는 것이다.

"기업이 경쟁사에게 승리하려면 성과가 좋은 사업과 성과가 나쁜 사업을 구분해야 한다. 그리고 시장에서 넘버 1 또는 넘버 2가 안 되는 사업은 과감하게 정리해야 한다. 마찬가지로 성과가 우수한 직원과 우수하지 않은 직원을 명확히 구분해야 한다. 그렇지 않으면 기업이 위기에 처할 수밖에 없다."

성과주의 주창자인 잭 웰치의 말이다. 맞는 말이긴 하지만 완전히 맞는 말은 아니다. 사람들은 너무나 스마트하기 때문에 성과를 강조하는 기업에서 살아남기 위해 일단 개인 간, 부서 간, 회사 간 경쟁을 받아들일 수밖에 없다. 그런데 받아들인 후에 자기만의 방식으로 경쟁을 회피하기 시작한다. 우선 자기가 맡은 일을 열심히 수행한다. 아니, 정확히 말하면 좋은 평가를 받는 데 도움이 되는 일만 열심히 한다. 그리고 동료가 나보다 더 좋은 평가를 받게 되면 내가 가져갈 파이가 줄어들 것이라는 생각에 협업을 줄인다. 결과적으로 부분 최적화는 달성되었는데, 전체 최적화, 즉 회사 전체의 실적은 오히려 악화되는 결과를 초래한다.

한 유통 기업에서 일어난 일이다. 유통 기업의 특성상, 고객만족의 주요 지표인 상품의 정시 배송율이라는 KPI(핵심성과지표, Key Performance Indicator)를 설정하고 보상과 연계시켰다. 몇 달 만에 상품의 정시 배송율은 50% 이상 개선되었다. 하지만 고객만족도는 오히려 하락했다. 제시간에 배송한다는 원칙에 얽매여 내용물 확인, 포장, 배송 직원의 친절도가 부실해진 것이다.

또한 모 기업의 CS 부서에서는 직원이 응대하는 고객 수와 고객의 문제 해결에 걸린 시간을 보상과 연계시키는 정책을 시행하자 상담 중에 전화를 끊어버리는 기현상이 벌어졌다고 한다. 직원들은 좋은 평가와 보상을 받기 위해서는 가급적 짧은 시간에 많은 고객을 응대해야 한다는 생각을 하게 되었고, 그것이 고객만족도 하락이라는 의외의 결과를 가져온 것이다. 이처럼 성과주의는 당장의 성과는 개선하는 반면, 장기적으로 고객들이 정말로 중시하는 가치를 훼손하는 결과를 가져오기도 한다.

그래서 팀장들이 진정한 의미의 성과주의를 정착시키기 위해 해야 할 첫 번째 관리 포인트는 단기 성과에 집착하지 않는 것이다. 당장 지표가 좋아 보이는 것이 나중에 독이 되어 돌아올 수도 있다는 것을 명심할 필요가 있다. 또한 당장 좋아 보이는 지표는 팀원들을 무의미한 활동의 함정에 빠트리는 결과를 가져올 수도 있다. 어떤 특정한 행동을 반복하는 것이 무슨 의미가 있는지 설명하기 어렵게 된다. 더 멀리 보며 업의 본질에 충실한 성과 지표가 개선되는 것에 초점을 맞추어야 한다. 그래야 팀원들도 업무에 몰입할 수 있다.

두 번째 관리 포인트는 성과를 향상시키기 위해 성과 지표의 개발에 들이는 시간과 노력보다 구성원의 육성과 교육에 투자해야 한다는 것이다. 한 남성복 회사에서 실제로 있었던 일이다. 팀원들을 차등 있게 평가하기 위한 성과 지표의 촘촘한 개발과 그에 따른 차별적 보상보다는 남성 패션에 대한 심도 있는 공부, 남성 고객들의 트렌드를 이해하는 교육으로 인해 매출과 수익이 더 크게 향상되었다고 한다.

마지막으로 가장 중요한 관리 포인트가 있다. 팀원들이 원하는 성과 지표를 스스로 제안하게 하는 것, 그들이 평가받고 싶은 성과 지표와 연계된 보상 체계를 구축하는 것이다. 사람은 저마다 재능과 능력이 다르다. 일하는 방식도 다르다. 그런데 같은 부서에서 같은 업무를 한다고 해서 같은 항목과 같은 지표로 평가받을 필요가 있을까? 다른 선택을 통해 다른 방식으로 좋은 평가를 받고 좋은 보상을 받는 것, 이것이 요즘 젊은 세대가 원하는 성과주의다.

연공주의를 대체하여 성과주의가 등장한 것은 역사적 필연이었다. 그런데 그동안의 성과주의는 너무나 기계적·단기적·천편일률적이었다. 이제 팀장들은 인사 부서와 협력하여 대단히 유연하고 장기적이며 다양한 성과 지표를 팀원 개개인에게 부여할 수 있는 계기를 만들어내야 한다. 만약 성과주의가 개인들 간의 경쟁 그 자체가 목적이라면, 단순히 개인들이 더 많은 파이를 가져가게 하는 것이 목적이라면 현재 시행되고 있는 성과주의도 충분한 역할을 할 것이다. 하지만 성과주의의 궁극적 목표가 조직 전체의 성과를 향상하는 것이라면, 장기적으로 고객을 만족시키고 구성원들을 공정하게 대하는 것이라면 사람 관리에 대한 기본 패러다임이 바뀌어야 한다.

사람 관리에 대한 기본 패러다임은 인간이 경영의 목표 달성을 위한 수단이 아닌 목적 그 자체여야 한다. 관리자는 사람들의 재능과 관심, 역량이 다양하다는 것을 분명히 인식하고 그들 스스로 일하는 방식, 평가 방식, 보상 방식 등을 선택할 수 있게 해야 한다. 사람은 관리의 대상이 아니라 존중의 대상이 되어야 한다.

'조직 관리'를 뒤집어라

●

'조직 관리'는 일과 사람을 하나의 시스템으로 보고 전체 시스템을 관리하는 것이다. 시스템은 단순히 개별 요소의 집합이 아니라 개별 요소들 간에 상호연관성을 가진 유기체라 할 수 있다. 따라서 팀장은 개별 업무와 개인을 미시적으로 바라보는 관점과 동시에 각요소가 어떻게 유기적으로 상호작용하는지 거시적 관점에서 바라보는 눈을 가져야 한다. 그래야 '조직 관리'라는 팀장 고유의 역할을 수행할 수 있다.

'조직 관리'를 바라보는 관점 자체도 다양하게 정의될 수 있지만, 필자는 지금부터 약 20년 전에 도널드 토스티[Donald T. Tosti]가 주창

했던 관점을 채택하여 논의를 전개해보고자 한다. 그에 따르면 '조직이란 대단히 역동적인 시스템이라 할 수 있는데, 각 구성 요소가 자연스럽고 효율적으로 상호작용할 수 있도록 디자인되어 있을 때 가장 잘 운영되는 것'이다. 환경의 변화가 발생할 때 그 변화를 기존 시스템과 연계할 수 있어야 하고, 필요 시 그 변화를 수용할 수 있도록 시스템을 수정해야 한다는 것이다. 다시 말해 토스티가 말하는 조직 관리는 각 구성 요소 간의 정합성이 좋아야 하고, 어떤 환경 변화가 발생하더라도 그 변화를 조직이 수용 가능할 정도로 건강해야 하며, 그것이 어려우면 시스템 자체를 바꿀 수 있을 정도로 유연해야 한다는 뜻이다. 조직을 하나의 유기적 시스템으로 볼 때 대단히 설득력 있는 관점이라 할 수 있다. 하나의 업무를 개선하거나 혁신한다고 조직 관리가 잘 되는 것도 아니고 한두 사람을 교체하거나 해고한다고 조직에 금방 변화가 나타나는 것이 아니라는 것을 숱하게 경험한 우리에게 토스티의 당위론적 시스템 이론은 시사하는 바가 많다.

다음 그림은 토스티가 말하는 시스템적 관점에서 바라본 조직 관리 모델이다(그림 8). 토스티는 조직은 조직이 표방하는 미션/비전을 달성하기 위해 2개의 경로로 구성되어 있다고 말한다. 하나의 경로는 전략의 축이다. 왼쪽에 있는 전략의 축은 '무엇을 해야 하는가'를 강조한다. '무엇을 해야 하는가'는 조직이 지향하는 전략 목

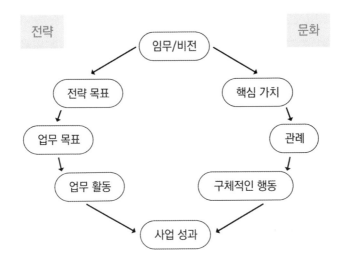

임무/비전

전략 목표

핵심 가치

업무 목표

관례

업무 활동

구체적인 행동

사업 성과

〔그림 8〕 조직 관리 시스템 모델　　　　　　　출처: Tosti & Jackson, 2000

표, 그 전략 목표를 달성하기 위해 각 팀과 개인이 성취해야 하는 업무 목표, 조직의 전략 목표와 팀과 개인의 업무 목표를 달성하기 위한 업무 활동으로 구성되어 있다. 또 하나의 경로는 문화의 축이다. 오른쪽에 있는 문화의 축은 '어떻게 해야 하는가'를 강조한다. 미션/비전을 달성하기 위해 직원들의 행동을 안내하는 역할을 하는 것이 핵심 가치이고, 그 가치를 반영하는 것이 관례이며 팀원들이 매일매일 업무 수행을 위해 하는 구체적인 행동이다.

　이때 중요한 것은 각 구성 요소 간의 정합성이다. 조직의 전략 목표와 구성원의 핵심 가치는 양립 가능해야 한다. 예를 들면 '타이트한 통제 시스템'을 강조하는 회사는 핵심 가치를 '유연성'이라고 해서는 안 된다. 정합성이 깨지기 때문에 궁극적인 성과를 내기 어렵다. 또한 팀의 업무 목표를 '고객만족도 향상'이라고 설정한 팀은 팀원들 간에 통용되는 관례를 '단위 고객당 수익성 향상'이라고 해서는 안 된다. '적시적 문제 해결'을 매일매일의 업무 활동으로 결정한 사람은 '그건 제 일이 아닌데요'라는 행동을 해서는 안 된다. 궁극적으로 전략의 축과 문화의 축이 상호 모순적이지 않을 때 사업 성과로 연결된다는 뜻이다.

토스티의 주장은 이론적으로 맞는 말이긴 하지만 실제로는 실현 불가능하다. 토스티는 조직을 유기적 시스템으로 보며 상호 의존적인 구성 요소들 간에 모순이 없어야 한다는 면에서는 뛰어난 통찰력을 제공해주었지만 경영의 현실과 양립하기가 어렵다.

우리가 사는 현실은 전략 목표와 업무 목표가 명확히 구분되지도 않고, 전략의 축과 문화의 축이 뒤엉켜 있다. 쉽게 설명하기 위해 이런저런 식으로 분류하고 각 개념의 차이를 나눌 수는 있지만 실제 현장은 그렇지 못하다. 실제로 많은 조직이 미션/비전을 수립하고 구성원들에게 그 의미를 교육한다. 미션/비전을 달성하기 위해 조직 전체의 전략 목표는 무엇이 되어야 하고 각 부문별, 팀별 업무 목표는 무엇이 되어야 하는지 정리하고 발표한다. 그리고 각 개인이 어떤 활동을 해야 하는지도 결정한다. 그래야 성과를 도출할 수 있다고 보기 때문이다. 또한 미션/비전 달성을 위해 핵심 가치는 무엇이 되어야 하고, 팀 내 관례적 행동은 무엇이 되어야 하며, 개인별 일상적 행동은 무엇이 되어야 하는지 행동 규범을 결정하기도 한다.

그런데 기본 가정부터가 틀렸다. 어떤 특정한 사람이나 부서가 나서서 미션과 비전을 설정하고 전략 목표를 구체화하는 것, 핵심 가치를 선정하고 관례를 정하는 것, 개인의 업무 활동을 규정하고 개인의 행동을 결정하는 것 그 자체가 공급자 마인드다. 사람은 기본적으로 누가 시켜야 일하는 존재라는 가정하에 '무엇을', '어떻게' 해야 한다고 결정하고 있기 때문이다. 아무리 제4차 산업혁명이 목전에 와 있고 밀레니얼 세대가 무럭무럭 성장하고 있다 해도 팀장을 비롯한 관리자들의 기본 마인드가 바뀌지 않으면 과거와 다른 미래는 오지 않는다. 온다 하더라도 더디게 오고, 오는 과정에서 너무 많은 대가를 치러야 한다.

노벨상을 수상한 화학자 일리야 프리고진^{Ilya Prigogine}은 혼돈으로부터 질서가 나올 수 있다고 말했다. 모든 자연적 현상이 기계적이고 순차적인 정합성에 의해서만 구성되는 것이 아니다. 점균류 곰팡이는 영양분이 모자라면 서로 신호를 보낸다. 수만 마리가 한 번에 모여 하나의 덩어리를 형성하고 영양을 섭취한다. 환경이 다시 바뀌어 영양을 섭취하는 데 문제가 없어지면 곰팡이들은 다시 흩어져 단세포 동물로 돌아간다. 혼란에서 질서로, 다시 질서에서 혼란으로 돌아가면서 자기조직화^{self-organization}를 스스로 이루어내는 것이다. 하물며 만물의 영장인 인간은 말해서 무엇 하겠는가. 만약 인간이 모인 조직도 유기체이고 따라서 환경에 적극적으로 반응하는 개방적 시스템을 가진 존재라고 가정한다면 팀장은 지나치게 인위적이고 부자연스러운 시스템을 만들어내려고 노력할 필요가 없다. 팀원들은 스스로 환경 적응적인 행동을 찾아낼 것이고, 서로에게 신호를 보낼 것이고, 뭉쳤다 흩어졌다 스스로 자기들의 운명을 결정해나갈 것이다.

　조직 관리에 관한 우리의 생각을, 관점을, 태도를 뒤집어야 한다. 조직은 결코 누군가의 통제에 의해 움직이는 닫힌 시스템이 아니다. 각 구성 요소가 일사불란하게 한 방향을 향해 달리는 기계적인 존재도 아니다. 유기체의 특성답게 환경이 바뀌면 저절로 균형 상태를 향해 나아가는, 자기조직화하는 존재다. 따라서 기존의 조직 관리 모델도 뒤집어야 한다(그림 9).

　왼쪽이 문화의 축, 오른쪽이 전략의 축이다. 전략은 자기조직화하는 조직에서는 문화를 뒤따라가야 한다. 전략은 일을 말하고 문화는 행동을 말한다. 구성원들이 알아서 하는 행동을 장려하고 일의 목표나 일하는 방법은 스스로 정하게 내버려두어야 한다. 또한 미션/비전이 상위 개념이 되게 해서는 안 된다. 미션/비전을 먼저 수립하고 사업을 하는 조직은 별로 없다. 그런 조직이 있다 하더라도 보여주기 위한 조직이 대부분이다. 먹고살기 위해 일을 하다 보니 나중에 정리하여 만들어지는 것이 미션/비전이다. 성과가 먼저

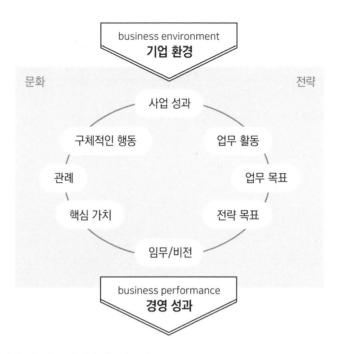

〔그림 9〕 새로운 조직 관리 시스템 모델

다. 성과를 내지 못하는 조직은 스스로 영양 고갈 상태에 돌입하기 때문에 무엇을, 어떻게 해야 하는가를 고민하게 되어 있다. 실제로 좋은 성과를 내는 조직은 나중에 더 나은 성과를 내기 위해 어떤 미션/비전을 설정할까 고민하게 되어 있고, 그렇게 하는 것이 다음 단계의 도약을 추구하는 데 더 큰 도움이 된다.

오해할 것은 없다. 자기조직화 상태에서 팀장이 아무것도 하지 말라고 하는 것이 아니고, 그래서도 안 된다. 팀장은 점균류 곰팡이처럼 신호를 보내는 사람이 되어야 한다. 만약 조직이 영양 고갈 상태에 돌입하고 있는데도 눈치 채지 못하고 있다면 그때 팀장이 할 일이 생긴다. 자기 상자 속에 갇혀 있는 팀원들을 향해 손을 흔들어보자. "이대로 괜찮을까요? 먹고살아야 할 영양분이 바닥나고 있어요"라고 위험 신호를 보내는 역할을 하는 것이다.

인간은 통제 대상이 아니다

조직 관리에 대한 생각을 뒤집는 것 역시 쉬운 일이 아니다. 우리는 의식적·무의식적으로 '조직은 이런 것', '조직 관리는 이렇게 하는 것'이라는 생각에 익숙해져 있다. 아주 오래된 조직 관리 방법이 있다. 흔히 '계·조·지·조·통'이라 불리는데, '계획하고 조직하고 지휘하고 조정하고 통제'한다는 의미의 첫 글자를 따서 붙인 이름이다. '계·조·지·조·통'을 잘하지 못하면 관리자가 아니라는 뜻이다. 지금도 일, 사람, 조직 관리 전반에서 대단히 유용한 방법인 것처럼 회자되고 있다. 사실 계·조·지·조·통은 빨리 버려야 할 구습이다. 인간을 통제 대상으로 보는 관점에서 시작된 개념으로, 밀레니얼 세대가 급부상하는 오늘날은 현실적으로 잘 통하지 않는 방법이다. 그런데 여전히 많은 사람에게 이 관리 방법이 먹히고 있다. 대체 그 이유가 무엇일까? 아마도 다른 대안을 찾지 못했기 때문이 아닐까?

필자는 그 대안을 자기결정성 이론^{self determination theory}에서 찾고자 한다. 단순하게 말해 자기결정성 이론은 행동 통제의 원천을 어디서 찾는가 하는 데서 출발한다. 자신이 스스로를 통제할 수 있을 때 통제 효과가 가장 크고, 외부에 의한 통제는 효과가 가장 낮다고 보는 관점이다. 내적 통제는 일에 대한 흥미나 호기심이 내면에서 자발적으로 일어나기 때문에 자기 행동에 대한 책임을 지게 되고 쉽게 포기하지 않으며 자신이 원하는 수준까지 성취할 가능성이 크다고 본다. 반면 외부 통제는 외부의 힘에 의한 강제, 보상이나 칭찬과 같은 인센티브가 가해졌을 때 비로소 움직인다고 보는 견해다.

물론 인간은 내적 통제와 외부 통제, 두 가지 모두에 반응한다. 그러나 어느 쪽을 인간에 대한 기본 관점으로 보는가에 따라 중대한 차이가 발생한다. 내적 통제를 믿는 사람들은 자율성, 유능감, 관계성을 중시한다. 스스로 의사결정하고 상황에 맞는 행동을 선택할 수 있다는 믿음은 사람들에게 자율성을 부여해주고, 누구나 좋아하는 일이 있고 잘 해낼 수 있다는 믿음은 사람들에게 유능감을 북돋워준다. 또한 함께 일하는 사람들과 협력적 관계를 구축하는 것이 성과에 도움이 된다는 믿음은 구성원 간의 신뢰를 구축할 수 있도록 돕는다.

반대의 경우도 마찬가지다. 타율성을 믿는 관리자는 타율적 행동을 많이 하고, 구성원들이 무능하다고 생각하는 관리자는 그에 걸맞게 상대방을 가르치려 한다. 또한 사람들 사이의 관계가 중요하지 않다고 생각하는 관리자는 아무 생각 없이 관계 파괴적인 행동을 많이 한다.

핵심은 우리의 젊은 세대가 무엇을 더 선호하는가다. 이론의 여지없이 그들은 자기중심적이다. 자신이 다른 누구보다 소중하다고 생각하는 사람들은 내적 통제를 믿는 경향이 강하다. 요즘 젊은 세대는 무언가를 스스로 결정하고, 자신감이 있고, 다른 사람들과 공정하고 부드러운 관계를 유지하고 싶어 한다. 그들에 대해 아는 것이 조직 관리의 첫 출발점이다.

따로 또 같이?!

인간에 대한 기본적 관점을 내적 통제에서 찾는 것은 매우 중요한 일이다. 인간은 기본적으로 자신이 좋아하는 일을 할 때, 하고 싶은 일을 선택할 때 가장 크게 동기부여가 된다는 것을 팀장이 인정해야 한다. 이때 머릿속에 한 가지 질문이 떠오를 것이다.

'직원들이 원하는 것을 다 들어주고 인정하라고? 그러면 조직 목표 달성을 위해 팀장인 내가 할 일이 과연 있을까?'

오랜 습성으로 인해 우리의 마음속에는 인간에 대한 뿌리 깊은 불신이 남아 있다. 일단 필자는 이렇게 대답하고 싶다.

"직원들이 원하는 것을 다 들어주고 인정해줘야 한다. 그래도 팀장이 할 일은 남아 있다."

 '직원들이 원하는 것을 다 들어주고 인정해줘야 한다'라는 것을 어떻게 이해하고 받아들여야 할까? 팀장이 자기 생각, 자기 가치, 자기 스타일, 자기 방식이 있듯 직원들 역시 그럴 것이라는 사실을 받아들여야 한다. 당연한 말이라고 생각할 것이다. 그런데 완장 의식에 조금이라도 젖어 있는 팀장은 은연중에 자기 생각을 직원들에게 강요하는 사례가 숱하게 많다. 직원들에게 '내 생각이 이러하니 자네는 그냥 따르게'라는 식으로 말하는 것이다. 이런 경우 직원들은 대개 입을 닫고 그대로 따르거나 입을 열고 반대 의견을 말하는 두 가지 방법밖에 없다고 생각한다. 그리고 대부분 시키는 일 이외에는 하지 않겠다고 결심한다.

 그러면 팀장이 할 일이 무엇이냐는 질문이 되돌아올 것이다. 정답은 직원들을 자기 생각을 가진 '자기 인생의 주체자'로 인정하는 것이다. 말로는 인정한다고 하면서 실제로는 인정하지 않는다는 사인을 상대방에게 보낼 수도 있다. 정말로 상대방을 '자기 인생의 주체자'로 인정한다면 본인 이야기는 접어두고, 상대방에게 질문을 많이 해야 한다. "어떻게 생각해요?", "다른 방법은 없을까요?", "이렇게 하면 더 나은 결과가 나올 거라는 근거를 물어봐도 될까요?" 등 상대방에게 궁금한 것을 묻는 방식을 사용하는 것이다. 그러고 나서 주의 깊게 이야기를 듣고 필요하면 다음 질문을 하는 것이다.

 〈따로 또 같이〉라는 예능 프로그램이 있다. 같은 여행지에서 다른 여행을 즐기는 남편과 아내의 모습을 통해 서로의 다름을 인정하고 공감하는 취향 존중 부부 여행 프로그램이다. 이 프로그램은 시청자들에게 가족이란 무엇인지, 부부란 무엇인지, 사랑이란 무엇인지에 대해 질문을 던진다. 또 함께한다는 것은 어떤 의미이고, 따로 한다는 것은 어떤 의미인지 묻는다.

전통적으로 부부란 일심동체라는 미명하에 늘 함께하는 것을 미덕으로 여겼다. 서로 다른 가정에서 서로 다른 경험을 하며 수십 년간 살아온 남편과 아내가 모든 것을 함께한다는 것은 사실상 불가능하다. 억지로 함께할 수는 있겠지만 서로에게 행복감을 안겨주기보다 남들에게 보여주기 위한 '쇼윈도 부부'를 연출할 가능성도 있다. 그래서 〈따로 또 같이〉가 우리에게 던지는 질문은 참으로 신선하다. 낮에는 남편과 아내가 각자 취향대로 여행을 다니고, 저녁에만 함께하면 안 되는 것일까? 그것이 서로를 존중하면서 같이 사는 시너지 효과를 높일 수 있는 방법이 될 수도 있지 않을까?

뭐든지 함께해야 한다는 믿음이 강했던 부부조차 따로 하는 시간을 늘려가고 있다. 영원히 남남으로 살아가야 하는 팀장과 팀원은 당연히 그래야 한다. 각자를 존중해야 하고, 자신에게 편한 방식으로 일할 수 있는 환경을 조성해주어야 한다. 따로 일하는 시간을 늘려주어야 한다. 남과 다르게 생각하고, 남과 다르게 일하는 방식도 존중해주어야 한다. 그러면 '같이'는 어떻게 해야 할까? 동의할 수 있는 '룰'을 만들면 된다. 같이 '룰'을 만들고, 그 '룰'에 따라 행동하고, 환경 변화로 인해 '룰'의 변경이 필요할 때 새로운 '룰'을 만들 수 있도록 격려해나가면 얼마든지 '따로 또 같이'가 가능하다.

'따로 또 같이'가 추구하는 궁극적인 목표는 시너지 효과다. 시너지 효과는 각각의 구성 요소가 모여 단순한 합 이상의 효과를 내는 것을 말한다. '따로'에만 집중하면 개개인의 취향이 원심력으로 작용해서 모래알 같은 조직이 될 거라고 생각하기 쉽지만 '같이'를 함께 고려하면 시너지 효과가 날 수 있다. 팀장이 할 일이 바로 이것이다. 개개인의 취향과 특성을 존중하고 인정해주면서도 팀 차원에서 시너지 효과가 날 수 있도록 하는 것, 이것이 조직 관리다. 과거처럼 개개인의 특성을 무시하고 하나의 팀이 되어야 한다는 강박관념에 사로잡히는 것이 아니라 시너지 효과를 낼 수 있는 '룰'을 만들고, 지키고, 바꾸어나갈 수 있는 능력이 조직 관리의 핵심이 되어 가고 있다.

Project Oxygen

세계적인 기술 기업인 구글은 '좋은 보스(관리자)를 육성하는 일'에도 세계적인 수준을 보유하고 있다. '구글' 하면 세계 최고의 검색 엔진을 보유한 회사라는 것은 누구나 알고 있지만, 구글의 미래를 위해 차세대 검색 알고리즘보다 더 중요하게 생각한 프로젝트가 있었다는 사실을 아는 사람은 그리 많지 않다. 프로젝트명은 '옥시즌oxygen'이다. 2009년에 꼬박 1년 이상을 투자해서 '사내 인간 분석 팀'을 구성한 구글은 팀장급 이상을 대상으로 1만 건 이상의 데이터를 분석했다. 팀장급 이상 관리자들의 업무 평가 자료는 물론, 설문 조사, 대면 조사, 사례 조사 등을 통해 광범위한 데이터를 수집했다. 분석 결과는 '옥시즌'이라는 이름에 걸맞게 '신선한 산소' 같았다. 1998년에 창업한 이래 기술적 전문성을 우위에 두고 직원들을 '내버려두는 것'으로 유명할 만큼 자율성을 부여한 구글은 '단순히 내버려두기'가 옳은 방법이 아니었음을 알게 되었고, 팀장급 이상의 관리자를 대상으로 한 새로운 형태의 '구글 룰Google 8 rules'을 만들었다.

구글이 발견한 '좋은 관리자가 되기 위한 여덟 가지 룰'은 다음과 같다.

1. 좋은 코치가 된다.

2. 직원에게 권한을 넘기고, 시시콜콜하게 간섭하지 않는다.

3. 직원의 성공과 개인 복지에 관심을 가진다.

4. 매우 생산적이며 결과 지향적이다.

5. 소통을 잘한다. 즉 정보를 청취하고 공유한다.

6. 직원이 경력 개발을 할 수 있도록 돕는다.

7. 팀이 나아갈 방향에 대해 명확한 전망과 전략을 가진다.

---

8. 팀과 직원에게 도움이 될 조언을 할 수 있는 직무상 기술
   능력을 가진다.

이 여덟 가지 룰을 자세히 살펴보면 기술적 전문성은 여덟 번째
에 속해 있을 정도로 그 순위가 낮다. 의외의 결과가 아닐 수 없다.
'좋은 관리자가 되기 위한 여덟 가지 룰' 중 위 세 가지를 보면 관리
자의 '인간적 특성과 행동'이 중요하다는 것을 알 수 있다. 구성원
들은 '인간적 특성과 행동'을 하는 사람을 관리자로 원하고 있다는
것을 반영한다. 제아무리 세계적인 기업이라 해도 관리자는 '인간
적 특성'을 가져야 한다는 뜻이다. 구글은 특정 분야에 세계적인 기
술적 전문성을 가진 엔지니어라도 관리자가 된 이상 인간을 이해
하지 못하고 인간다운 행동을 하지 못하면 더 이상 좋은 관리자가
아니라고 본다. 실제로 구글은 '좋은 관리자가 되기 위한 여덟 가지
룰'을 팀장 교육에 적용하여 최하위 평가를 받은 팀장의 4분의 1을
변화시켰다고 보고했다.

첫 번째, '좋은 코치가 된다'는 어떤 의미일까. 팀장은 일대일 면
담을 통해 직원들의 역량에 맞는 문제 해결책을 그들의 관점에서
토의한다. 토의 과정에서 구체적이고 건설적인 피드백을 제공하는
것이 '구글의 좋은 코치 되기'다. 기존에는 좋지 않은 소식을 전할
때나 혼낼 때 일대일 면담을 활용했는데, 그것과 판이하다.

두 번째, '직원에게 권한을 넘기고, 시시콜콜하게 간섭하지 않는

다'는 또 어떤 의미일까? 직원들에게 자율성을 부여하고 그들이 원하는 조언을 제공해야 한다는 뜻이다. 특히 시시콜콜하게 간섭하지 않는다는 것을 명시적인 룰로 만든 것을 보면 구성원 개개인의 생각과 스타일을 얼마나 존중하고 있는지를 알 수 있다.

세 번째, '직원의 성공과 개인 복지에 관심을 가진다'는 일을 떠나 직원들의 개인적·인간적 삶이 어떤지 관심을 가진다는 의미다. 성과만 중요하게 여기고 서로에게 차갑게 대하는 기업이 많은데, 구글은 그래서는 안 된다고 생각한다. 개인이 성공할 수 있도록 돕고 개인적 웰빙에도 신경을 쓰는 것이 관리자의 임무라고 본다. 우리나라의 어떤 기업보다도 관리자의 인간적 면모를 강조하고 있다.

구글이 '조직 관리' 측면에서 우리에게 주는 시사점은 대단히 넓고 깊다. 첫 번째는 세계적인 기술 회사임에도 불구하고 관리자의 행동 특성을 '인간' 그 자체에 두고 있다는 점이다. 심지어 구글은 미래를 좌우할 검색 알고리즘을 개발하는 일보다 좋은 관리자를 육성하는 일이 더 중요하다고 말한다. 이는 제4차 산업혁명의 도래와 밀레니얼 세대의 출현이 기술 이상의 의미가 있다는 것을 뜻한다.

두 번째는 좋은 관리자를 육성하는 방법이 기존의 리더십 교육과 관점을 달리한다는 점이다. 기존의 리더십 교육 역시 성과, 코칭, 소통을 강조하긴 했지만 팀장 입장의 공급자 마인드가 강했다. 조직의 성과를 위해, 구성원의 역량 향상을 위해 코칭하고 소통한다는 의미였고, 그렇게 하다 보면 성과가 나올 것이라는 기대가 컸다. 자고로 누군가를 위해, 무언가를 위해 하는 것 치고 공급자 마인드가 아닌 것이 없다. 그런데 구글은 다르다. 구글은 관리자는 일대일 면담을 하되 직원들의 '역량에 맞게' 해야 하고 '직원들의 성공을 추구해야' 하며 직원들의 '웰빙까지 관심을 가져야' 한다고 생각한다. 즉 직원들을 '위해' 관리하는 것이 아니라 그들 자체를 하나의 '존재'로 인정하는 것이다.

구글은 끊임없이 자신들에게 맞는 '룰'을 찾아내는 회사다. 전문가들에게 도움을 요청해 이론적이고 추상적인 관리자 '룰'을 만든 것이 아니다. 내부 조사, 인터뷰, 각종 자료를 철저하게 분석하여 자신들에게 꼭 필요한 '룰'을 만들어냈다. 전문가에게 도움을 받을 수도 있었겠지만, 일반적으로 좋은 콘텐츠를 관리자 교육으로 사용하지 않았다는 것이 직원들에게 얼마나 많은 애정을 갖고 있는지를 보여주는 주요 근거다.

이제 구태의연한 팀장/관리자 교육은 그만두어야 한다. 들어서 좋은 교육, 그럴 듯한 내용으로 포장된 교육은 더 이상 필요하지 않다. 말만 앞서고 첨단 기술 용어를 차용하는 교육, 팀장으로 승진하면 누구나 의무적으로 이수하는 교육, 현실을 고려하지 않고 기계적으로 적용하는 교육 역시 사라져야 한다.

CHAPTER 3

애자일 코치로 거듭나라

윤재우 팀장은 IT 기기를 만드는 기업의 잘나가는 팀장이다. 같은 회사에서 20년 이상 근무하면서 익힌 해박한 제품 지식, 폭넓은 인간관계, 뛰어난 언변, 직원들을 제압하는 카리스마로 빠르게 승진했다. 그는 늘 당당했고, 자신감이 넘쳤으며, 어떤 문제든 자신이 개입하면 빠르고 정확하게 해결하는 모습을 보여주었다. 윤 팀장의 상사인 오 상무는 윤 팀장을 전폭적으로 지지해주었다. 그가 올린 결재는 단 한 번도 반려한 적이 없을 정도로 강력한 신임을 보여주었다. 하늘을 찌르는 윤 팀장의 기세에 팀원들은 팀 회의에서 그에게 쉽게 이견을 말할 수 없었다.

오 상무에게 1분기 실적을 보고하기 하루 전날, 팀 검토 회의가 열렸다. 보고서의 첫 장을 보던 윤 팀장은 소스라치게 놀랐다. 본인이 알고 있던 것과 전혀 다른 숫자가 떡 하니 보고서에 적혀 있는 것이 아닌가.

"김우경 차장, 이거 어떻게 된 거야? 지난주에 나에게 보고한 것과 영 다르잖아."

김 차장은 머뭇거리더니 이렇게 말했다.

"팀장님, 그게 말입니다. 지난주까지 아무 말이 없던 대형 고객사에서 갑자기 사양 변경을 요청하더니 며칠 전에는 대금 결제를 해줄 수 없다고 통보를 해왔습니다. 그 바람에 1분기 매출이 반 토막이……."

"왜 그걸 지금 이야기해!"

김 차장의 말이 끝나기도 전에 윤 팀장의 고성이 몇 분간 이어졌다. 한동안 어색한

침묵이 흘렀다. 그 침묵을 깬 사람은 입사한 지 3년밖에 되지 않은 고재욱 대리였다.

"팀장님, 왜 자꾸 화를 내시는지 모르겠습니다. 최근에 고객들의 요구가 얼마나 자주 바뀌고 있는지, 얼마나 까탈스럽고 변덕스러운지 알고 계십니까? 몰랐다면 팀장님의 직무 유기이고, 알고도 근본적인 대책을 세우지 않았다면 그건 팀장님의 무능력입니다. 시장의 요구는, 고객의 니즈는 점점 더 높은 사양, 더 개인 맞춤형으로 해달라고 아우성입니다. 그런데 우리 회사는 최근 10년 동안 변한 게 없습니다. 도대체 팀장님은 무슨 생각을 갖고 팀원들을 닦달하고 계시는 겁니까?"

팀원들은 놀란 입을 다물지 못했다. 이건 누가 봐도 팀장에 대한 반란이었다. 윤 팀장은 벌떡 일어나 회의실을 박차고 나갔고, 김 차장은 서둘러 윤 팀장을 뒤따라 나갔다. 다른 이들은 어떻게 대처해야 할지 몰라 가만히 자리에 앉아 있었다.

2019년 1월, 인크루트에 따르면 삼성그룹 6개사에서 경력 사원을 채용한다고 발표했다. 특히 삼성SDS는 가장 많은 부문에서 경력 사원 채용 계획을 발표했는데, 모집 부문의 맨 앞에 이런 문구가 적혀 있었다.

'Agile coach.'(그림 10)

보통 사람의 눈에는 애자일 코치^{Agile coach}라는 모집 분야가 무척 생소할 것이다. 어떤 자격이나 경력을 갖추어야 애자일 코치라는 모집 부문에 지원할 수 있는지조차 가늠하기 어려울 것이다.

삼성SDS는 민첩한 조직 문화 구축을 위해 2015년부터 애자일^{Agile} 전담 부서를 운영하고 있다. IT 또는 소프트웨어를 개발하는 회사를 다니거나 경영 혁신에 관심이 있는 사람이라면 '애자일'이란 단어가 꽤 익숙하겠지만 보통 사람들에게는 '애자

기업명	모집부문	마감일	지원처
삼성SDI	Project Management · 전략기획	2/7(목)	
삼성바이오에피스	의사 · 약사 · 수의사	2/8(금)	삼성 채용 홈페이지
삼성경제연구소	산업연구 및 경영연구 분야별 전문가		
삼성SDS	Agile coach · UX 제조컨설턴트 및 플랜트업종 전문가 · Window 서버 및 미들웨이 기술지원	2/15(금)	
삼성전기	전장		
삼성엔지니어링	화공플랜트 설계/기술		

〔그림 10〕 삼성 6개사 모집 부문

출처: 인크루트

일'은 물론이고 '애자일 코치'라는 직업이 있다는 것이 무척 흥미로울 것이다. 최근에는 IT나 소프트웨어 기업을 넘어 일반 제조업, 금융계, 지자체까지 '애자일 조직', '애자일 리더십'과 같은 용어를 빈번하게 사용하고 있다. 애자일이라는 용어가 업계 전반으로 확산되고 있다는 느낌도 든다.

애자일은 본래 '민첩한', '날렵한'이라는 뜻을 가진 영어 단어다. 시장의 요구에 신속하고 유연하게 대응해야 조직의 성과가 보장되기 때문에 구글이나 페이스북 같은 IT 기업에서 이 단어를 먼저 사용했다. 그만큼 시장의 변화가 빠르기 때문에 3년, 5년과 같은 장기 계획은 더 이상 의미가 없다.

과거에는 통상 경영 회의를 통해 사업 계획이 결정되었고, 똑똑한 팀장이 정해진 방향을 향해 열심히 일했다. 경우에 따라서는 임원은 뒷짐 지고, 팀장은 임원들을 보필하고, 부하 직원들은 그저 시키는 대로 몸으로 뛰었다.

회사에서 정한 2년간의 경영 계획을 달성하기 위해 임원들이 제시해준 방향으로 열심히 뛰고 있는데, 4개월 만에 수요가 바뀌었다고 가정하자. 그러면 나머지 20개월은 어떻게 되는 것일까? 방향 자체가 바뀌었는데 우리 회사, 우리 부서는 처음에 정한 방향으로 계속해서 열심히 뛰기만 하면 되는 것일까? 아니다. 민첩하고 유연하게 방향을 바꾸어야 한다. 그래야 팀장 본연의 임무인 조직 성과를 달성할 수 있다. 그렇지 않으면 연말에 "열심히 했는데 성과가 왜 이렇지?", "고객들의 변덕이 문제야"라는 식의 푸념만 늘어놓을 가능성이 크다.

업종 불문하고 '애자일 방식'을 선호하는 이유가 여기에 있다. 세상은 디지털 덕분에 너무나 빠르게 변하고 있다. 제품이 출시되지 않았는데도 회사 직원들보다 소비자들이 그 제품에 대해 더 잘 알고 있다. 가격 대비 성능이 나쁘면 소비자들은 주저 없이 다른 제품으로 갈아탄다. 더 이상 브랜드라는 허황된 가치에 목을 매지 않는다.

한때 중국 시장에서 잘나가던 삼성 스마트폰과 현대 자동차의 매출이 급감하고 있다. 더 저렴하고 품질 좋은 대체재가 출현하는 순간 소비자들의 충성심은 순식간에 사라진다. 기존의 브랜드에 안주하거나 기존의 생산 방식, 제품 이미지에 머물러 있으면 모든 것이 한순간에 변한다는 사실을 인정해야 한다.

마찬가지로 기획 부서는 사업 계획을 확정하고, 영업 부서는 영업하고, 생산 부서는 생산하고, 관리 부서는 관리만 해서는 안 되는 세상이 왔다. 더 이상 임원들은 뒷짐 지고, 팀장들은 관리하고, 팀원들은 무턱대고 열심히 하던 일만 해서는 안 된다. 업종 불문은 당연지사가 되었고, 이제 어느 한 부서가 아니라 전원이 '애자일 방식'을 이해해야 한다.

———

'애자일 방식'이란 오랜 기간 연구 개발을 거쳐 완벽한 제품, 완벽한 서비스를 제공하겠다는 생각을 버리는 것이다. 그런 제품은 존재하지도 않겠지만 존재한다 해도 고객들이 그 자리에 계속 머물러 있다는 보장이 없다. 그러므로 세상이 예상하지 못한 놀라운 제품을 선보이겠다는 생각부터 버려야 한다. 세계 최고, 세계 최초라는 말에 현혹되면 안 된다. 그러면 어떻게 해야 할까? 빠른 속도로 시제품을 세상에 내놓고 고객들의 피드백을 받아 끝없이 개선하고 수정하고 경우에 따라서는 폐기해야 한다. 사내에서 진행하는 프로젝트 역시 마찬가지다. 지나치게 크고 거대한 프로젝트 몇 개를 론칭할 것이 아니라 소규모 프로젝트를 동시에 진행해야 한다. 계획 단계에 지나치게 많은 시간과 자원을 투입해서는 안 된다. 그 사이에 세상의 흐름이 바뀌거나 고객이 변심하면 모든 것이 달라져야 하기 때문이다. 일단 시작하고 시장과 고객의 피드백을 받으며 보완해나가는 것, 이것이 진정한 애자일 방식이다.

'애자일 방식'을 추진하는 데 걸림돌이 있다. 경영진을 비롯한 현업의 관리자, 팀장들이다. 정확히 말하면 그들 개인이 아니라 그들이 속한 집단이다. 집단적으로 봤을 때 그들은 '애자일 방식'에 대한 진정한 의미를 이해하지 못하고 있다. 시장의 요구, 고객의 니즈가 빠르게 변하고 있다는 것을 알고는 있지만 구조적으로 자신의 기득권을 스스로 내려놓을 수 없다. 직급 체계 자체가 파괴되어야 가능하기 때문이다. 임원, 팀장, 중간 관리자, 팀원 등으로 구성된 직급 체계에서는 민첩하게 시장의 변화에 대응하고 유연하게 고객 니즈를 반영하기 어렵다. 수많은 회의를 개최해야 하고 윗선의 지시와 결재를 받아야 하고 기획서나 보고서를 작성하는 데 많은 시간을 들여야 하기 때문이다. 그 사이에 고객은 마음을 바꾸고 있고 발 빠른 경쟁사는 우리의 고객을 유인하고 있고 우리의 경쟁력은 순식간에 추락하고 있는데도 말이다.

또 다른 걸림돌은 기업을 구성하고 있는 수많은 물적·인적 시스템과 조직 문화다. 물적·인적 시스템은 한마디로 그동안 일해 왔던 방식의 총합이다. 산업화 시대에 그 방식으로 일해서 성공했다고 자부했던 방식이고, 느리지만 안전했던 방식이다. 수많은 회의도 그중 하나다. 경영 회의도 있고 주간 회의도 있고 월간 회의도 있다. 팀 회의도 있고 파트 회의도 있고 업체 간 미팅도 있다. 영업 회의도 있고 생산 회의도 있고 기술 개발 회의도 있다. 어떤 산출물을 도출하는지 모르지만 회의를 통해 경영진에서 직원에 이르기까지 그들은 '일을 한다'라는 느낌을 받는다. 물리학에서 이동 거리가 없는 힘 주는 행위는 일이 아니라고 했지만 그들은 아랑곳하지 않는다.

회의 말고도 일하는 방식은 시스템에 의해 구성된다. 대표이사 이하 기능별로 나열되어 있는 조직도를 보면 그 회사의 시스템을 알 수 있다. 업무별, 직급별로 배열된 조직은 정부 기구나 군대 조직이나 기업 조직이나 별반 다를 게 없다. 조직도가 우리에게 말하는 일하는 방식은 누가 누구에게 보고해야 하는지, 누가 어떤 직무를 맡고 있는지 정도다. 조직도를 통해서는 물류의 흐름이나 자금의 흐름, 상품의 흐름을 알 수 없다. 거기에는 고객도, 가치도 없다. '애자일 방식'이 주창하는 혁신이나 속도는 더더욱 찾아볼 수 없다.

'애자일 코치'는 '애자일 방식'으로 일할 때 만들어진다. 다만 '애자일 방식'은 그저 만들어지지 않는다. 첫째, '내 안의 그놈'부터 제거해야 한다. '현재 일하는 방식대로 조금 더 열심히, 빨리 뛰기만 하면 되겠지'라는 생각, '아랫것들이 열심히 뛰겠지'라는 생각, '윗사람들이 알아서 하겠지'라는 생각… 바로 이런 생각들이 '그놈'이다.

둘째, 조직 내부에서 모든 것이 송두리째 바뀌어야 한다. 나에게 지시하고 감독하고 혼내는 셀프 1(가짜 자아)을 혁신이 가능하고 잘 해낼 수 있다고 믿는 셀프 2(진짜 자아)가 이길 수 있도록 해야 한다. 이너 게임을 시작해야 한다는 뜻이다. 조직 안에 가능한 신념, 자원, 인재들을 인지하고 선택하고 신뢰해야 한다.

셋째, 애자일이 가능한 프로세스를 만들어야 한다. 처음에는 작은 부서부터 하되 언젠가는 조직 전체가 애자일하게 움직이는 그 날을 그릴 수 있어야 한다.

마지막으로 조직 내 모든 팀장은 '애자일 문화'를 건설하는 사람으로 거듭나야 한다. 완장을 버리고 진정한 '애자일 코치'가 되어야 한다.

'내 안의 그놈'을
제거하라

●

'내 안의 그놈'은 모든 인간이 갖고 있다고 말할 수 있는 선입견, 고정관념, 편견을 말한다. 선입견이란, 특정 대상이나 사건, 인물 등을 직접 경험하지는 않았지만 사전에 접한 정보에 의해 형성된 '이미지'를 굳게 믿는 것을 말한다. 그 이미지와 실제가 얼마나 부합하는지는 중요하지 않다. 사전 정보나 지식을 바탕으로 그저 그렇게 믿는 것이다. '애자일 방식'에 대한 선입견은 '빠른 것'이다. '빠른 것은 좋은 것'이라는 이미지보다는 '불안한 것', '불확실한 것'이라는 선입견을 갖기 쉽다. 특히 직급이 높은 사람일수록, 현재 권한을 가진 사람일수록, 책임지는 위치에 있는 사람일수록 잃을 것이 많기 때문에 '불안하고 불확실한 것'으로부터 회피해야 한다는 선입견을 가질 가능성이 크다.

고정관념은 선입견에 의해 형성된 '이미지'가 집단적으로 각인되어 '전형적인 그림'으로 완성되었을 때 나타난다. '유태인'이라는 단어를 들었을 때 머릿속에 '자린고비', '머리 좋은 민족' 등이 떠오른다면, '흑인'이라는 단어를 들었을 때 '게으름', '무지' 등이 떠오른다면 그것은 그 집단에 대한 고정관념이다. 예컨대 '애자일 방식'을 '어렵다', '힘들다'라는 그림으로 연상하는 것도 '혁신과 유연성'에 대한 고정관념일 수 있다.

고정관념이 특정 대상에 대한 인지적 태도라면, 거기에서 조금 더 감정적으로 발전한 것이 편견이다. 편견은 특정 개인이나 집단에 대한 태도가 '평가'를 내포하기 때문에 대단히 감정적으로 발전할 가능성이 크다. 선입견과 고정관념은 사람이나 사물, 사건을 판단하는 데 있어 하나의 '이미지'나 '그림'을 형성하여 사람들에게 직관적 판단을 할 수 있도록 도움을 줄 수도 있지만, 편견은 감정을 포함하기 때문에 잘못된 행동으로 나아가게 할 수도 있다.

선입견, 고정관념, 편견은 대체로 부정확한 정보를 토대로 하기 때문에 근거가 약하다. 특히 편견은 특정 대상에 대한 평가를 내포하기 때문에 감정적이다. 감정을 토대로 편견을 가지면 특정 행동으로 발전하기 쉽고, 그 행동은 차별로 이어지기 쉽다. '애자일 방식'에 대해 이야기하면 앞에서는 누구나 칭찬하지만, 뒤에서는 '기회주의자', '모험주의자'라고 매도될 수도 있다. 이성적으로 '애자일'을 옹호할 수는 있지만 감정적으로까지 옹호하기에는 '애자일'이 갖고 있는 위험성이 모든 것을 허물어버리려는 시도라고 생각되기 때문이다.

인간이 너무 쉽게 선입견, 고정관념, 편견에 사로잡히는 이유는 구석기 시대의 뇌를 가졌기 때문이라고 한다. 뇌 과학자들에 의하면 현재를 살아가는 인간의 뇌와 10만 년 전의 인간의 뇌는 크게 다르지 않다. 10만 년 전 인간들은 사방의 적들에 둘러싸여 살았다. 집을 나서면 숱한 맹수들의 위협에 시달렸다. 극심한 추위 역시 인간의 생존을 위협하는 변수였다. 가장 큰 위협은 먹을 것을 구하는 것이었다. 먹을 것은 주로 땅속 깊이 묻혀 있거나 높은 나무 위에 매달려 있었다. 그래서 땅속을 파헤치고 높은 나무를 기어올라야 했는데, 다른 포식자들 역시 먹을 것을 구해야 했기 때문에 경쟁이 불가피했다. 다른 포식자들의 울음소리, 발자국 소리, 불빛 등 작은 신호라도 예민하게 대응하지 않으면 목숨을 잃을 수도 있었다. 생존하기 위한 인류의 투쟁은 세상 모든 위협과 변화에 기민하게 대응하도록 진화했다.

구석기 시대에 각 부족이나 집단이 처한 자연 환경이 달랐다. 각 부족이나 집단은 생존하기 위해 서로 다른 의식과 규범을 만들어 진화했고, 수천 년을 이어온 각각의 방식은 그들의 전통이 되어 문화로 계승되면서 사회 질서를 유지하는 이데올로기가 되었다. 예컨 대, 인도에서는 힌두교 전통에 따라 소를 신성시한다. 힌두교인들 이 소고기를 먹지 않는다는 사실은 잘 알고 있을 것이다. 모든 소는 아니지만 대체로 신성시되며, 길거리를 자유롭게 돌아다닐 수 있는 '성우聖牛. sacred cow'도 있다. 특히 암소, 하얀 소, 다리가 5개 달린 오 족우는 엄청난 대우를 받는다. 이런 소들이 차도에 누워 있으면 차 들이 기다렸다가 갈 정도다.

3대 종교(불교, 기독교, 이슬람교)의 신자들은 '신성한 소'라는 종교 적 전통을 가진 힌두교를 어떻게 생각할까? 만약 '사람 팔자보다 소 팔자가 낫네'라는 이미지를 갖고 있다면 인도에 가보지 않고도 선입견을 갖고 있는 것이고, '소로 인한 무질서'를 연상했다면 인도 에 대한 고정관념을 갖고 있는 것이다. 조금 더 나아가 인도를 '경 제 발전이 불가능한 나라', 인도인을 '미신에 사로잡혀 있는 민족' 이라 평가했다면 이는 명백히 편견에 사로잡힌 것이다.

2019년 초에 〈내 안의 그놈〉이란 영화가 인기를 끌었다. 40대 아 저씨와 10대 고등학생의 몸이 우연한 계기로 바뀌는, 바디 체인지 사건을 통해 내 안에 다른 놈이 접신될 때 일어나는 현상을 코믹하게 풀어냈다. 영화가 말하고자 하는 것과 별개로 말하자면, 내 몸 안에 이물질이 들어온 셈이다. 40대 아저씨와 10대 고등학생은 자신의 현 재 몸과 맞지 않는 상대방의 몸을 통해 새로운 경험을 했을 것이다.

문제는 '어느 쪽이 더 힘든 경험을 한 것일까' 하는 것이다. 40대 안의 10대 몸, 10대 안의 40대 몸 중 어느 쪽이 더 적응하기 어려웠을까? '40대는 이미 10대 시절을 경험했기 때문에 옛날 추억을 조금만 떠올리면 금방 적응하지 않을까?' 하고 생각할 수도 있고, '10대는 40대를 경험한 적이 없기 때문에 적응하기가 더 어렵지 않을까?' 하고 생각할 수도 있다. 물론 다르게 생각해보면 40대 아저씨는 과거의 경험이 썩 유쾌하지 않아서 10대를 다시 경험한다는 것이 괴로울 수도 있고, 10대 고등학생은 미리 살아보는 세상이 신기할 수도 있다. 다 생각하기 나름이다.

'애자일 방식'을 선택하는 조직은 어떤 경험을 하게 될까? 40대의 몸 안에 10대의 생활 방식이 이식된다고 생각해보자. 더구나 그들이 10대의 사고방식을 정확하게 이해하지 못한 상태에서 '전혀 경험해보지 못한 10대'를 보내야 한다면 이보다 더한 고역이 있을까 싶다. 만약 40대 이상의 팀장들이 '전혀 경험해보지 못한 10대'를 맞이하면서 '자신의 과거 10대 시절'을 참고한다면 그보다 더 큰 재앙은 없을 것이다. 과거와 같은 미래는 절대 오지 않는다.

낯선 곳으로 떠나는 연습

사람들은 익숙한 것을 선호한다. 편하고 안전하며 추가적인 노력을 들이지 않아도 되기 때문이다. 과학적으로 말하면 10만 년 전의 뇌가 그런 방식으로 진화했다고 할 수 있다. 그런데 급격한 환경의 변화가 또다시 인간의 뇌를 흔들고 있다. '이러다가는 죽을지도 몰라'라고 우리 귀에 속삭이고 있다. 아직 오지도 않은 미래에 대한 인간의 불안은 그래서 시작되었다. 나의 미래, 나의 노후, 내 자식의 학교, 내 자식의 직업 등에 대한 현대인의 과도한 불안은 '미지의 것'에 대한 막연한 불안이 현실의 변화와 만날 때 극대화된다.

그럴 때 낯선 곳으로 떠나라고 조언하고 싶다. '낯선 곳 = 위험한 곳'이라는 등식은 이미 깨졌다. 사실 집을 벗어나면 모두 낯선 곳이다. 매일 근무하는 직장을 벗어나면 모두 낯선 곳이다. 먼 해외만이 낯선 곳이 아니다.

여행을 떠나는 것도, 이직을 하는 것도, 새로운 사람을 만나는 것도, 새로운 장르의 영화를 보는 것도, 해보지 않은 운동을 하는 것도 낯선 곳을 만나는 좋은 경험이다. 익숙하지 않은 곳에 가보는 것, 평소에 해본 적 없는 것에 도전하는 것… 이 모든 것이 낯선 곳으로 떠나는 연습이다.

한 기업, 한 업무, 한 장소에 오래 머문 사람일수록 빠른 시간 안에 낯선 곳으로 떠나볼 것을 권하고 싶다. 처음에는 새로운 곳에 대한 호기심 때문에 재미있다. 하지만 하루 이틀 머물다 보면 모든 것에 불편함을 느낄 수밖에 없다. 있어야 할 곳에 뭔가가 빠져 있고, 없어도 될 것이 너무나 많다. 하지만 어쩔 수 없이 그곳에 장기간 머물러야 한다면 다르게 생각하기 시작한다. 타협할 수 있는 것과 없는 것을 구분한다. 타협할 수 있는 것이라 판단되면 다른 대안은 없는지 생각한다. 상황에 맞게 자신을 적극적으로 개조하기 시작한다. 그곳의 음식을 먹기 시작하고, 그곳의 사람을 만나기 시작한다. 그리고 그들의 사고방식, 일하는 방식, 교류하는 방식 등을 배우며 '참 좋은 곳인데?'라는 생각으로 발전한다.

낯선 곳이 주는 장점은 이것만이 아니다. 새로운 곳에 적응하면서 자기 자신을 객관화하기 시작하고, 과거에 머물렀던 곳의 장단점과 현재 이곳의 장단점을 비교한다. 모든 것이 불편하게만 느껴졌던 곳, 모든 것이 불합리하다고 생각되던 곳이 나름대로 합리성과 규칙을 보유하고 있다고 평가한다. 모든 것의 시작은 낯선 곳으로 떠나기로 한 결심이다. 내가 익숙했던 환경을 떠나 다른 곳에서 살아보면서 느꼈던 선입견과 고정관념이 깨지고, 심지어 강고하게 가지고 있던 편견이 우호적 관점으로 바뀌어 있다.

'애자일 방식'을 바라보는 선입견, 고정관념, 편견을 어떻게 하면 좋을까? 말로는 필요하고 중요하다고 하지만 그것들은 절대 하루아침에 사라지지 않는다. 겉으로는 디지털, SNS, 유튜브를 즐기고 있고 요즘 젊은 세대의 생활 방식을 이해한다고 하지만 실상은 선입견, 고정관념, 편견이 뿌리 깊게 자리 잡고 있을 수 있다.

그렇다면 '애자일 방식'을 이해하기 위해 어떤 낯선 곳으로, 어떤 방법으로 여행하게 할 수 있을까? 실제 생활에서, 실제 업무에서 사용하게 해야 한다. 본인들이 디지털 원주민이 되어 SNS로 회의하고, 유튜브를 촬영해보며 거의 모든 업무를 대면이 아닌 가상에서 실행해보는 것이다. 또 한 가지 방법은 관리자라는 타이틀을 벗어던지고 '행동 대장'이 되는 것이다. 자신이 실제 프로젝트를 설계하고, 운영하고, 평가받아 보는 것이다. 앉아서 보고만 받으면 어떻게 현장을 알고, 어떻게 현실을 제대로 평가하며, 어떻게 빠르게 변하는 시장의 요구를 알 수 있겠는가. '행동 대장'이 되는 것만이 낯선 곳으로 떠나는 연습이고, 원주민들을 이해하는 행동이며, 스스로 더 나은 방법을 찾아내는 길이 될 것이다. 가장 중요한 것은 자기 객관화라는 '메타 인지' 상태에 도달하는 것이다.

메타 인지란, 자기 생각이나 행동에 대해 생각하는 능력이다. 관리자들의 가장 큰 문제는 자신이 하는 말과 행동이 객관적으로 타당한가를 검증하는 능력이 매우 부족하다는 데 있다. 책임도 지지 못하는 말, 말과 다른 행동, 자신의 능력은 과대평가하고 타인의 능력은 과소평가하는 태도 등이 메타 인지 능력을 현저하게 떨어뜨린다. 제아무리 유능한 팀장이라 하더라도 매 순간 자신을 객관화하는 능력이 부족하다면 '애자일 방식'은 작동하지 않는다.

실수나 실패에 대한 해석 능력을 키워라

행동 대장이 되어 낯선 곳으로 떠나보고, 그곳에서 자기 객관화하는 능력을 얻는다면, 그보다 더 좋은 일은 없을 것이다. 그럼에도 불구하고 '내 안의 그놈'은 끈질기게 살아남아 또 다른 목소리를 낼지도 모른다. 이런 말을 하는 사람들이 있다.

"낯선 곳을 숱하게 가봤어요. 그런데 그때뿐이에요. 돌아오면 모든 것이 아득할 뿐이죠. 다시 원점이에요."

그렇다. 우리가 사는 세상은 그리 호락호락하지 않다. 될 것 같다가도 안 되고, 안 될 것 같다가도 되는 것이 인생이다. 말이 쉽지 '애자일 방식'을 도입하는 것은 그리 쉬운 일이 아니다. 그런데 그것이 바로 '애자일' 방식'이라고 말하고 싶다. 처음부터 완벽한 것이 아닌, 시제품을 시장에 출시하고 시장과 고객의 피드백을 받아들여 끊임없이 보완하고 개선하는 것, 바로 그것이다. 처음부터 완벽한 제품을 만들어 최고의 고객 반응을 이끌어내는 것, 엄청난 시간과 지원을 투입하고 전 직원이 달라붙어 최고라는 평가를 받기 위해 노력하는 것은 애초부터 '애자일 방식'이 아니다. 그것은 과거의 안단테 방식이 아닌가.

처음에는 뭔가 부족하고, 결점이 있고, 고객 불만이 많고 그러다 보니 혼나고, 욕먹고, 되는 일도 없고, 이게 성공할지 실패할지 알

수가 없다. 그런 상태가 상당 시간 지속되는 것이 바로 '애자일 방식'의 첫 단계다. 물론 거기에서 끝나면 안 된다. 앞이 보이지 않아도, 성공 여부를 알 수 없어도 포기하지 않고 끝까지 가보는 것, 영 아니다 싶을 때면 과감하게 엎어버리는 것, 둘 다 '애자일 방식'의 일종이다.

문제는 인간의 뇌가 끈질기게 10만 년 전 방식으로 작동된다는 것이다. 뭔가 실수하면 불안해지고, 실패할 것 같은 공포에 사로잡히는 순간 다시 옛날로 돌아가고 싶어 한다. 구관이 명관이라고 말한다. 이것이 인간 뇌의 작동 방식인데 어쩌겠는가. 딱 하나 방법이 있다면 실수와 실패에 대한 해석 능력을 키우는 것이다. 알고 보면 모든 인간은 실수와 실패를 통해 성장해왔다. 갓난아기 시절을 생각해보면 금방 이해가 될 것이다. 고개도 가누지 못하던 갓난아기가 어느 날 뒤집기를 하고 뭔가를 짚고 일어서더니 걷기 시작한다. 하루아침에 일어난 일이 아니다. 수많은 실수와 실패 이후에 가능했던 일이다. 그 갓난아기에게 어떤 비전이나 목표가 있었겠는가? '움직이고 싶다', '걷고 싶다'라는 원초적 욕망이나 의지 이외에 무엇이 있었겠는가.

사람이나 사건, 사물에 대해 해석하는 능력은 연습이 필요하다. 《죽음의 수용소에서》라는 책을 쓴 빅터 프랭클 Viktor Frankl 은 언제 죽을지 모르는 유태인 수용소에서 날마다 자기가 하는 일에 의미를 부여했다고 한다. 살아서 나갈지 죽어서 나갈지 아무런 비전도 없고, 목표를 세우는 일조차 불가능한 상황이었다. 그런 상황 속에서도 그는 날마다 꽃 한 송이를 바라볼 수 있는 것, 풀 한 포기를 뽑는 것에 의미를 부여하면서 수많은 날을 의미 있게 보낼 수 있었다고 한다. 세상은 그런 것이다. 어쩔 수 있었든 어쩔 수 없었든 나에게 일어나는 모든 사건, 나에게 다가오는 모든 사람, 나와 함께하는 모든 사물에는 의미가 있다. 정확히 말하면 의미가 있다고 생각할 수 있다. 그때 비로소 의미가 부여되는 것이다.

애자일 방식도 이와 유사하다. 확실한 것도, 완성된 것도 없다. 성공한다는 보장도 없다. 정답이 무엇인지 알 수 없는 세상이기에 짧은 시간 안에 빠르게 선보이고 사라져버릴 수도 있고, 대박이 날 수도 있다. 시장과 고객의 피드백을 겸허하게 받아들이고 다음을 준비하는 것 이외에는 방법이 없다.

이때 중요한 것이 해석하는 능력이다. '최선을 다했으나 시장에서 빠르게 사라졌을 때 어떤 해석을 할 것인가', '노력에 비해 엄청난 반응과 보상을 받았을 때 어떤 해석을 할 것인가' 그것이 문제일 뿐이다. 양쪽 다 담담하게 받아들이되 어떤 의미를 부여해야 한다. 왜 실패했는지 그 이유를 파악하고 고객이 원하는 사양이나 스펙을 확인하는 것이 중요하다. 그다음에는 무엇을 해야 하는지 생각해야 한다. 실패를 두려워하는 것보다 실패를 통해 배우는 능력이 더 중요하다. 배울 수만 있다면 실패는 더 이상 실패가 아닌 것이다.

예기치 못한 성공도 마찬가지다. 왜 성공했는지, 무엇이 고객을 만족시켰는지 파악하고, 나아가 내가 예상하지 못했던 행운이 무엇이었는지 알아내야 한다. 실패에서도, 성공에서도 배울 수 있다면 이보다 더한 능력이 어디 있겠는가.

플랜 B를 만드는 능력

'내 안의 그놈'은 쉽게 죽지 않는다. 낯선 곳으로 떠나는 연습, 실수나 실패에서도 해석하는 능력이 무용지물이 되는 순간은 반드시 온다. 성공보다 실패가 많다는 느낌이 오는 순간, 더 이상 어찌 해볼 도리가 없다고 느끼는 순간, 더 이상 실패의 경험이 의미가 없다는 생각이 드는 순간, 차라리 과거의 방식이 낫겠다는 생각이 드는 순간은 끊임없이 찾아온다. 본인은 괜찮을지 몰라도 함께 일하는 팀원들이 먼저 지칠 수도 있다. 그만하고 싶다는 소리를 입에 자주 올리는 순간이 올 수도 있다.

그때 팀장은 무기력하게 그들을 쳐다만 봐서는 안 된다. 좀 더 가보자고만 해서도 안 된다. 그때 꺼내야 할 카드가 플랜 B다. 플랜 B는 당초 계획대로 밀어붙이던 플랜 A가 더 이상 작동되지 않을 때 별도의 대책, 새로운 대안을 제시하는 것을 말한다. 모두가 지쳐 있고 모두가 포기하고 싶을 때 팀장마저 그 분위기에 동참하면 끝장이다. 정해진 대로만 갈 수 없는 길을 가고 있는데 한 가지 계획만 믿고 갈 수는 없다. 전혀 다른 관점에서, 전혀 다른 방법도 있다는 것을 알려주는 것이 플랜 B다. 그것이 팀장의 역할이다.

애자일 방식으로 업무를 진행할 때 플랜 B는 효과를 발휘한다. 아무것도 예측할 수 없고, 어떤 것도 확실하지 않을 때 무작정 이것 저것을 시도하는 것만으로 성공을 담보할 수 없다. 팀장이 제안하는 플랜 B 역시 완성된 것이, 완벽한 것이 아니어도 좋다. 팀원들이 다시 시작해보고 싶다는 의욕을 가질 수 있을 정도, 아직 포기하기 이르다는 생각을 할 수 있을 정도면 충분하다. 선입견, 고정관념, 편견과 같은 '내 안의 그놈'이 스멀스멀 기어 나와 '역시 안 되는 것이었어'라는 말을 할 수 없게만 만들어도 오케이다.

《위기가 오기 전에 플랜 B를 꺼내라》의 저자인 신용한은 플랜 B를 도출할 수 있는 세 가지 방법을 소개했다. 첫 번째는 오늘, 현재, 지금 이 순간을 믿지 않는 것이다. 잘나가는 지금 이 순간이 가장 위험한 순간일 수도 있으니 자기 생각, 자기 신념, 자기 장점조차 믿지 말아야 한다. 그래야 새로운 관점, 새로운 방법, 새로운 계획이 보인다. 플랜 A를 지속적으로 관찰하고 모니터링할 때 플랜 B가 떠오를 수 있다.

두 번째는 발상의 전환, 위기를 기회로 활용하는 것이다. 익히 들었던 내용이지만 위기 속에 기회가 있다. 위기에 지나치게 겁먹지만 않으면 더 큰 기회로 만들 수 있는 모멘텀momentum은 얼마든지 가능하다.

세 번째는 배수의 진, 스릴을 즐기는 것이다. 앞서 이야기했듯 성공과 실패 모두 우리에게 소중한 학습 기회다. 성공하든 실패하든 마지막 순간까지 최선을 다하면서 그 과정을 즐길 수 있다면 문제 될 것이 없다.

저자는 이 세 가지 방법을 참고하면 플랜 B를 발견할 수 있다고 말하며, 플랜 B는 그저 얻어지는 것이 아니기에 치열하게 자신의 꿈을 향해 달리는 과정이 중요하다고 주장했다.

사실 플랜 B는 실패를 방지하기 위한 대책이 아니다. 오히려 성공 확률을 높여주기 위해 수정·보완이 가능한 또 다른 대안이라고 보는 편이 낫다. 만약 플랜 B가 없다면 아무 대안도 없이 한 가지 대책만 믿고 서울로 가는 보부상과 다를 것이 없다. 플랜 B를 가지고 있을 때 우리는 '내 안의 그놈'으로부터 자유로워질 수 있고, 팀장의 멘탈도 극대화된다. '애자일 방식'의 본질이 시장에서 시제품을 테스트하고 시장과 고객의 요구에 더 빨리 대응하기 위한 것이라면 플랜 B만이 아니라, 플랜 C, 플랜 D와 같이 무수한 대안을 많이 개발하고 보유하고 있을수록 '내 안의 그놈'을 제거하는 것이 용이해질 것이다.

이너 게임을
시작하라

●

'내 안의 그놈'을 제거하는 작업을 완료했다면 이제 '이너 게임^{inner} ^{game}'을 시작해야 한다. 전자가 외부 대상에 대한 나의 관점을 교정하는 작업이라면 후자는 내 안에서 벌어지는 게임에서 승리해야 하는 작업이다. 전자는 외부 사물, 사건, 사람을 바라보는 내 시각을 바꾸는 것이기 때문에 애자일 코치가 되려는 사람들에게 세상을 객관적으로 바라볼 수 있는 힘을 길러준다. 반드시 필요한 사전 작업이다. 그에 반해 이너 게임은 내 안에서 싸우는 두 가지 자아에 관한 문제다. 이 또한 극복하지 않으면 애자일 코치가 되려는 사람들에게 치명적이다. 싸움을 쉽게 포기하는 이유는 바로 두 가지 자아의 싸움에서 패했기 때문이다.

이너 게임은 아우터 게임^{outer game}을 전제로 한다. 《이너 게임》의 저자인 티머시 골웨이^{Timothy Gallwey}에 의하면 아우터 게임은 '외부에 존재하는 목표물을 얻기 위해 외부의 장애물을 돌파하는 것'이다. 쉽게 풀이하면 외부에 있는 어떤 것을 얻기 위해 외부의 장애물을 뚫고 나아가야 목표물을 쟁취할 수 있다는 뜻이다.

사실 우리가 원하는 것은 대부분 우리 외부에 있다. 시장점유율이 그렇고, 고객 만족이 그렇다. 승진과 출세도 마음 밖에 존재한다. 우리는 원하는 것을 얻기 위해 젖 먹던 힘을 짜내 장애물을 걷어내야 한다. 시장점유율을 올리기 위해 경쟁사를 제압해야 하고, 고객을 만족시키기 위해 고객의 환심을 사야 하며, 승진과 출세를 위해 상사의 마음을 얻어야 한다. 남들보다 더 빨리, 더 잘하지 못하면 외부의 목표물을 얻기 어렵다. 외부의 목표물을 얻기 위해 우리는 각종 스킬을 배우고, 수많은 이론으로 무장한다. 더 그럴 듯해 보이는 포장, 좋은 브랜드라는 이미지 광고, 새로운 기술로 만들어졌기 때문에 더 편리한 삶을 제공할 수 있다는 유혹… 이 모든 것이 아우터 게임의 실상이다.

연애라고 해서 다를 것이 없다. 더 뛰어난 외모, 좋은 직업, 고액 연봉이 아우터 게임에서 유리하다. 이것이 우리가 사는 세상이고 아우터 게임의 진상이다. 옳고 그름을 떠나 세상 모든 분야가 그러하다. 원하는 것을 얻고 싶은가? 그렇다면 아우터 게임에서 승리해야 한다. 이것이 지금까지 중요한 미덕인 것처럼 보였다.

그런데 이너 게임은 정반대로 '자신의 잠재력을 발휘하는 데 방해가 되는 내적 요소를 최대한 억제하는 것'을 중요시한다. 이너 게임에서 승리하는 것이야말로 아우터 게임에서도 승리하는 것이다. 시선을 외부가 아닌 내부로 돌리라는 것이다. 너라면 충분히 할 수 있는데 네 안의 장애물 때문에 아우터 게임에서 승리하지 못한다는 것이다.

얼핏 '정신 승리'와 유사한 느낌을 주는 '이너 게임'이라는 용어는 애자일 코치를 지향하는 사람들에게 큰 시사점을 제공해준다. 남을 이기려 하지 말고 남에게 잘 보이려는 노력을 줄이거나 중단하라고 충고한다. 공부를 많이 해서 남보다 더 뛰어난 지식을 가진 것을 자랑하려 하지 말고 자신이 이미 보유하고 있는 지혜에 귀를 기울이라고 말한다. 남들에게 멋있어 보이는 행동이나 남들이 갖지 못한 재산, 외모, 차가 중요한 것이 아니라고 말한다. 아우터 게임 자체를 무시하거나 하지 말라는 이야기가 아니다. 이너 게임에서 승리하면 아우터 게임이 생각보다 훨씬 쉬워지고 원하는 목표 달성이 가능해진다는 지극히 현실적인 조언을 하는 것이다.

이너 게임을 구성하는 요소는 두 가지다. 하나는 셀프 1이고, 다른 하나는 셀프 2다. 셀프 1은 자기 자신을 타이르고 훈계하고 비판하는 자아다. 자기 자신을 믿지 않고 불신한다. 다른 사람들 눈에 얌전하고 신중하게 보여야 인정받는 사람이 된다고 생각한다. 한마디로 말하면 남들에게 보여주는 '가짜 자아'다. 가짜 자아는 아우터 게임에서 중요한 역할을 한다. 이기기 위해 꾸미고 포장하고 혼신의 힘을 다하는 자아이기 때문이다. 한편 셀프 2는 자신이 누구인지 내면의 목소리에 귀를 기울이는 자아다. 자신을 있는 그대로 응시하고 자신의 잠재력을 잘 알고 있다. 남에게 보이기 위해 꾸미지 않고 자신이 언제 가장 편안한지, 무엇을 좋아하는지 잘 알고 있다. 한마디로 말하면 '진짜 자아'다. 아우터 게임에서 잘 드러나지 않는 자아이기도 하다.

티머시 골웨이는 이너 게임의 중요성을 강조한다. 그는 테니스 선수를 지도하다가 이너 게임의 중요성을 발견했다고 한다. 테니스의 중요한 동작인 포핸드, 백핸드, 서브를 지도하던 중 선수의 동작 하나하나를 지도하는 것보다 선수의 이너 게임을 변화시키는 것이 더 중요하다는 것을 깨달았다. 상식적으로 생각해보아도 사람마다 신체 구조와 파워의 강도, 유연성이 제각각 다른데 표준 동작을 정해놓고 그 수준에 이를 때까지 무한 반복한다고 해서 실력 향상이 되는 것은 아니다. 실력 향상이 되기는커녕 선수와 코치 간에 인간적 불신만 커질 가능성이 크다.

개인에 따라서는 지시하고 훈계하고 비판하는 코치의 역할이 부작용을 가져올 가능성도 있다. 선수 입장에서는 표준 동작에 쉽사리 도달하지 못하는 자신을 책망하고 코치에게 미안해하며 테니스 선수로서의 잠재 역량을 과소평가하게 된다. 우수한 선수의 표준 동작에 자신을 억지로 끼워 맞추려고 필사적인 노력을 하면 할수록 더 나쁜 결과가 나올 수도 있다.

아우터 게임에 익숙한 우리는 한 사람의 영웅을 정해두고 그 사람처럼 되는 것이 정답이라고 생각한다. 개인이 가진 다양한 가능성에 대해서는 처음부터 접어놓고 시작한다. 스포츠는 물론이고 비즈니스 분야, 예술 분야, 일상생활 등 거의 모든 분야에서 목격할 수 있는 현상이다.

애자일 코치도 마찬가지다. 애자일 코치는 시장과 고객의 요구에 신속하게 적응할 수 있도록 코칭하는 사람이다. 다르게 표현하면 아우터 게임에 익숙한 사람이다. 아우터 게임은 게임의 속성 자체가 혁신과 경쟁으로 이루어져 있기 때문에 남보다 한발 앞서야 한다는 압박감, 남에게 맞춰야 한다는 굴욕감, 함께 일하는 팀원들이 자신의 입장을 이해해주었으면 하는 인정 욕구 등 다양한 감정에 휩싸여 있을 가능성이 크다. 일 자체가 즐거울 리 없다. 본인이 즐겁지 않은데 어떻게 다른 사람을 즐겁게 할 수 있겠는가. 일 자체가 끝없는 긴장과 갈등으로 이루어져 있다. 이때 필요한 것이 이너 게임이다.

팀장들이 이너 게임에 익숙해져야 하는 이유는 자신에게 훈계, 비판하는 셀프 1이라는 가짜 자아가 머리를 내밀고 나오는 것을 억제해야 하기 때문이다. 스스로에게 엄격한 사람들이 남들도 엄격하게 대하듯 팀장들의 가짜 자아가 자주 발현될수록 팀원들의 가짜 자아 역시 자주 발현된다. 그런 상황이 발생하면 악순환이 시작된다. 악순환은 당초 의도와 달리 당초 목표로부터 점차 멀어지게 만드는 역할을 한다. 팀장과 팀원이 자신들이 가진 잠재력을 충분히 발휘하기 위해서는 셀프 2라는 진짜 자아가 등장해야 하는데, 이들은 비판, 통제하는 분위기에서는 자신의 모습을 더 감추려 한다. 그로 인해 상대에게 지지 않으려는 거대한 모순이 팀 전체를 지배하게 된다.

평가하지 말고 관찰하라

그렇다면 팀장의 어떤 행동이 '애자일 방식'으로 변화될 수 있을까? 가장 먼저 할 일은 어떤 행동이나 결과에 대한 평가를 중지하는 것이다. 테니스를 예로 들어보겠다. 코치가 지도하는 어떤 선수가 백핸드 실력이 좀처럼 향상되지 않는다고 가정하자. 이때 '잘했어'라든가 '그건 아니야'라는 평가를 하지 말라는 것이다. 평가를 받는 순간 사람은 반응을 형성하게 되어 있다. '잘했어'라는 평가에는 자신감과 동시에 자신이 잘하고 있다는 느낌이 들고, '그건 아니야'라는 평가에는 열등감과 동시에 자신이 부족한 사람이라는 느낌이 든다. 이런 일이 한 번에 그치는 것이 아니라 여러 번 반복된다고 가정해보자. 코칭은 지적이 되고, 애자일은 민첩함이 아니라

느리게 선수들을 잡아먹는 괴물로 바뀌어버린다. 그로 인해 누구도 원치 않는 결과를 만들어낸다.

애자일 코치가 애자일 방식으로 일한다는 것은 '있는 그대로의 현실을 있는 그대로 관찰하는 것'이다. 백핸드를 잘할 수 있도록 성급하게 교정하지 말고, 백핸드를 하고 있는 순간의 행동을 관찰해야 한다. 이때 코치만 관찰하는 것이 아니라 선수도 함께 관찰해야 한다. 라켓에 공이 맞는 순간을 응시해야 한다. 필요하다면 비디오 촬영을 하여 판독하는 것도 좋다. 표준 행동과 자신의 행동이 얼마나 차이가 있는지 인지하는 것도 좋고, 자신만의 방식으로 스트로크를 개선하는 것도 좋다. 중요한 것은 있는 그대로의 동작을 스스로 발견할 수 있도록 하는 것이다. 선수 스스로 더 나은 스트로크를 발견할 때까지 대화하며 기다려주어야 한다.

평가하기와 관찰하기는 본질적으로 다르다. 평가하기는 상대방 행동의 잘잘못을 가리는 작업이지만 관찰하기는 있는 그대로의 행동을 보는 작업이다. 평가하기는 셀프 1 자아를 강화시키는 것이지만 관찰하기는 셀프 2 행동을 발현시키는 것이다. 평가하기는 아우터 게임을 통해 당장 이기는 것을 추구하는 것이지만 관찰하기는 이너 게임을 통해 지속 가능한 실력을 향상시키는 데 도움을 주는 행동이다. 애자일 방식에서는 평가하기보다 관찰하기가 더 중요하다.

관찰하기는 참여적 관찰과 비참여적 관찰이 있다. 참여적 관찰은 상대방을 파트너로 보는 것이고, 비참여적 관찰은 상대방을 대상자로 보는 것이다. 참여적 관찰은 상대방의 성장에 관심이 있는 것이고, 비참여적 관찰은 상대방의 승리에 관심이 있는 것이다. 참여적 관찰은 상대방과 대화를 나누는 것이고, 비참여적 관찰은 상대방에게 지시를 내리는 것이다. 애자일 방식에서는 비참여적 관찰보다 참여적 관찰이 더 중요하다.

참여적 관찰에도 주관적 관찰과 객관적 관찰이 있다. 주관적 관찰은 코치의 주관이 많이 개입되는 것이고, 객관적 관찰은 코치의 주관보다는 객관적 데이터를 더 중시하는 것이다. 주관적 관찰은 처음부터 코치의 지도 방향이 있는 것이고, 객관적 관찰은 코치의 지도 방향이 사람마다 다르게 결정되는 것이다. 주관적 관찰은 코치의 확신을 강화하는 것이고, 객관적 관찰은 데이터와 선수의 생각을 발현시키는 것이다. 애자일 방식에서는 주관적 관찰보다 객관적 관찰이 더 중요하다.

정리하자면 애자일 코치가 진정으로 애자일 방식을 활용한다는 것은 평가하기보다는 관찰하기, 비참여적 관찰보다는 참여적 관찰, 주관적 관찰보다는 객관적 관찰을 실천한다는 의미다. 애자일 코치는 자신의 경험에 집착하지 않는다. 자신의 경험은 엄청나게 많은 양의 데이터 중 하나일 뿐이다. 애자일 코치는 선수의 생각에만 의존하지도 않는다. 선수의 생각을 수용하되 객관적인 행동과 데이터를 가지고 이야기하는 것을 더 선호한다. 애자일 코치는 데이터만 신뢰하지도 않는다. 인공지능이 아닌 이상 데이터는 데이터일 뿐, 선수의 생각과 데이터의 조합을 더 신뢰한다. 이것이 진정한 애자일 방식이다.

앞의 사례로 돌아가 윤재우 팀장이 왜 애자일 코치가 아닌지 생각해보자. 첫째, 윤 팀장은 관찰자가 아닌 평가자였다. 본인이 기대하는 결과가 나오지 않자 왜 보고하지 않았느냐고 팀원들을 야단치는 행동을 했다. 결과만을 챙기는 관리자는 기본적으로 관찰자의 행동이 아닌, 평가자의 행동을 보여준다.

둘째, 윤 팀장은 참여적 행동을 보여준 적 없는 비참여적 평가자였다. 그는 팀원들의 업무 과정에 참여적 관찰 행동을 보이지 않았고, 팀원들을 파트너로 보지 않았다.

마지막으로 윤 팀장은 과거의 경험에 기초하여 판단하는 주관적인 사람이었지 결코 객관적 관찰자가 아니었다. 객관성은 데이터와 그 데이터를 가장 잘 알고 있는 사람의 해석을 종합해야 가능하다. 불행히도 윤 팀장은 그런 것에 관심이 없었다. 그는 현재 잘 되고 있는 것에만, 결과에만, 자신의 상사인 오 상무의 평가에만 관심이 있었다. 그는 본인은 물론이고 팀원들의 셀프 1을 자꾸 발현하게 만들었다. 즉 이너 게임을 할 줄 모르는 사람이었다.

셀프 2에 대한 신뢰

객관적 관찰을 마스터한 애자일 코치는 다음 단계의 애자일 방식으로 '셀프 2에 대한 신뢰'를 선택한다. 앞서 설명했듯 셀프 2는 누구나 잠재력을 발휘할 수 있다는 믿음이다. 일반적으로 코치는 선수가 가진 잠재력을 믿지만 원하는 결과가 나오지 않으면 간섭하려는 욕망을 누르기 어렵다. 코치 또한 외부에서 결과로 평가받는 사람이기 때문이다. 아우터 게임에서 이기면 자신의 시장 가치가 높아지고, 한 번 형성된 시장 가치는 상당 기간 자신의 브랜드 가치가 되기에 유혹에서 벗어나기가 쉽지 않다.

그래서 코치에 대한 코칭이 매우 중요하다. 셀프 1에 의존하는 코치는 아우터 게임을 중시하는 사람이고, 셀프 2를 신뢰하는 코치는 이너 게임을 중시하는 사람이다. 셀프 1에 의존하는 코치는 자신의 성공이 중요한 사람이고, 셀프 2를 신뢰하는 코치는 선수의 성공이 중요한 사람이다. 셀프 1에 의존하는 코치는 단기적인 결과를 중시하는 사람이고, 셀프 2를 신뢰하는 코치는 지속 가능한 결과를 중시하는 사람이다. 초기에 애자일 방식을 정착시키기 위해서는 셀프 2를 신뢰하는 것이 바람직하다.

셀프 2를 신뢰하는 코치라 하더라도 '학습 선택권을 누가 가지는가'가 중요한 이슈다. 학습 선택권을 자신이 쥐려고 하는 코치는 자신의 방침을 우선시하고, 학습 선택권을 선수에게 주는 코치는 선수의 생각을 더 중시한다. 학습 선택권을 자신이 쥐려고 하는 코치는 자신의 훈련 일정을 고집하고, 학습 선택권을 선수에게 주는 코치는 선수가 원하는 페이스를 존중한다. 학습 선택권을 자신이 쥐려고 하는 코치는 시합에서 이기는 것이 목표이고, 학습 선택권을 선수에게 주는 코치는 선수의 발전을 강조한다. 이 또한 셀프 2에 대한 신뢰를 강화하는 방법이다.

학습 선택권을 선수에게 일임하는 코치라 하더라도 마지막 관문이 남아 있다. 선수의 잠재력이 발휘될 때까지 기다려주는 코치가 있고, 기다려주지 못하는 코치가 있다. 처음에는 잠재력의 발현을 믿는다고 말하지만 잠시만 기다려주고 곧바로 과거로 회귀하는 코치가 부지기수다. 잠재력의 발현을 기다리지 못하는 코치는 결국 무늬만 셀프 2에 대한 신뢰를 갖고 있는 코치라 할 수 있다. 끝까지 기다려주는 코치가 진심으로 셀프 2에 대한 신뢰가 있는 코치다.

애자일 코치가 애자일 방식을 적용한다는 것은 셀프 2에 대한 무한 신뢰를 가지는 것이다. 그렇지 않으면 과거로의 회귀가 너무나 쉽게 일어난다. 마치 코치가 아무리 노력해도 선수의 동작이 좋아지지 않으면 곧바로 자신의 경험과 지식을 전수하며 지시·통제 모드로 돌아가는 것과 같다. 시장과 고객의 피드백을 중시한다고 입버릇처럼 말하던 임원이나 팀장들이 원하는 시점에 원하는 결과가 나오지 않으면 곧바로 개입하는 것과 유사하다. 셀프 2에 대한 신뢰는 이처럼 엄청난 인내를 요구한다. 아니, 인내라기보다는 진심으로 셀프 2에 대한 신뢰를 요구한다.

윤재우 팀장의 사례로 돌아가보자. 사례에 상세히 기술되어 있지는 않지만 그 역시 입만 열면 권한 위임을 외치며 "여러분의 역량이 팀의 성과를 좌우합니다"라고 말했을 것이다. 그러나 그는 결정적 순간이 다가오자 불같이 화를 내며 왜 사전에 보고하지 않았느냐고 팀원들을 질책했다. 그는 팀원들에게 진정한 의미로 권한 위임을 한 것이 아니라 그런 척했을 뿐이다. 그에게는 팀원들의 역량에 대한 신뢰가 없었다. 단지 그래야 한다고 믿었을 뿐이다. 원하는 결과가 나오지 않으면 그는 분명 이렇게 말할 것이다.

"믿을 수 있게 해야 믿죠."

이렇게 불신의 악순환이 다시 시작되는 것이다.

애자일 코치는 함께 일하는 팀원들이 당면한 문제를 해결하기 위한 잠재력이 있다고 믿는 사람이다. 그런데 말로만 믿는 것이 아니라 실제로 애자일 방식으로 믿어야 한다. 애자일 방식이란 원하는 결과가 나올 때까지 신뢰하는 것, 객관적 관찰을 기초로 그들 스스로 문제를 해결하도록 지원하는 것이다. 조금 기다리다가 원래 자신의 방식으로 할 거라면 애초에 애자일 방식이라고 섣불리 이름 붙이지 말아야 한다.

수행자에 의한 목표 선택

객관적 관찰을 토대로 선수의 셀프 2가 발현될 때까지 기다리는 것이 가능한 코치라면 마지막 단계, 수행자에 의한 목표 선택도 가능할 것이다. 수행자에 의한 목표 선택이란, 학습자 스스로 목표를 선택하게 하고 목표를 달성할 수 있도록 몰입하게 만드는 능력이다. 선수의 페이스에 맞게 훈련 일정을 조정하고 관리할 수 있는 코치는 목표 수립 또한 선수 스스로 할 수 있다고 믿는다. 그런데 선수가 목표 수준을 너무 낮게 잡는다거나 목표 자체가 불분명하면 애자일 코치는 어떤 방법으로 코칭해야 할까? 이것이 바로 이 단계의 중요한 포인트다.

우선 선수 스스로가 학습 목표를 선택할 수 있다고 믿는 코치와 그렇지 못한 코치가 있다고 가정하자. 선수 스스로 학습 목표를 선택할 수 있다고 믿는 코치는 학습 주도권을 선수에게 위임한 코치이고, 그렇지 않은 코치는 학습 주도권을 여전히 자신이 가지고 있을 가능성이 큰 코치다. 선수 스스로 학습 목표를 선택할 수 있다고 믿는 코치는 목표가 무엇인지 개념이 있는 코치이고, 그렇지 않은 코치는 학습 목표에 대한 개념이 없는 코치다. 선수 스스로 학습 목표를 선택할 수 있다고 믿는 코치는 선수의 장단점을 정확하게 파악하고 있는 코치이고, 그렇지 않은 코치는 선수의 장단점을 잘 모르는 코치다. 이것이 학습 목표에 대한 애자일 코치의 첫걸음이다.

두 번째는 선수의 목표 수준이 낮은 경우 애자일 코치가 하는 행동이다. 애자일 코치는 목표 수준이 적당한지, 왜 그렇게 생각하는지 질문할 수 있는 반면, 그렇지 못한 코치는 그런 질문이 불가능하다. 애자일 코치는 선수가 설정한 목표 수준이 그 선수에게 왜 중요한지 질문할 수 있고 대화할 수 있는 반면, 그렇지 못한 코치는 그런 질문 자체를 할 줄 모른다. 애자일 코치는 선수가 설정한 목표가 달성되면 무엇이 달라지는지 질문할 수 있는 반면, 그렇지 못한 코치는 그런 질문 자체가 존재하는지 모른다.

마지막으로 목표가 불분명하게 선택되었을 때 애자일 코치가 하는 행동이다. 애자일 코치는 목표를 정량화할 수 있는지 요청할 수 있는 반면, 그렇지 못한 코치는 그런 요청을 할 줄 모른다. 애자일 코치는 다른 선수와 비교 가능한 데이터를 요청할 수 있는 반면, 그렇지 못한 코치는 그런 생각을 할 줄 모른다. 애자일 코치는 선수 스스로 설정한 목표가 자신의 성장 목표와 어떤 갭이 있는지 확인해 달라고 요청할 수 있는 반면, 그렇지 못한 코치는 그런 것에 관심이 없다. 결국 애자일 코치는 선수가 설정한 목표를 순수하게 지지하지만 순진하게 그대로 믿지는 않는다.

윤재우 팀장은 연초에 계획한 목표대로 사업이 잘 흘러가고 있다고 믿었다. 시장을 믿었고, 고객을 믿었고, 팀원들을 믿었다. 그러나 그의 믿음은 애자일 코치의 애자일 방식이 아니었다는 문제가 있었다. 그는 단순히 일이 잘 진행되기를 바랐다. 그는 목표 수준의 적합성에 대한 질문을 할 줄 몰랐고, 결과가 예상대로 나오지 않을 것이라고는 상상도 하지 못했다. 늘 그랬던 것처럼 결과가 잘 나오리라 예상했다.

애자일 코치의 애자일 방식은 단순하지만 명확한 특성이 있다. 첫째, 있는 그대로의 시장, 있는 그대로의 고객 반응을 인지하는 능력을 가지고 있다. 몇몇 사람의 소망 섞인 기대를 그대로 믿지도 않고, 과거의 경험에 의존하지도 않는다. 시장은 늘 유동적이고, 고객은 늘 자신의 이익을 좇아가는 사람이라고 현실적으로 인식한다.

둘째, 믿고 맡긴 직원들에 대한 셀프 2의 믿음을 쉽게 거두지 않는다. 현업에서 상대적으로 멀리 떨어져 있는 자신보다는 현장에 밀착해 있는 직원들의 잠재력을 더 믿기 때문이다. 물론 인내가 필요하다. 보통 직원들의 잠재력은 예상보다 늦게 발현된다. 그래서 인내한다는 생각보다는 그들의 역량이 성장하고 있다는 믿음을 갖는 것이 더 중요하다.

셋째, 직원들 스스로가 목표를 선택하고 거기에 몰입할 수 있도록 적절한 질문을 할 수 있는 능력을 보유하고 있다. 스스로 선택한 목표를 달성하고자 하는 인간의 기본적 욕구를 인정하되, 목표 수준이 낮거나 불분명한 이유에 대한 질문을 할 수 있어야 한다.

이제 애자일 코치의 이너 게임을 시작해야 한다. 이너 게임은 아우터 게임이 보지 못했던 직원들의 자발성, 독립성, 자신감을 불러 일으키는 기폭제가 될 수 있다. 만약 여전히 아우터 게임에 몰두해 있는 임원이나 팀장이 있다면 스스로의 변화를 포기했거나 여전히 이너 게임의 효과성에 대한 확신이 부족한 사람일 것이다. 언제까지 본인이 직접 지시·통제하는 게임으로 조직을 이끌어갈 것인지 자문자답해보아야 한다. 마음속에서 이제는 더 이상 불가능하다는 'No'라는 답변이 들린다면 당장 시작해야 한다. 그것은 비판과 질책, 충고를 하는 가짜 자아들을 걷어내고, 직원들의 잠재력을 극대화하는 진짜 자아들이 전면에 등장하도록 하는 것이다.

애자일 프로세스를
구축하라

●

2013년, 마스 원^{Mars One}의 공동 창업자이자 CEO인 바스 란스도르프^{Bas Lansdorp}는 화성에 인류의 영구적인 정착촌을 건설하겠다고 발표했다. 이른바 마스 원 프로젝트. 화성으로 이주할 이민자들을 모집한 결과, 전 세계에서 20만 명이 넘는 사람이 지원했다. 최종 선별 인원은 24명이었다. 2025년부터 4명씩 6개 팀으로 구성하여 5년에 한 팀씩 화성으로 이주시킬 계획을 발표하여 주목받은 바 있다. 물론 그들은 지구로 영원히 돌아오지 못한다는 조건에 동의했다. 바야흐로 제2의 대항해 시대가 열리고 있다. 제1의 항해는 영국이 지구 반대편에 있었던 아메리카 대륙을 식민지화하는 것이었지만,

제2의 항해는 지구에서 가장 가까운 행성 중 하나인 화성을 식민지화하는 프로젝트인 셈이다.

미국 항공우주국^{NASA}은 1976년에 최초로 화성에 안착시킨 탐사선 바이킹 1호를 통해 화성 대기에 미량이나마 수분이 있다는 것을 확인했다. 2008년에는 NASA의 화성 탐사선 피닉스를 통해 화성에 물이 존재한다는 것을 공식 확인했다. 그 이후 2012년부터 큐리오시티는 화성의 지표면과 생명의 흔적을 찾기 위한 임무를 수행하고 있고, 2018년에 화성에 안착하는 데 성공한 인사이트는 화성의 지표면을 5미터까지 파고들어가 내부를 조사할 계획이라고 한다. NASA는 2030년까지 우주비행사를 화성 궤도로 보낼 계획을 진행하고 있다.

테슬라 창업자이자 민간 우주비행회사 스페이스X의 CEO인 엘론 머스크^{Elon Reeve Musk}는 최근 한 언론 인터뷰에서 우주선을 타고 화성에 직접 갈 가능성을 70%라고 밝혔다. 엘론 머스크는 화성 식민지 계획을 발표하면서 2022년까지 스페이스X로 화성에 화물을 보내고, 2025년에 인간이 탑승한 유인 우주선을 보내겠다고 했다. 향후 50~150년 사이에 화성에 최소 인구 100만 명이 사는 자급자족 도시를 만드는 것이 목표라고 하면서 '화성에서 생의 마지막을 보내는 것도 나쁘지 않을 것'이라고 공언했다.

과연 가능할까? 현재의 과학 기술로는 불가능해 보이는 것도 있고, 어마어마하게 소요되는 천문학적 비용을 감당해야 하는 것도 현실적인 문제다. 이에 대한 대답으로 스티븐 L. 퍼트라넥^{Stephen L.} Petranek은 자신의 저서《TED 화성 이주 프로젝트》를 통해 인간이 화성에 집단적으로 거주하기 위해 극복해야 할 과제들을 제시했다. 그에 의하면 물, 산소, 식량 등의 확보가 급선무다. 화성에 존재하는 것으로 확인된 물을 정제하면 식수나 생활용수로 사용할 수 있고, 물을 분해하면 산소를 얻을 수 있다. 화성의 토양과 유사한 하와이에 수천 종의 온실 재배를 실험한 결과, 대부분 싹이 텄다고 한다. 차근차근 준비해나가면 불가능할 것도 없다. 시간이 걸리고, 당장은 투자 대비 수익이 보장되지 않을 뿐이다. 영국 BBC 방송에서는 화성을 식민자화하는 프로세스를 다음과 같이 제시한 바 있다. 자세히 살펴보면 내용이 참으로 흥미롭다.

1. 우주인들이 9개월간의 항해를 거쳐 화성에 안전하게 안착한다.
2. 공기, 물, 식물, 에너지를 자급자족하기 위한 시스템을 갖춘다.
3. 화성 정부를 수립한다.
4. 식민지를 더 넓은 지역으로 확장시킨다.
5. 자손을 번성시키고 화성 문화를 갖춘다.

'화성'이라는 말만 빼고 보면 마치 영국이 아메리카 대륙을 어떻게 개척(혹은 식민자화)했는지 함축적으로 보여주고 있는 듯하다. 이는 화성 이주 프로젝트가 제1의 항해 시대와 크게 다르지 않게 진행될 것임을 시사한다. 향후 화성 이주 프로젝트가 누구에 의해 어떻게 진행되든 필자의 관심은 '모든 것이 불확실한 상황에서 인간은 어떤 방식으로 프로젝트를 진행하는가', '어떻게 프로젝트를 진행하는 것이 더 효율적인가'에 있다.

상황이 불확실할수록 고객의 니즈는 수시로 변하고, 그에 따른 시간과 비용은 비례하여 증가한다. 소프트웨어 개발자들은 지난 수십 년간 이런 상황에 가장 많이 시달렸고, 그 결과 소프트웨어 개발을 어떻게 진행해야 고객 만족도를 높이면서 비용을 절감할 수 있는지 온몸으로 체험할 수 있었다.

1990년대만 하더라도 수많은 개발자가 5~10년에 걸친 장기 프로젝트에 투입되었다. 대규모 인원이 투입되는 장기 프로젝트일수록 초기 계획을 잘 수립하는 것이 중요했다. 치밀하고 철저한 계획과 그 계획을 잘 반영한 방대한 문서 작업이 미덕일 수밖에 없었다. 즉 계획을 잘 짜고, 문서 작업을 잘하는 사람이 역량 있는 개발자였다. 소프트웨어 공학에서는 이런 방식을 폭포수 모델waterfall model이라고 불렀다(그림 11).

그림 11을 통해 알 수 있듯 폭포수 모델의 시작은 '계획'이다. 소프트웨어 개발의 목적과 성격을 파악하여 비용과 시간을 예측한다. '요구 분석'은 사용자(고객)와 개발자가 상호 의사소통하는 수단이다. 이때 사용자의 요구가 잘 반영되었는지 문서 작업을 해야 한

〔그림 11〕 폭포수 모델

다. 주로 소프트웨어 설계 명세서에 작성하는데, 모듈 안에서 처리 절차나 알고리즘을 '설계'한다.

'구현'은 각 설계에 대한 프로그래밍 작업으로, 흔히 '코딩'이라고 한다. '시험'은 전체 소프트웨어 시스템이 잘 작동되는지 확인하는 단계다. 사용자 요구와 잘 부합하는지도 중요하다. '인수/설치' 단계에서는 소프트웨어를 잘 설치할 수 있도록 설치 안내를 실시하거나 인수 후 소프트웨어의 운용 및 유지 보수에 관한 작업을 한다.

지난 수십 년에 걸쳐 소프트웨어 개발자들에게 채택된 폭포수 모델은 변화가 없는 소프트웨어 개발에 적합했다. 각 단계가 하나씩 진행되는 프로젝트에도 적합했다. 그러나 사용자의 요구가 수시로 바뀌거나 화성 이주 프로젝트와 같이 불확실성이 매우 높은 프로젝트는 시간과 비용을 지나치게 낭비할 가능성이 크다. 잘 모르는 문제에 대해 완벽한 계획이 나올 때까지 연구만 한다면 중대한 기회 손실로 이어지지 않겠는가. 계획 단계에서 지나치게 오래 지체하다 보면 코딩이나 테스팅 단계가 지연되고, 프로토타입(시제품) 작동을 통한 시장과 고객의 피드백을 받을 여유가 없다. 고객의 요구 사항이 반영되지 않으면 쓸모없는 소프트웨어로 전락할 가능성이 크다.

2001년부터 변화가 시작되었다. 급변하는 소프트웨어 개발 환경에 대처하고자 17명의 소프트웨어 개발자가 '애자일 연합'을 결성하여 좀 더 빠르고 유연한 개발 방식을 논의하기 시작했다. 그 결과가 '애자일 소프트웨어 개발 선언문'이다.

우리는 소프트웨어를 개발하고 또 다른 사람의 개발을
도와주면서 소프트웨어 개발의 더 나은 방법을 찾아가
고 있다. 이 작업을 통해 우리는 다음을 가치 있게 여기
게 되었다.

공정과 도구보다 개인과 상호작용을

포괄적인 문서보다 실행 가능한 소프트웨어를

계약 협상보다 고객과의 협력을

계획을 따르기보다 변화에 대응하기를

가치 있게 여긴다.

이로부터 애자일 방식이 출현했다. 계약 협상보다 고객과의 협력, 문서보다 소프트웨어 구동, 도구보다 상호작용의 중요성을 강조했다. 기존 폭포수 모델이 강조했던 것을 뒤집은 것이다. 장기간에 걸쳐 대규모 인력이 투입되는 것보다 중요한 것은 변화에 빠르게 대응하는 것, 고객이 개발 프로세스에 적극 참여하는 것, 개발자 능력에 따라 개발 환경이 유연하게 변화될 수 있도록 하는 것이다. 이후 소프트웨어 개발 방식은 특별한 경우를 제외하고 '고객과 개발자'가 중심이 되는 '애자일 프로세스'가 보편화되었다.

애자일 프로세스는 사실 소프트웨어 개발에서 시작되었지만 지금은 대부분의 부서로 확산되고 있다. 처음 단계에서 계획을 중시하고 계획 수립에 지나치게 많은 시간과 비용을 투입하면 빠르게 변하는 환경에서 대응 능력이 떨어질 수밖에 없다. 대응 능력이 떨어지면 고객이 원하는 요구와 동떨어진, 당초 기대했던 결과와 전혀 다른 산출물이 나올 가능성이 커진다. 이런 상황 때문에 '애자일 프로세스'가 적용되어야 원하는 성과를 낼 수 있다는 인식이 자리 잡기 시작했다. 삼성SDS의 애자일 코치 채용 공고가 괜히 등장한 것이 아니다.

　그렇다면 팀장들은 '애자일 프로세스'를 어떻게 구축하고 활용해야 하는 것일까? 애자일 프로세스는 소프트웨어 개발 부서에서 시작되었기 때문에 그들이 사용하는 애자일 개발 프로세스 중에서 벤치마킹할 수 있는 것을 고민해볼 필요가 있다. 스크럼 방식이라는 개발 방법론 중에서 '스프린트sprint'라는 개념을 차용해보는 것도 한 방법이다. 스크럼이라는 용어를 상세히 설명할 필요는 없을 것이다. 그러나 스크럼 개발 방식의 핵심 개념인 '스프린트'는 이해할 필요가 있다. 좀 단순하게 설명하면 '스프린트'는 '30일을 주기로 하여 반복되는 개발 주기'다. 30일은 가상의 개발 주기를 말하는데, 통상 2주일(14일)에서 4주일(30일) 안에 이루어내야 하는 작업을 명시하고, 그 작업 결과를 빠른 시간 안에 테스팅하여 고객이나 시장의 피드백을 받는다는 뜻이다. 지나치게 시간을 오래 지체하여 시간과 비용을 낭비하는 것이 아니라 빠르게 변화에 대응한다는 것이다. 경우에 따라 매일 15분간 스탠딩 회의를 개최한다. 고객

폭포수 모델과 애자일 모델 비교

폭포수 모델	애자일 모델
계획과 프로세스 중시	고객과의 협업 중시
프로젝트 관리 중시	빠른 시제품 제작 중시
문서(산출물) 중시	개발자 간 소통 중시

과의 협업 못지않게 중요한 것이 개발자 간의 정기적인 소통이다. 스탠딩 회의의 핵심은 불필요한 회의를 오랫동안 진행하는 것을 금지하는 것이다. 폭포수 모델 방식이 계획, 프로젝트 관리, 문서를 중시한다면 애자일 모델 방식은 고객과의 협업, 빠른 시제품 제작, 개발자 간 소통 등 수정과 실행을 반복하여 다양한 변수에 유연하게 대처하는 것을 중시한다.

고객의 필요가 아닌 고객과의 협업을 중시하라

그렇다면 현업에 있는 다양한 부서의 팀장은 소프트웨어 개발의 경험을 참조하여 고객과의 협업을 어떻게 강조하고 활성화시켜 나갈 수 있을까? 모든 조직은 고객의 필요를 충족시켜주기 위해 존재한다. 고객 만족이 지상 과제처럼 인식되고 교육되고 강조되던 1990년대 이후 '고객의 필요'라는 개념은 사실 상식처럼 굳어졌다. 과거에 고객의 필요는 거의 고정적인 것으로 간주되었다. 제품으로 말하자면 질 좋은 품질은 고객의 필요 중 가장 중요한 것이었다. 품질이 좋다는 것은 제품의 내구성과 기능성이 좋다는 의미이기 때문에 고객에게는 지불한 비용 대비 효용이 좋다는 의미였다. 저렴한 가격은 오랜 기간 동안 고객이 충족되기를 바라던 필요였다. 가격이 저렴하고 품질이 좋다면 금상첨화였다. 예쁜 디자인도 중요한 부분을 차지했다. 이왕이면 다홍치마라고 디자인이 예쁘면 고객의 자아를 표현하는 데 중요한 역할을 한다고 인식한다. 이외에도 브랜드 가치, 애프터서비스, 시간 절약 등도 고객들이 구매 의사결정을 하는 데 중요한 요소로 작용했다. 예나 지금이나 고객들이 중요하게 생각하는 요인은 비슷할 것이다. 결정적인 차이가 있다면 과거에 비해 고객의 필요가 빠른 속도로 변화한다는 점이다. 고객의 필요가 수시로 변화하고 있고 말을 갈아타는 것에 주저함이 줄어들고 있다면, 기업 입장에서 고객이 생각하는 '골든타임' 내에 빠르게 움직이는 것이 필수적이다. 골든타임을 놓친 순간, 고객을 다시 불러 세우는 일은 생각보다 쉽지 않다. 고객이 돌아서면 기업이나 조직의 존재 가치는 물거품처럼 사라진다.

이처럼 고객과의 협업이 중요하다는 것을 금방 인정한다 하더라도 구체적인 방법을 몰라 실행하지 못하는 팀장이 많을 것이다. 첫째, 고객과 함께 살아보기living it를 활성화할 것을 권한다. 살아보기는 여러 형태로 실행될 수 있는데 정말로 고객과 함께 같은 공간에서 먹고 자고 해보는 것이다. B2C 제품이나 서비스일수록 고객과 함께 살아보기는 기발한 통찰력을 제공할 가능성이 크다. 제품이나 서비스를 제공하는 입장에서는 도저히 생각할 수 없는 불편함을 고객과 함께 살아보면서 발견할 수 있기 때문이다.

둘째, 살아보기를 통해 발견한 문제점을 팀원이 즉시 수정·보완할 수 있는 결정권을 주어야 한다. 많은 조직이 문제를 발견하고도 보고서 작성, 내부 회의, 연구소 이관, 시제품 테스트 등 수많은 과정을 거친 뒤에야 문제를 해결한다. 그 과정에서 포기하거나 아예 잊어버리는 사례가 더 많을 것이다. 이미 골든타임은 지나가고 있는데도 말이다.

셋째, 고객을 제품 개발이나 주요 프로젝트에 참여시키는 것이다. 고객이 의사결정 과정에 참여한다는 것은 그들이 원하는 가치를 투입한다는 의미다. 공급자 마인드를 내려놓고 그들에게 필요한 것이 무엇인지를 묻는 것을 넘어 사전에 고객들조차 인지하지 못했던 기존 기능의 개선, 기존 기능의 제거, 새로운 기능의 추가와 증감을 마음대로 하도록 동기부여하는 것이다.

마지막으로 가장 현실적인 조언은 팀원들이 책상에 앉아 있는 시간을 의도적으로 줄이고 하루 중 최소 60% 이상의 시간을 고객과 함께 있도록 권고하는 것이다. 고객과 대화를 하든 게임을 하든 밥을 먹든 아무튼 하루 중 60% 이상의 시간을 고객과 함께해야 한다. '살아보기'보다는 약한 수준이지만 고객과 함께하는 시간이 많을수록 그들의 필요가 무엇인지 파악하는 데 도움을 얻을 수 있을 것이다.

고객과의 협업 강조는 말로만 하는 일이 아니다. 살아보기, 즉시 수정·보완하기, 주요 의사결정에 참여하기, 고객과 함께 시간 보내기 등 매일매일 실천할 수 있는 행동을 목록으로 만들고 피드백을 받아야 한다. 이때 팀장이 유일한 장애물일 가능성이 크다. 고객과 더불어 일하는 팀원들의 행동을 보고받으려 하면 안 된다. 보고를 프로세스에 집어넣는 순간, 애자일 방식은 사라진다. 그들이 현장에서 보고 듣고 느끼는 것을 즉시 실행할 수 있는 자율성을 부여하는 것이 가장 좋다. 팀장은 팀원들이 지원을 요청할 때만 반응해야 한다. 정보가 부족해서 판단을 내리기 어렵다든가, 문제가 복잡하여 어디서부터 풀어가야 할지 모르겠다든가, 윗분들의 결재가 필요하니 결재를 받아줬으면 좋겠다든가 팀원들이 팀장을 필요로 할 때 달려가는 사람이 되어야 한다. 실제로 소프트웨어 개발 시 스크럼 마스터가 하는 일도 이런 일에 집중되어 있다.

애자일 프로세스는 특별한 기술이 있는 사람들만 할 수 있는 것이 아니다. 태도가 좋은 사람, 조직이 민첩하게 움직여야 변화 대응이 빠르다는 것을 믿는 사람이면 족하다. 애자일 방식 자체가 특별한 공정(프로세스)이나 도구를 중시하지 않는다. 그것이 어떤 순서와 절차로 진행되는 것이 중요한 것도 아니다. 특정 도구나 언어에 집착한다면 그것은 애자일이 아니다. 현장 실무자들의 문제를 지금보다 신속하게 처리하도록 돕기 위해 팀장이 무엇을 해야 할지 날마다 찾는 것, 그것이 고객과의 협업을 위해 해야 할 팀장의 일이다.

빠른 시간 안에 제공할 수 있는
시제품을 만들어라

애자일 프로세스에서 고객과의 협업만큼 중요한 것이 '빠른 시간 안에 제공되는 시제품'이다. 시제품이란 완성품과 반대되는 용어로, 제품의 성능과 기능을 검증하거나 개선하기 위한 목적으로 만들어진 모형이라고 보면 된다. 애자일 프로세스에서 시제품은 왜 중요할까? 완성품을 만들어 테스트했는데 고객 반응이 영 별로라면 낭패가 아닐 수 없다. 물론 과거에도 이를 방지하기 위해 장기간에 걸쳐 인터뷰, 설문 조사, 현장 조사를 실시해 고객 요구 분석을 진행했다. 그런데 당시에는 분명 'Yes'라고 했던 고객이 마지막 순간에 'No'라고 하는 난감한 상황이 생길 수도 있다. 우리는 현실에서 그러한 상황을 숱하게 목격했다.

시제품은 마지막 순간까지 고객의 요구를 들어주겠다는 자세의 표현이다. 그래야 고객의 성공을 돕고, 고객이 성공하면 결국 제품 제공자도 성공하는 것이기 때문이다. 예측 가능했던 시대, 만들기만 하면 팔리던 판매자의 시대seller's market는 오래전에 끝났다. 고객이 거의 모든 주도권을 쥐고 있는 시대buyer's market가 도래한 이후 시제품을 만들어 고객과 개발자의 인식의 갭을 줄여주는 것이 필수인 세상이 온 것이다.

시제품의 가장 대표적인 형태는 아파트의 모델 하우스다. 아파트는 한 번 분양하고 나면 통상 2년 후에 입주한다. 어떤 자재를 사용하여 만들어지는지, 어떤 구조로 만들어지는지, 방과 주방의 크기는 어느 정도인지 등 소비자들의 궁금증을 해소시켜주는 것이 모델 하우스다. 소비자들은 모델 하우스를 살펴본 뒤 청약을 넣을 것인지 말 것인지를 결정한다. 당첨이 된 후에도 의사결정을 할 수 있는 기회가 남아 있다. 베란다를 확장할 것인지, 에어컨을 내장용으로 설치할 것인지, 창고에 문을 달 것인지 등을 결정할 수 있다. 이런 형태의 시제품을 실험적 프로토타입 모델이라고 한다. 소비자의 요구를 충분히 알아내고 소비자의 요구를 마지막까지 반영시켜주는 데 목적이 있다.

진화적 프로토타입 모델도 있다. 아파트의 모델 하우스처럼 소비자와 의사소통을 한 뒤 나중에 부수는 것이 실험적 프로토타입 모델이라면, 진화적 프로토타입 모델은 소비자의 요구를 조금씩 반영하여 완성해나가는 모델이라 할 수 있다. 대부분의 B2C 제품이 여기에 해당될 것이다. 예를 들어 무선 청소기를 개발할 때 소비자가 불편함을 인식하는 단계가 그때그때 진화해나갈 수 있기 때문에 한 번 만든 시제품을 조금씩 수정·보완하면서 최종 제품으로 만들어가는 것이다.

그렇다면 협업의 팀장들은 어떤 방식으로 시제품을 만들어 고객이 원하는 제도나 정책을 완성해나갈 수 있을까? 사실 애자일 방식과 유사하다. 어떤 제도나 정책을 입안할 때 제조의 핵심 내용을 만들어놓고 피드백을 받는 것은 실험적 프로토타입이 될 것이다. 제도나 정책 수요자들의 의견을 들은 다음 반영할 건 반영하고 수정할 건 수정해서 처음에 만들었던 제도의 초안은 폐기하는 것이다. 단계별로 제도를 만들어 그때그때 피드백을 받으며 완성해간다면 진화형 프로토타입 모델이 될 것이다. 핵심 내용조차 만들지 않고 단계별로 피드백을 받아 만들어간다면 제도 수혜자나 정책 수요자들이 자신들의 의견이 많이 반영되었다고 느낄 가능성이 크다.

빠른 시간 안에 제공되는 시제품 역시 특정한 순서나 절차가 있는 것이 아니다. 실험적 모델을 선택하든 진화적 모델을 선택하든 제품과 상황에 맞게 결정하면 된다. 더 중요한 것은 팀장의 마인드다. 개방적 마인드가 절대적으로 필요하다. 팀장은 자신이 특정 분야의 전문성을 가졌다고 해서 자신이 제공하는 제품이나 서비스가 절대적으로 옳다는 생각을 버려야 한다. 고객이나 소비자, 사용자들이 어떻게 느끼는가가 더 중요하다. 그들 입장에서 사고하고 행동하고 수용하는 것, 이것이 빠른 시간 안에 제공되는 시제품을 만드는 첩경이다.

개발자 간 소통을 활성화하라

2018년, LG전자는 '클로이^{CLOi} 플랫폼 개발자의 날' 행사를 진행하여 개발자들에게 로봇 플랫폼인 클로이 플랫폼을 소개하고 이를 활용한 다양한 로봇 기술과 로봇 개발 노하우를 공유했다. LG전자 로봇 개발자의 노하우 공유 사례는 애자일 프로세스를 방해하는 요소가 개발자 자신들일 수도 있음을 암시하고 있다.

'지식의 저주$^{The\ curse\ of\ knowledge}$'라는 말이 있다. 지식과 정보를 많이 가진 사람일수록 의사소통을 방해하는 역할을 할 수도 있다는 뜻이다. 자신이 많이 알고 있기 때문에 상대방도 알고 있다는 전제하에 커뮤니케이션을 진행하는 경우가 있다. 본인 이외에 다른 사람들은 사실 이해를 못하고 있는데 말이다. 상호 이해가 안 되기 때문에 의사소통은 한 발짝도 나아가지 못한다. 또 다른 측면은 자만심이다. 본인이 그 분야에서 가장 많은 지식을 갖고 있다고 자부하기 때문에 새로운 지식을 거부한다. 세상의 변화 속도만큼 지식의 축적도 빠르게 변화하고 있는데, 새로운 지식을 거부한다면 이보다 더 큰 장애물은 없을 것이다.

'전문가의 저주$^{The\ curse\ of\ expert}$'라는 말도 있다. 한 번 전문가로 인정받으면 그 전문성에 집착하여 자기 아집에 빠지는 현상이다. 자신의 능력을 과신하여, 자기 방식을 고집하여 남의 말을 듣지 않게 된다.

즉 자신의 프레임 안에 갇혀 다른 관점, 다른 아이디어를 수용하는 능력이 현저하게 떨어진다. 또 다른 문제는 집단 지성의 힘을 믿지 않게 된다는 것이다. 제아무리 뛰어난 전문가라 하더라도 한 사람의 의견이나 아이디어보다는 두 사람, 세 사람, 다섯 사람, 열 사람의 아이디어가 합쳐질 때 더 나은 해결책이 나올 수 있는데, 그러한 사실을 믿지 않는다. 이런 현상이 빈발하면 팀으로 일할 때 발휘되는 시너지 효과는 뒤떨어지고 한두 사람의 아집만 남게 된다.

애자일 프로세스는 분명 고객과 개발자가 중심이 되는 프로세스라고 설명했다. 개발자의 자율성과 독립성이 보장되어야 성과로 이어지고 리드타임이 짧아지며 시장에서의 대응 능력이 좋아진다. 그런데 개발자들의 편견과 아집 때문에 애자일 프로세스 자체가 느려질 수도 있다. 팀장이 마지막에 준비해야 할 애자일 프로세스는 개발자 간에 지식과 정보가 물처럼 흐르게 만들고 그를 통해 상호 학습하는 환경을 만드는 일이다.

가장 쉬운 방법은 매일매일 대면 회의를 개최하는 것이다. 대면 회의가 어렵다면 화상 회의나 단톡방을 활용하는 것도 좋다. 시간은 그리 길지 않아도 된다. 15분 정도가 적당하다. 누군가 간단한 주제를 발제해도 좋다. 그 주제를 둘러싸고 개인의 의견을 교환하는 것도 방법이다. 때로는 특정 주제가 없어도 좋다. 업무를 진행하면서 발생한 불만 사항을 공유해도 좋다. 중요한 것은 소통이다. 따로 일하고 있지만 함께하고 있다는 느낌을 통해 문제를 공유하고 상대방을 이해하는 것이 중요하다.

두 번째 방법은 LG전자가 했던 것처럼 극히 공식적인 모범 실무 best practice를 공유하는 자리를 마련하는 것이다. 사람들은 자신들이 수행하고 있는 프로젝트나 업무를 소개하고 인정받고 싶어 하는 욕구가 있다. 그런 자리를 통해 서로에게 무언가를 배울 수도 있고, 공유할 수도 있고, 좁은 식견에서 벗어날 수도 있다. 다른 사람들이 나와 어떻게 다르게 생각하고 있는지, 다른 사람들에 비해 내가 무엇이 뛰어나고 무엇이 부족한지를 알게 되는 기회가 될 것이다.

마지막으로 업무 교환job exchange 방식도 생각해볼 필요가 있다. 남의 떡이 더 커 보인다고 내 업무보다는 다른 사람의 업무가 부러울 때가 있다. 업무 교환을 실시하면 상대방의 고충과 입장을 좀 더 쉽게 이해할 수 있게 된다는 장점이 있다. 또 다른 장점은 자신이 정말 좋아하는 업무를 발견할 수 있는 기회를 제공해준다는 것이다. 여건이 허락된다면 업무 교환을 정기적으로 해도 좋고, 비정기적으로 해도 좋다. 동일 부서 사람들과 해도 좋고, 타 부서 사람들과 해도 좋다. 이 또한 너무 많이 계획하지 말고 일단 시작해보는 것이 중요하다.

결국 애자일 프로세스를 수립한다는 것은 팀장의 마인드를 재정립한다는 것이다. 폭포수 모델처럼 정해진 프로세스 안에서만 생각하지 말고 고객과의 협업, 빠른 시제품 제작, 개발자 간 소통 강화 등을 수행해야 한다. 이 모든 것은 특정 도구나 방법으로 이루어지는 것이 아니다. 모든 시작은 팀장의 개방적 태도에서 비롯한다.

애자일 문화를
조성하라

●

앞서 화성 이주 프로젝트를 언급했다. 화성 이주를 꿈꾸는 대담한 사람들에게 가장 큰 난관은 화성이 인간이 살 만한 적합한 환경이 아니라는 데 있다. 영국 BBC 방송에서 화성 이주 프로세스에 대해 소개하면서 공기, 물, 식품, 에너지를 얻기 위한 자급자족 시스템을 언급했다. 제1의 대항해 시대는 신대륙에 안착하는 것만으로 공기, 물, 식품, 에너지를 얻는 데 전혀 문제가 없었다. 그러나 화성의 경우는 인간이 오랜 비행 끝에 화성에 안착한다 하더라도 가장 먼저 인간이 살 만한 환경으로 만들지 않으면 안 되는 상황이다. 초기에 돔 형태의 온실 하우스를 만든다 하더라도 수십 명이 수십 년을 버티기에는 한계가 있다. 기껏해야 몇 십 명이 몇 개월을 버틸 수밖에 없을 것이다. 50~150년 안에 인구 100만 명 규모의 거대 도시를 꿈꾸는 엘론 머스크 같은 모험가에게는 큰 난관이 아닐 수 없다.

화성 이주를 꿈꾸는 사람들의 우선 과제는 테라포밍^{terraforming}이다. 테라포밍은 화성을 지구화하는 것, 지구와 유사한 환경을 만드는 것이다. 1970년대에 《코스모스》, 《화성과 금성의 대기》를 지은 천체물리학자 칼 세이건^{Carl Sagan}은 화성의 테라포밍이라는 아이디어를 제안했다. 그의 아이디어를 이어받은 NASA는 화성에 생명체가 존재 가능한 조건을 다음 세 가지로 규정했다. 첫째, 액체 상태의 물이 있어야 하고, 둘째, 복잡한 유기물이 합성되기에 유리한 조건이 형성되어야 하고, 셋째, 신진대사를 유지할 수 있는 에너지원이 있어야 한다. 화성의 극지방에 다량의 얼음이 존재한다는 것이 확인되었기 때문에 어떻게든 물은 조달 가능할 것이고 물을 분해하면 산소를 얻을 수 있다. 문제는 화성을 둘러싼 대기, 이산화탄소로 가득 찬 대기를 어떻게 지구와 유사한 환경으로 바꿀 것인가다. 이에 대한 다양한 연구가 진행되고 있다. 신진대사를 위한 에너지원, 즉 식량 확보도 문제다. 10%의 식량만 자급자족할 수 있다 해도 성공이라는 보고도 있다.

아무튼 화성 이주 프로젝트를 포함한 모든 변화와 혁신은 성공하기가 쉽지 않다. '환경'이 달라지지 않으면 새로운 '시도'가 안착할 수 없기 때문이다. 지금까지 팀장이 애자일 코치로 거듭나야 하는 이유와 방법, 프로세스에 대해 논의를 전개해왔지만 '환경' 자체가 애자일하지 않으면 개인적 노력으로는 금방 한계에 부딪힐 수밖에 없다. 화성에 도착한 초기 개척자들이 백방으로 노력해도 식수를 구하는 데 어려움이 있다면, 사람이 숨을 쉴 수 있는 대기가 아니라면, 신진대사를 유지할 수 있는 식량을 자급자족할 수 없다면 생존의 위협을 받는 것과 같은 이치다.

한 팀장이 애자일 코치가 되기로 결심했다고 가정하자. 혼자서 '내 안의 그놈'을 제거하고 '이너 게임'에서 승리하고 '애자일 프로세스'를 부서 내부에 도입했다고 가정하자. 그런다고 일사천리로 애자일 코치로 거듭날 수는 없다. 마지막 관문이 남아 있다. 애자일 코치가 마음껏 활동할 수 있는 애자일 환경, 즉 애자일 문화를 건설해야 한다. 초기의 화성 이민자들이 본인들만이 아니라 다른 사람들이 함께 먹고살고 활동할 수 있는 환경을 만들어놓아야 화성 이민을 희망하는 사람들이 계속해서 늘어날 것이다. 애자일 코치가되려는 팀장은 본인만의 준비로 끝낼 것이 아니라 애자일 환경을 만들려는 노력을 해야 한다. 화성 이주 프로젝트 못지않게 어려울 것이라는 각오도 해야 한다.

실제로 애자일 소프트웨어를 판매하는 모 기업의 조사에 의하면 애자일 방식이 업무 처리에 큰 효과를 발휘한다고 하지만 애자일 개발 방식의 도입만으로는 성공을 장담할 수 없다고 한다. 즉 애자일 방식을 전담하는 전문가나 코치가 없거나 기업 문화 자체가 애자일 방식을 수용할 수 없는 구조라면 실패할 확률이 크다고 보고하였다. 애자일은 단순히 업무를 빠르게 처리하는 것이 아니라 짧은 반복 주기를 거듭하면서 시장 대응력과 고객의 필요를 유연하게 충족시키는 것이기 때문이다. 위에서 아래까지 애자일 정신, 애자일 행동이 습관화되지 않으면 흉내만 내다가 원점으로 돌아가기 일쑤다.

특히 한국 기업들은 유행을 많이 탄다. 과거에도 BPR, 6시그마와 같은 경영 혁신 활동이 얼마나 많이 유행을 탔는가 생각해보면 금방 알 수 있다. 남들이 어떠한 활동이 좋다고 외치면 당장 해야 할 것처럼 요란을 떨다가 3년, 5년 지나면 슬그머니 과거로 회귀하는 사례가 부지기수다. 환경의 변화가 들이닥쳤을 때 우리 조직에 어떻게 접목할 것인가를 고민하지 않고 모양만 흉내 낸다면 애자일 방식 또한 유행에 그치고 말 것이다. 유행으로만 그치면 다행이다. 조직의 존립에 위협을 줄 가능성도 있으니 반드시 깊이 고민해야 한다.

한두 사람이 아닌, 적어도 전체 인력의 20%가 변화해야 성공할 확률이 크다. 진정한 변화는 피상적인 변화가 아니다. 조직의 구조, 보고 체계는 물론이고 구성원들의 행동 방식이 변해야 한다. 행동 방식이 그 조직에 정착된 하나의 습관이 될 때 우리는 그것을 '문화'라고 부른다. 문화는 오랜 기간에 걸쳐 형성되는 것이며 한 번 형성된 문화는 쉽사리 바뀌지 않는다. 구성원들의 습관으로 고착화되어 있기 때문이다. 화성의 테라포밍이 많은 시간과 노력, 새로운 어프로치의 과학적 발견이 나와야 하는 것처럼 애자일 문화를 정착시키려는 노력 또한 만만치 않다.

아는 척하지 마라

혹자는 우리가 사는 세상을 일컬어 VUCA^{Volatility, Uncertainty, Complexity, Ambiguity}의 시대라고 부른다. 변동적이고 복잡하며 불확실하고 모호한 사회 환경을 뜻한다. 시스템 이론을 공부하는 사람들은 우리가 사는 세상이 전면적인 복잡계^{complex system}의 시대로 진입했다고 한다. 한마디로 말하면 복잡계 이론이지만 복잡계 이론 자체가 확실하게 정립된 이론이 아니기 때문에 더 복잡하다. 열역학에서부터 정치학의 사이버네틱스, 경영학의 네트워크 조직 이론, 학습조직 이론, 생물학의 생태학에 이르기까지 복잡계 이론은 수많은 파생 이론과 함께 이해해야 한다. 요약하면 '우리가 사는 현실은 너무 복잡해서 단순한 방정식으로 설명할 수도 없고 간단한 논리로 예측할 수 없다'라는 것이다. 더 쉽게 말하면 우리가 아는 정답은 정답이 아니다. 인류 역사에 존재해왔던 수많은 전문가가 설명한 인과관계는 정확한 인과성이 없다고 보는 것이 맞을 것이다. 원인과 결과가 단선적 방향으로 영향을 주는 것이 아니라 상호 연관된 순환 고리로 이루어져 있을 수 있다. 인과관계는 물론이고 선후관계가 다를 수도 있고, 초기 조건에 따라 달라질 수도 있다. 한마디로 '정확히 모른다'가 답이다.

이런 복잡계의 복잡한 현상이 애자일 코치를 지향하는 팀장들에게 어떤 시사점을 주는 것일까? 단순하게 말하면 '안다고 하지 마라'다. 주도권을 쥐고 뭔가를 변화시키려고 하지 마라. 상황이 복잡하고 예측하기 어려울 때에는 정답도 잘 모르면서 아는 척하지도 말고 단정하지도 말고 주도하지도 말고 '상황에 순응 내지 적응하는 것'이 가장 지혜로운 방법이다. 이것이 애자일 문화를 만드는 가장 순조로운 방법이다. 대체 무슨 이야기를 하는 것일까?

팀장들이 애자일 문화를 만들기 위해 뭔가를 하려고 하면 할수록 '더 복잡한 상황', '더 복잡한 시스템'을 만들어내 일을 더 꼬이게 만든다. 그래서 열심히 일하는 팀장 밑에 있는 직원들은 괴롭다. 자꾸 일을 만들어내질 않나, 쓸데없는 회의를 만들어내질 않나, 뭔가를 분석하여 보고서를 작성하라고 시키질 않나… 보고서를 만드는 데 들어가는 시간이 전체 업무의 40% 이상이라는 보고도 있다. 즉 팀장들이 좋은 의도를 가졌든 아니든 그런 건 중요하지 않다. 팀장들이 정답도 모르는 상황에서 열심히 뛰면 뛸수록 직원들이 본업에 집중하는 시간이 줄어든다. 그냥 내버려둬야 한다. 팀장들이 상황에 적응하고 순응하는 것이 더 좋은 결과를 내는 경우가 많다는 것을 알아야 한다. VUCA의 시대, 복잡계가 도래한 시대에는 그렇게 하는 것이 현명하다.

분명 '애자일 코치가 애자일 문화를 만들기 위해서 아무것도 하지 않아야 한다고?'라고 생각하는 사람이 있을 것이다. 당연히 그런 뜻이 아니다. '바람직한 뭔가를 만들려고 의도적인 노력을 기울이거나 정답을 제시하려는 의욕'을 보이지 말라는 것이다. 상황의 변화에 맞게 적응력을 향상하는 데 도움을 주는 행동, 조직의 성과를 지속 가능하게 만드는 데 도움을 주는 행동을 습관화하는 것, 이러한 것이 애자일 문화를 만들어가는 행동이다. 전자는 관리적 리더십 행동이고, 후자는 적응적 리더십 행동 또는 창발적 리더십 emergent leadership 행동이라 한다.

경영 환경의 불확실성이 증가하면서 정해진 목표에 따라 조직이 일사불란하게 대응하는 것만으로는 한계에 봉착하고 있다. 조직 구성원이 자발적으로 혁신을 위한 아이디어를 창출하고 불확실한 상황에 능동적으로 행동할 수 있도록 유도하는 창발적 리더십이 필요한 시점이다. 창발적 리더십은 조직 구성원이 자발적으로 조직의 변화를 선도하여 조직의 적응력과 지속 가능성을 높이는 리더십을 의미한다.

그렇다면 애자일 문화를 만들기 위해 팀장들이 발휘해야 할 창발적 리더십 행동은 구체적으로 어떻게 실천해야 할까? 삼성경제

관리적 리더십과 창발적 리더십 비교

비교항목	관리적 리더십	창발적 리더십
목표	효율 극대화를 통해 주어진 비전, 목표 달성	조직의 적응력 향상을 통해 지속가능성 증대
리더의 역할	조직 구성원에게 구체적 목표를 제시하고 과업을 지시	조직 구성원 스스로 비전과 목표를 창출할 수 있도록 유도
특성	① 목표지향 ② 정적 ③ 안정적	① 과정지향 ② 동적 ③ 의도적 혼돈
그림		

출처: 《SERI 경영 노트》

연구소^{SERI}의 프레임을 빌려 한 단계씩 필자의 설명을 덧붙여보고 자 한다.

혼돈을 조성하라

《장자》에 '혼돈'에 관한 이야기가 나온다.

남해의 임금을 '숙'이라 하고 북해의 임금을 '홀'이라 하며 중앙의 임금을 '혼돈混沌'이라 한다. 숙과 홀이 때마침 혼돈의 땅에서 만났는데, 혼돈이 매우 융숭하게 그들을 대접해주었다. 혼돈의 은혜에 어떻게 보답할지 의논하던 숙과 홀은 사람은 누구나 눈, 코, 귀, 입 등 일곱 구멍이 있어서 그것으로 보고, 듣고, 먹고, 숨 쉬는데 혼돈에게만 그것이 없으니 시험 삼아 구멍을 뚫어주기로 했다. 그래서 날마다 한 구멍씩 뚫었는데 7일이 지나자 혼돈은 그만 죽고 말았다.

남해의 임금과 북해의 임금은 중앙의 임금인 '혼돈'을 위해 선한 의도로 그를 돕고자 했다. 자신들은 있으나 '혼돈'에게는 없는 것을 주고 싶었던 그들은 눈, 코, 입 등 7개의 구멍을 뚫어주면 '혼돈'에게 도움이 될 거라 생각했다. 하지만 결과는 정반대였다. '혼돈'을 죽이고 말았다.

2300여 년 전에 살았던 장자는 우리에게 무슨 말을 하고 싶었던 것일까? 바로 '아무것도 하지 말라'는 것이다. '자신의 판단과 기준에 의거하여 쓸데없는 짓을 벌이지 말라'는 것이다. 상대에게 도움이 될 것이라 생각하여 이런 참견 저런 참견, 이런 충고 저런 충고를 일삼지 말고 '혼돈'처럼 눈, 코, 입이 구분되지 않은 상태로 내버려두어야 한다. 대신 눈, 코, 입이 구분되지 않은 상태로 살면 뭐가 좋은지 물어봐야 한다. 또는 눈, 코, 입이 없는 상태로 살면 뭐가 불편하지 물어봐야 한다. 자신들이 어떤 도움을 주는 것이 좋은지 물어봐야 한다. 물어보지도 않고 구멍을 뚫었으니 이보다 더한 공급자 마인드가 어디 있는가.

애자일 코치가 애자일 문화를 건설하기 위해 구성원들에게 해야 할 행동을 유추해보자. 첫째, 상상력을 자극하는 질문을 해야 한다. '다른 생각 없어요?', '새로운 의견 없어요?', '다르게 생각해보면 어떨까요?' 등 구성원들이 자기 생각에 집착할 때, 다른 생각을 하지 않고 현실에 안주할 때 이런 질문을 던져야 한다. 애자일 문화는 단순히 빨리빨리 일을 처리하는 것이 아니다. 이 혼돈의 세상에서 다른 관점을 찾아낼 수 있도록 분위기를 만들어주어야 한다. 한두 사람의 생각에 의존해서 후다닥 일을 처리하는 것보다는 다양한 관점, 새로운 관점을 통해 문제를 새롭게 정의할 수 있어야 한다. 이보다 민첩한 문제 해결, 의사결정이 어디 있을 수 있겠는가.

둘째, 의견 충돌을 장려해야 한다. 단순히 새롭고 다양한 의견을 내도록 자극만 하는 것이 아니라 상대의 의견에 대한 반대 의견을 피력하고 자신의 의견에 대한 방어 논리를 전개하도록 자극해야 한다. 자칫 갈등의 소지를 만들까 싶어 저어하는 팀장들이 있을 수 있다. 이 또한 다르게 생각해볼 여지가 있다. 갈등이 전혀 없다면 적정 갈등을 유도할 수도 있다. 갈등을 생산적인 갈등으로 승화시킬 수 있는 능력이 진정한 능력 아니겠는가. 많은 팀장이 갈등을 회피하거나 없는 척 숨기는 방식으로 갈등을 관리하려고 한다. 복잡계를 살아가는 현대에 있을 수 없는 현상이다. 갈등을 방치할수록 혼돈은 더 깊어질 수밖에 없다.

셋째, 이 모든 과정에서 팀장들은 권한을 위임해야 한다. 새로운 질문, 남다른 질문을 통해 구성원들의 생각을 자극하고 구성원들 간의 이견을 장려하는 것까지가 팀장의 본분이다. 어떤 기준으로 어떻게 정리하는 것이 좋을지, 어떤 안을 수용하고 어떤 안을 폐기하는 것이 좋을지 결정하는 사람은 구성원들이 되어야 한다. 참견하는 버릇을 가진 팀장이 의사결정에까지 개입하면 그것은 창발적 리더십이 아닌, 관리적 리더십이다. 권한 위임은 일 처리 방식, 회의 방식, 업무 배분 방식, 성과 배분 방식 등과 더불어 그들이 스스로 결정하도록 내버려두는 것까지 포함된다. 그래야 애자일 문화의 첫 번째 단추인 진정한 '혼돈의 조성'이 완수될 수 있다.

끌개를 형성하라

끌개는 원래 농기구 이름이다. 무거운 나무나 돌을 이용하여 흙덩어리를 잘게 부수어 평평하게 고르는 역할을 한다. 흙덩어리가 잘게 부수어져서 밭고랑이 평평해져야만 파종을 할 때 씨앗이 땅속에 골고루 심어진다. 물리학에서 끌개attractor란 특정 계수값에 대한 체제의 변화 정도를 말한다. 끌개는 체제가 일정한 패턴을 유지하도록 중심을 잡아준다. 인간관계나 사회적 네트워크로 해석해보면, 개개인의 행동은 변화무쌍하지만 일정한 행동을 하도록 잡아주는 것, 그것이 끌개다.

북경에 있는 나비 한 마리의 날갯짓이 뉴욕에 폭풍우를 몰고 온다는 카오스 이론이 있다. 외관상 무질서하게 보이고 어떤 인과관계도 없어 보이는 현상도 초기 조건에 따라 이미 결과가 결정되어 있을 수도 있다는 뜻이다. 무관해 보이는 수많은 현상이 사실은 일정한 법칙이나 패턴에 지배되어 있는 것이다. 특정 이론을 말하려는 것이 아니다. 우리 눈에 보이지 않는다고 해서 존재하지 않는다는 것이 아니라는 사실을 말하고 싶다. 애자일 코치가 되려는 팀장들은 애자일 문화를 만들어내야 하는데, 그 중심 역할을 하는 것이 바로 끌개다.

관리적 리더십 스타일을 가진 팀장들의 눈에는 요즘 젊은 세대가 가진 자유방임, 개인의 행복 추구 노력이 무질서해 보이고 혼돈의 상태에 있는 것처럼 보일 수도 있다. 이때 관리적 리더십 행동을 보인다면 끌개의 역할이나 카오스 이론에 대한 이해가 낮다는 것을 암시한다. 무질서하고 혼돈의 상태에 있는 것처럼 보이는 현상에도 질서와 규칙성을 지배하는 논리적 법칙이 존재한다는 사실을 아는 것, 그것이 끌개를 형성하여 창발적 리더십으로 나아가는 실천 방법이 될 것이다.

그렇다면 팀장들은 어떤 방식으로 끌개를 형성해야 할까? 첫 번째 방법은 공통의 언어를 만들어내는 것이다. 인간이 언어를 발명하면서 집단적 협력이 가능했다는 것은 유명한 역사적 사실이다. 실제로 인간은 언어적 동물 그 자체다. 언어를 통해 소통할 뿐만 아니라 긍정적·부정적 의미를 부여할 수 있는 능력을 가지고 있다. 과거에 수많은 작업장에서 90도 각도로 인사를 하면서 외쳤던 구호를 생각해보면 금방 이해가 될 것이다. '우리가 남이가!'라는 집단 정체성을 각인시키는 작업이었다. 복잡계 시대에는 구호가 아니라 '공통의 언어'를 만들어낸다. 애자일 프로세스에서 말한 '스프린트'라는 공통의 언어가 바로 그것이다. 스프린트는 원래 사이클 경기 종목 중 하나다. 1,000m 코스에서 마지막 200m 정도의 거리로 승부를 결정짓는다. 2~3명이 한 조를 이루어 마지막 200m를 앞두고 전력 질주를 하는 것으로 유명하다. 이 용어를 스크럼이라고 하는 대표적 애자일 개발 프로세스에서 차용했다. 그래서 '스프린트' 하면 '스크럼'이고 '스크럼' 하면 '스프린트'다. 이런 용어가 집단의 정체성을 나타내는 끌개가 되는 것이다.

두 번째 방법은 '공유 가치'의 형성을 끌개로 만드는 것이다. 사실 공유 가치는 그동안 핵심 가치나 행동 규범이라는 말로 대체되어 사용되었다. 문제는 공유 가치를 너무 추상적인 용어로 오용해서 사용한다는 것이다. 예를 들면, '고객 만족'이나 '최고 추구', '글로벌 시각' 등과 같은 용어를 액자 속에 걸어두고 '이것이 우리의 공유 가치입니다'라는 식으로 남에게 보여주기 위한 것이었다. 복잡계 시대의 공유 가치는 끌개가 되어야 한다. 끌개가 된다는 것은 구성원들의 개성을 하나로 잡아주는 균형추 역할을 해야 한다는 의미다. 액자 속에 들어 있는 좋은 말이 아니라 실제 구성원들의 행동을 지배하는 '초기 조건'이 되어야 한다. '어떤 불리한 상황에서도 거짓말을 하지 않는다', '자신에게 손해가 발생할 수 있는 상황에서도 사실과 의견을 구분하여 말한다', '3분 이상 상대방의 말을 들은 후에 말한다'와 같은 것들이 끌개가 되어야 한다.

현장에서 구성원들의 행동을 구체적으로 안내해주는 원칙이 되어야 끌개로서 제 기능을 한다고 말할 수 있다. 기업이나 기관의 공유 가치, 핵심 가치, 행동 규범을 살펴보면, 백이면 백 너무 추상적이다. 구체적이지 않아서 무엇을 어떻게 행동하라는 것인지 도통 알 수가 없다. 더 큰 문제는 기업마다, 기관마다 공유 가치가 거의 유사하다는 것이다. 그냥 좋은 말의 나열에 불과하다. 당장 액자를 떼어 쓰레기통에 집어넣고 다시 만들어야 한다. 어떻게? 그들에게 꼭 필요한 것을 만들도록 권한을 위임하라. 만들어지고 나면 지위 고하를 막론하고 그대로 행동하라. 이것이 끌개를 만들어나가는 방식이다.

놀라운 지식과 정보를 확대·재생산하라

2019년 아시안컵에서 카타르가 우승했다. 강력한 우승 후보였던 한국은 8강전에서 카타르에게 1대 0으로 져서 탈락했다. 결승전에서 일본은 카타르를 상대로 1대 3으로 졌다. 베트남은 16강전에서 요르단을 상대로 승부차기 끝에 승리했으나, 일본을 상대로 한 8강전에서는 0대 1로 졌다. 다음 중 어떤 경기 결과가 가장 놀라운가?

1. 한국 vs. 카타르
2. 일본 vs. 카타르
3. 베트남 vs. 일본
4. 베트남 vs. 요르단

개인차가 있을 수 있겠지만 정보 이론의 관점에서 봤을 때, 가장 놀라운 결과는 4번이다. 정보는 '놀람의 정도'가 가장 컸을 때 정보량이 급격하게 증가한다. 3번의 경우처럼 베트남이 아무리 상승세라 해도 '설마 일본을 이기기야 하겠어?'라는 생각이 든다면 일본의 승리가 당연하게 느껴진다. 만약 8강전에서 베트남이 일본을 이기고 4강에 진출했다면 전 세계 언론에서 난리가 났을 것이다. 물론 우리 국민들에게는 카타르 전에서 패하고 8강전에서 탈락한 사실이 충격적이어서 정보량이 증가했을 것이다. 일본 vs. 카타르 전은 우리 국민들에게는 이미 남의 일이었고, 관전 포인트를 챙겨 보는 정도에서 그쳤을 것이다. 물론 존재감이 미미했던 카타르의 축구 실력을 검색하는 정보량은 크게 증가했을 수도 있다. 축구 팬들은 국적에 상관없이 기대했던 결과가 아닌 경우도 주목하는 경향이 크기 때문이다. 아무튼 사람들은 '놀람의 정도'만큼 '정보'에 집중한다.

애자일 코치가 애자일 문화를 만드는 방법 중 가장 주목해야 할 것은 바로 놀라운 지식과 정보를 만들어내고, 그것을 확대·재생산하는 것이다. 놀람의 정도만큼 정보량은 증가할 것이고, 그만큼 사람들의 인식 변화가 빨라질 것이다. 그렇다면 놀라운 지식과 정보는 어떻게 만들어내야 할까? 첫 번째는 팀장이 아닌 구성원들이 만들어내도록 긍정적 피드백을 일상화하는 것이다. 긍정적 피드백은 작은 성취, 작은 성공을 축하하고 공유하고 다른 사람들도 배우도록 격려하는 것이다. 아시안컵 우승과 같은 대형 이벤트는 보통 사람들의 인생에서 자주 일어나는 일이 아니다. 작은 것에 감사하고 작은 것을 인정하고 작은 것에 놀라게 해주면 점점 상호 간 정보량이 증가하게 되고, 이는 긍정적 피드백의 시작이 된다. 긍정적 피드백은 구성원들이 작은 것이라고 해서 주저하지 않고 적극적으로 자신들의 아이디어를 제안하고 실험하고 공유하도록 만드는 효과가 있다. 별것 아닌 것처럼 보이는 작은 지식과 정보들을 '놀람'의 수준으로 격상하라. 그러면 긍정적 피드백으로 승화될 것이다.

두 번째는 비공식적 지식과 정보를 소개하는 장場을 활성화하는 것이다. 누구나 알고 있고 누구나 공유하고 있는 정보는 놀람의 정도가 약하다. 또한 평범하고 보통 수준의 내용들이 들어 있을 가능성이 크다. 전혀 기대하지 않았거나 주목받지 않았던 곳에서 새로운 정보, 괜찮은 지식이 나올 가능성이 크다. 그래서 사실 수다를 떠는 것이 중요하다. 긴장하지 않은 상태로 수다 속에서 새로운 아이디어를 발견할 수도 있기 때문이다. 각종 자리를 만들어 비공식적인 정보들이 막힘없이 흐르게 하라. 그 안에서 보석 같은 지식과 정보들을 얻어낼 수 있을 것이다.

마지막으로 지식과 정보를 활용하는 것이다. 그것이 지식과 정보의 확대·재생산이다. 굳이 거창한 지식 경영 시스템이라고 할 것도 없다. 엄청난 시간과 돈을 들여 IT 시스템을 구축하거나 소프트웨어를 개발할 필요도 없다. 물론 본인의 업종이나 환경에 따라 그런 시스템을 구축하는 것도 나쁘지는 않을 것이다. 여기서 강조하고자 하는 것은 물리적 시스템의 구축이 중요한 것이 아니라는 점이다. 우선, 이런 질문을 하는 것만으로도 지식과 정보의 확대·재생산이 가능하다.

"지난번에 김 대리가 낸 아이디어 정말 좋았는데, 그 아이디어를 이번 업무에 활용해보면 어떨까?"

"작년에 우리 부서가 목표를 달성하지 못했죠? 이번에는 어떻게 해야 목표를 달성할 수 있을까요?"

이와 같이 우리를 놀라게 했던 기억들을 소환해보자. 긍정적 기억이 더 좋지만 부정적 기억이라고 해서 나쁠 건 없다. 우리의 성과에 도움이 된다면 '놀라웠던 기억'을 불러내고 그것을 어떻게 활용할까를 논의해보자. 지식과 정보의 확대·재생산은 우리가 하는 업무를 기존과 다른 새로운 모습으로 보이게 만들 것이다.

지금까지 '완장'을 버리고 애자일 코치로 거듭나는 방법에 대해 알아보았다. 애자일은 '민첩한', '날렵한'이라는 뜻이시만 단순히 행동을 빨리한다는 의미가 아니다. 세상의 변화는 참으로 빠르고 불확실하다. 어떻게 그 변화에 대응하여 실패를 줄이는 방식으로 대처해나갈지가 핵심이다. 앞서 거론한 여러 방법을 참고하여 끊임없이 성장하는 개인, 조직을 만들어나가길 희망한다.

CHAPTER 4
리더십은
'진실한' 관계 맺음에서 나온다

이영후 팀장은 소위 착한 리더였다. 조용하게 일 처리를 하면서도 보통 이상의 성과를 내지 못한 적이 없었고, 업무를 처리할 때 매사에 신중한 태도를 유지했다. 대인관계도 무척 좋았다. 고객과의 관계, 상하 간의 관계, 팀원들 관계에서도 '좋은 사람', '착한 리더'라는 평가가 뒤따랐다. 최근 들어 이 팀장은 요즘 유행하는 애자일 코치로서도 유능하다는 소리를 듣고 있다. 하지만 그는 결코 자신을 드러내는 법이 없었다. 약간의 유머 감각, 부드러운 일 처리 능력, 자신을 한껏 낮추는 겸손함까지 갖추고 있어 회사에서도 그를 높이 평가했다.

이 팀장은 두 달 전에 중책을 맡게 되었다. 회사 매출의 40%를 차지하고 있는 주력 상품의 대체 신상품을 개발하는 애자일 프로젝트의 팀장으로 임명된 것이다. 약 2주일을 반복 주기로 하는 신상품 개발 프로젝트였다. 이 팀장은 주요 타깃 고객을 개발 프로세스에 참여시키고 그들의 요구 사항을 실시간으로 반영하면서 시제품을 끝없이 수정·보완해나갔다. 또한 프로젝트 팀원들의 원활한 소통을 위해 매일 15분의 스탠딩 회의를 정례화하였고, 본인의 역할을 '질문자'에 한정시키면서 가급적이면 간섭과 개입을 줄였다. 짧은 회의를 통해 제안된 내용은 철저하게 팀원들이 자율적으로 의사결정을 하도록 권한도 위임했다. 이 팀장은 마음속으로 애자일 코치 교육에서 배운 대로 무난하게 프로세스를 잘 관리해나가고 있다고 생각했다. 팀원들도, 정기적으로 보고를 받은 임원들도 만족스러워하는 듯했다. 이대로 한 달만 프로젝트를 잘 진행한다면 고객, 팀원, 임원 모두 만족할 만한 신상품이 개발될 것 같았다. 그는 자신의 꿈인 임원 승진을 향해 한 발 한 발 다가가고 있다고 생각하며 하루하루 흐뭇한 마음으로 생활했다.

프로젝트가 시작된 지 세 달이 지난 어느 날, 회의가 열렸다. 거의 모든 권한을 위임해주었던 공 차장이 평소와 다르게 상기된 얼굴로 보고를 했다.

"팀장님, 문제가 생겼습니다. 세 달 동안 고객을 참여시키고 시장의 반응을 테스트하고 이런저런 결점을 보완한 상품 개발을 해왔는데, 어제서야 고객들이 '이게 아닌 것 같다'라는 의견을 주었습니다. 저희들은 정말 애자일 프로세스에 따라 최선을 다해왔습니다."

우리의 이 팀장은 이 정도로 당황할 위인이 아니었다. 이 팀장은 몇 가지 질문을 하고 신중히 고민하더니 이윽고 입을 열었다.

"애자일 프로세스는 고객의 만족을 가장 빠른 시간 안에, 가장 유연한 방식으로 대응하는 것 아닙니까?"

팀원들 모두 진지한 표정으로 이 팀장의 말을 주의 깊게 듣고 있었다. 이 팀장은 고육지책으로 대안을 제시했다.

"프로젝트를 한 달 정도 연장하는 것은 어떨까요?"

그러자 다들 난감한 표정을 지었다. 공 차장이 다시 입을 열었다.

"그게 말입니다. 저희도 그 생각으로 회계 팀장과 관리 본부장님을 찾아가보았지만 프로젝트 연장은 불가하다고 합니다. 당초 프로젝트 기간이 3개월로 확정되어 있었고, 그간 들어간 비용만 해도 이미 예산을 초과했다고 난리입니다. 특히 관리 본부장님은 '애자일, 애자일 하면서 적은 비용으로 빠른 제품 출시가 가능하다고 해서 밀어쨌는데, 더 이상은 봐줄 수 없다. 더 이상의 예산 투입은 어렵다. 차라리 기존 주력 상품의 마케팅에 집중하는 것이 낫겠다'라고까지 말씀하셨습니다."

이 팀장은 잠시 생각하더니 이렇게 말했다.

"한 번 더 회계팀과 회의를 진행해서 우리 회사의 미래가 달려 있다고 설득해보면 어떨까요?"

이 팀장이 말을 마치기가 무섭게 입사한 지 3년밖에 되지 않은 김 주임이 이 팀장의 눈을 똑바로 쳐다보며 말했다.

"팀장님, 저희들은 할 만큼 했습니다. 이런 일은 팀장님이 나서서 해결해주셔야하는 것 아닙니까? 회계팀이 아닌 관리 본부장님을 설득해야 하는 문제라고요!"

이 팀장은 멘붕에 빠졌다. 문제없이 프로젝트가 잘 진행되고 있다고 생각했는데, 대체 어디서부터 잘못된 것일까?

좋은 리더라고 인정받던 이 팀장도 난관에 봉착하고 말았다. 3개월에 걸친 프로젝트가 아무 성과 없이 무산될 위기에 놓였다. 시제품 개발에 들어간 돈과 시간을 감안하면 회계 팀장과 관리 본부장의 의견도 이해가 되지 않는 건 아니었다. 게다가 프로젝트를 한 달 더 연장한다고 해서 성공을 장담하기도 어려운 상황이었다. 이 팀장은 어떤 방법으로 이 난관을 돌파해나가야 할까?

팀장으로서 뛰어난 스킬을 보유하고 있는 리더들이 크게 오해하고 있는 것이 하나 있다. 그것은 바로 리더십을 스킬로 이해한다는 것이다. 만약 리더십이 스킬이라면, 예컨대 어떤 상황, 어떤 사람을 어떻게 대하고 말해야 하는지 공식처럼 정해져 있다면 리더십 교육을 통해 짧은 시간 안에 마스터할 수 있는 스킬이라고 불러도 좋을 것이다. 그러나 불행히도 리더십의 본질은 스킬이 아니다. 리더십은 진실한 '관계 맺음'이다. 진실한 관계 맺음을 통해 '진심'을 교환하는 것이다.

진심은 자신이 당면한 현재의 '진실'을 직시하고 구성원들과 진실한 관계 맺음을 이어갈 때 가능하다. 제4차 산업혁명이 온 세상을 뒤집어버린다 해도, 인공지능이나 로봇이 현세 인류와 똑같은 완벽한 인간으로 탄생하는 그 어느 지점까지 인간은 아날로그일 수밖에 없다. 아날로그를 기술적 용어가 아닌 인문적 용어로 풀이한다면, 인간은 부정확하고 불확실하고 대단히 감성적이며 오류투성이다. 그래서 인간적인, 너무나 인간적인 사람이 되지 못하는 리더는 초기에는 크게 성공하거나 인기를 얻을 수는 있어도 언젠가 실패할 가능성이 크다. 링컨은 이렇게 말했다.

"일부 사람을 잠시 속일 수는 있어도 모든 사람을 영원히 속일 수는 없다."

B612라는 소혹성에 살던 어린왕자가 자신과 마음을 나누던 장미꽃을 떠나 지구라는 일곱 번째 행성에 도착했다. 어린왕자가 사막여우를 만나서 나눈 대화를 살펴보자.

> 어린왕자: 난 지금 슬퍼. 나랑 놀자.
> 사막여우: 난 너와 놀 수 없어. 난 아직 길들여지지 않았거든.
> 어린왕자: 길들인다는 게 뭐지?
> 사막여우: 사람들 사이에서 너무 쉽게 잊힌 것인데, 그건 '관계를 만든
> 다'라는 뜻이야.
> 어린왕자: 관계를 만든다고?

사막여우: 물론이지. 넌 나에게 아직 다른 소년들과 다를 바 없는 한 소년일 뿐이야. 난 너를 필요로 하지 않아. 너도 나를 필요로 하지 않고. 너에게 나는 다른 여우들과 다를 바 없는 한 여우에 지나지 않거든. 그렇지만 만약 네가 날 길들인다면 우리는 서로를 필요로 하게 될 거야. 넌 나에게 이 세상에서 단 하나뿐인 존재가 되는 거고, 나도 너에게 세상에서 유일한 존재가 되는 거지.

어린왕자: 아, 이제 조금 알 것 같아. 나에게 꽃 한 송이(소혹성의 장미꽃)가 있는데 그 꽃이 나를 길들인 거야.

사막여우: 황금빛 머리카락을 가진 네가 나를 길들인다면, 그렇게 된다면 정말 근사할 거야. 왜냐하면 황금빛으로 물든 밀밭이 내게 네 추억을 떠올리게 해줄 테니까. 그러면 나는 밀밭 사이를 불어가는 바람 소리도 좋아하겠지. 부탁이야. 나를 길들여줄래?

어린왕자: 어떻게 하면 되는 거야?

사막여우: 인내심이 있어야 해. 처음에는 내게서 조금 떨어져서 이렇게 풀밭에 앉는 거야. 나는 너를 흘끔흘끔 곁눈질로 쳐다보지. 넌 아무 말도 하지 마. 말은 오해의 근원이야. 날마다 넌 조금씩 가까이 다가앉을 수 있게 될 거야. 매일 똑같은 시간에 와주는 게 좋아. 이를테면 네가 오후 네 시에 온다면 난 세 시부터 행복해지기 시작할 거야.

(중략)

어린왕자: 잘 있어.

─────

250

사막여우: 잘 가. 참 비밀을 말해줄게. 아주 간단한 건데, 그건 마음으로
보아야 잘 보인다는 거야. 가장 중요한 것은 눈에 잘 보이지
않거든.

어린왕자: 가장 중요한 것은 눈에 안 보인다.

사막여우: 네가 네 별의 장미를 그토록 소중하게 만든 건 그 꽃에게 네가
바친 시간들이야.

어린왕자: 내가 그에게 바친 시간들이다.

사막여우: 사람들은 그 진리를 잊어버린 거야. 그렇지만 넌 잊어선 안
돼. 네가 길들인 것에 넌 언제까지나 책임이 있는 거니까. 너
는 네 장미에게 책임이 있어.

어린왕자: 나는 내 장미에게 책임이 있다.

사막여우: 그래, 책임이 있어. 사랑은 길들여지는 거야.

만약 리더십이 '사람'에 관한 것이라면, 리더는 영원히 진실한 '관계 맺음'으로부
터 자유로울 수 없다. 모든 업무와 시스템을 몽땅 인공지능이나 로봇으로 대체하는
것이 아니라면 리더는 사람들이 소중하게 생각하고 있는 진실한 '관계 맺음'의 방식
을 배워야 한다. 사막여우가 어린왕자에게 귀띔한 것처럼 '마음으로 보아야 잘 보이
고, 그나마 정말로 중요한 것은 잘 보이지 않는다'라는 것을 깨달아야 한다.

앞의 사례에서 유능하고 착하고 겸손했던 애자일 리더 이영후 팀장이 간과했던
것은 무엇일까? 그는 애자일 방식이 추구하는 기본 철학인 신속한 시장 대응, 고객
필요의 반복적인 반영, 구성원들에게 권한 위임이라는 방식을 잘 알고 있었다. 또한

프로젝트의 반복 주기를 2주일이라는 짧은 시간으로 운영했고, 임원들에게 정기적으로 보고하는 것을 게을리 하지 않았다. 그런데 어디에서부터 잘못된 것일까?

만약 이 팀장이 현재 멘붕에 빠져 있다면, 그는 지난 세 달 동안 당면했던 '진실'을 직시하지 않았기 때문이다. 애자일 프로세스를 밟아나가면서 이 팀장은 여러 차례에 걸쳐 '이대로 하면 문제가 생길 수도 있다'라는 징후를 발견했을 것이다. 시장이나 고객, 임원, 팀원들이 여러 형태로 '문제가 있다'라는 암시, 간접적 사인, 직접적인 지적들을 숱하게 했을 가능성이 크다. 이 팀장은 '정말로 중요한 것은 잘 보이지 않는 법'이라는 사막여우의 교훈을 흘려들었다. 왜냐하면 있는 그대로의 진실을 보는 것은 용기를 필요로 하는 일이고, 자칫하면 자신의 소망이 다 무너질 수도 있다는 엄청난 불안에 고스란히 직면해야 하기 때문이다.

사람들은 자신의 소망을 지키기 위해 현실을 있는 그대로 받아들일 용기가 없다. 즉 '진심'이 없다. 진심이 없으면 진실한 관계 맺음이 없고, 그렇게 되면 현재 맞닥뜨릴 고통을 회피하기 위해 진실쯤은 간단하게 외면해버린다. 그리고 이렇게 생각한다.

'고통을 좀 더 지연시키는 것이 당장의 괴로움을 완화시켜주고 그 사이에 뭔가 행운이 따라줄 수도 있지 않을까?'

이것이 자기기만 현상이다. 자기기만이란 사실과 다르거나 진실이 아닌 것을 진실로 굳게 믿으면서 자신을 합리화하는 심리적 현상이다. 반대 증거가 충분한데도 끝까지 자기 생각을 고집하고 오류 가능성을 차단해버리면서 스스로를 속인다. 모든 사건을 자신에게 유리하게 해석하면서 상대방의 문제로 치부하거나 상대방이 노력하면 만사가 잘 풀릴 것이라고 믿는다.

자기기만에 빠진 리더의 문제는 '거짓말을 하는 것'이 아니라 '사실과 진실을 직시하지 않는 것'이다. 자신은 진실로 그것이 정답이라고 믿기 때문에 남을 설득하거나 남을 고치려 들기만 하지, 자신의 생각을 고치려 하지 않는다. 그래서 어렵다. 리더십은 '진실을 객관적으로 바라보려는 태도'를 가진 리더가 상대방과의 '진실한 관계 맺음'을 통해 두 사람이 원하는 목표를 '성취'하는 것이기 때문이다. 그렇지 않으면 모든 관계는 언젠가 깨지게 되어 있다. 상대를 이용하기 위한 인정과 칭찬, 상대를 잘 부려 먹기 위한 공감과 경청, 자신의 목표를 달성하기 위해 동원된 리더십 스킬 등은 처음부터 지속 가능하지 않은 스킬이기 때문이다.

《오만과 편견》의 저자 제인 오스틴Jane Austen은 자기기만에 빠진 사람과 그렇지 않은 사람 간의 의사소통이 얼마나 어려운지를 소설 속에서 이렇게 표현했다.

"친애하는 엘리자베스 양, 제가 희망을 품을 수 있게 허락해주십시오. 저의 구애를 거절함은 단지 절차상의 이유라 믿겠습니다. 제가 그렇게 믿는 이유를 간단히 말하자면 이렇습니다. 우선 제 청혼이 당신이 받아들일 만한 가치가 없는 것으로 보이지 않기 때문입니다. 다시 말하자면, 제가 제공하려는 지위나 수입보다 더 멋진 선물이 있다는 생각은 들지 않습니다. 제 사회적 지위, 드 벌그 가족과의 관계, 저와 당신 가족과의 관계, 이런 것들도 제게 모두 유리한 조건이지요. 또 엘리자베스 양이 아무리 여러 가지 매력을 지녔다 할지라도, 다른 사람에게 영영 청혼을 못 받을지도 모른다는 사실을 깊이 고려해야겠지요. 불행히도 유산이 너무 적으니, 당신의 사랑스러움과 쾌활한 성품으로도 덕을 보기란 거의 불가능할 테니 말입니다."

(중략)

"진심으로 말하는데요, 콜린스 씨. 저는 존경할 만한 남성에게 고통을 주는 식으로 우아한 척을 하지 않습니다. 저를 칭찬하시려거든 차라리 제 진심을 믿어주시는 게 좋겠군요. 청혼을 받는 영광을 주신 것에는 거듭 감사를 드립니다. 하지만 당신의 청혼을 받아들일 수는 없군요. 모든 면으로 제 감정이 허락하지 않으니까요. 더 솔직히 말씀드려야 하나요? 이제부터는 저를 당신을 괴롭히려는 우아한 여성으로 여기지 마시고, 마음속에서 우러나오는 진실을 말하는 이성적인 존재로 생각해주세요."

"한결같이 매력적이십니다!"

콜린스는 어색하지만 호탕한 태도로 외쳤다.

"그리고 당신의 훌륭한 부모님께서 부모의 명백한 권위로 제 청혼을 허락해주신다면, 그때는 당신도 제 청혼을 받아들이실 거라고 확신합니다."

자기기만에 빠져 외고집을 부리는 콜린스에게 엘리자베스는 더 이상 아무런 대꾸도 하지 않았다.

콜린스는 사회적 지위와 금전적 능력을 가지고 있는 자신이 청혼을 거부당한다는 현실을 받아들이지 못한다. 그러나 엘리자베스는 '마음속에서 우러나오는 진실을 말하는 태도'로 청혼을 거부한다. '자신의 감정이 허락하지 않는다'라는 솔직한 화법도 구사한다. 그런데도 콜린스는 '당신 부모의 명백한 권위'를 내세우며 청혼을 강제하려고 한다. 돈과 사회적 지위를 가진 사람은 청혼할 만한 자격이 있다고 굳게 믿고 있다. 상대방이 느끼는 감정, 상대방이 중요하게 여기는 가치 따위는 중요하지 않다고 생각한다.

'에고ego'라는 적이 리더들의 마음속에 깊이 자리 잡고 있는 한, 누구도 예외가 될 수 없다. 에고란, 자기 자신이 세상에서 가장 중요한 존재라는 건강하지 못한 믿음의 일종이다. 높은 사회적 지위를 가진 사람, 남들이 부러워할 정도의 금전적 부를 성취한 사람, 조직 내에서 의사결정을 할 만큼 중요한 위치를 차지한 사람들은 흔히 강한 '에고'에 갇혀 있다.

에고가 강한 사람들은 첫째, 욕심이 많다. 마음속에 채워져야 하는 것이 많기 때문에 사람이든 물건이든 쉽게 포기하지 않는다. 어찌 보면 콜린스처럼 자기의 목표를 달성해야 하기에 집요하게 물고 늘어질 가능성이 크다. 초기에는 어느 정도 목표 달성이 가능할 수도 있다. 욕심이라는 것은 인간이 무언가를 달성하는 데 있어 필요한 덕목이기도 하다. 문제는 욕심이 과욕이 되고, 탐욕이 되어 자신이 원하는 바를 반드시, 기필코 달성해야겠다고 하는 순간, 묘하게도 일이 뒤엉킨다는 것이다.

한때 하늘 높은 줄 모르고 올라갔던 사람들이 급전직하하는 것을 우리는 날마다 목격하고 있다. 비즈니스계의 성공 신화를 썼던 CEO, 국민들의 마음을 사로잡았던 유명 정치가, 스포츠 스타, 연예인 등 분야를 막론하고 잘나가던 사람들이 경악스러운 스캔들에 휘말리는 경우가 많다. 욕심이 화를 부르고, 그 화가 다시 재앙을 부르는데도 욕심은 멈출 줄 모른다. "내가 노력하지 않은 것은 아니지만, 제가 여기까지 올 수 있었던 건 운이 좋았기 때문이에요. 사실 저도 어떻게 여기까지 오게 되었는지 잘 모르겠어요"라고 말하는 사람은 참 드물다. 분명 본인조차 이해하기 어려운 '우연'과 '행운'이 따랐다는 것을 잘 알고 있을 텐데, 그들은 자서전과 언론 인터뷰에서 '본인이 성공할 수밖에 없었던 이유'와 '본인은 정말 성공한 사람'이라는 과시욕을 드러낸다. 이 순간부터가 위험하다.

둘째, 에고가 강한 사람은 소유와 존재를 동일시한다. 아주 오래전에 철학자 에리히 프롬Erich Fromm은 현대인의 삶의 방식을 두 가지로 나누어 명쾌하게 설명했다. 재산, 지식, 사회적 지위, 권력 등을 추구하며 '눈에 보이는 것, 즉 소유를 중시하는 방식'과 자기가 누구인지 알고 자신이 가진 능력을 발휘하며 '삶의 희열을 즐기며 살아가는 방식'이 그것이다. 그런데 자본주의 사회는 소유 방식을 선호하게끔 구조화되어 있고, 돈 많은 사람, 지위가 높은 사람, 지식이 많은 사람을 유능한 사람으로 인정한다. 그러니 자연히 사람들은 더 많이 소유하려 든다. 그런데 많이 소유한다고 해서 무조건 행복해지는 것은 아니다. 물론 일정 수준 이상의 소유는 분명 개인의 삶을 편리하고 윤택하게 만들어준다. 때로는 남들 앞에서 잘난 척하지 않아도 되는 편리함을 제공해주기도 한다. 남들이 가지지 못하는 것을 소유한 순간, 자신의 존재감이 더욱 빛을 발하기 때문에 소유와 존재를 동일시하기 십상이다. 그런데 그런 소유들도 어느 순간 우리를 불편하게 하고 불행하게 하고 한순간에 실패자가 되는 원인으로 작용하기도 한다. 그렇다고 해서 무소유를 주장하는 것은 아니다. 어느 순간, 그 순간이 언제인지 조금만 노력하면 알 수 있는 시기가 있다. 바로 그 순간 내 그릇의 크기를 짐작하고 내려놓을 줄도 알아야 한다는 것이다.

셋째, 에고가 강한 사람은 한 번 깨지면 다시 일어나기 어렵다는 특성을 가지고 있다. 그들은 부서질지언정 자신의 실패를 인정하지 않겠다는 태도를 견지한다. 특히 한 번도 실패해보지 않고 일사천리로 높은 자리에 올라갔거나 단 한 번의 사업이나 노력으로 일확천금을 움켜쥔 사람일수록 이런 아집이 강하다. 한마디로 벽창호다. 자신의 생각에서 벗어날 수 없고, 벗어나고 싶지도 않으며, 새로운 가능성을 모색하는 것을 생각조차 하지 않는다.

물론 쉽게 포기하라는 뜻이 아니다. 이런 집념 때문에 뭔가를 이룬 사람들, 자기 성취 욕구를 끝내 달성해낸 사람들도 있다. 필자는 이런 분들을 존경한다. 문제는 뭔가를 이루어낸 다음이다. 똑같은 방식으로 다른 일을 해도 무조건 성공할 것이라는 헛된 믿음을 강하게 가진 사람을 '에고가 강한 사람'이라고 한다. 어딘가에서 성공했다는 것은 당시의 주변 환경과 자신이 가진 능력의 합이 잘 맞았다는 뜻이다. 그런데 시대가 달라지고 경영 환경이 변화하며 사람들의 요구가 달라지고 있는데도 '내가 하면 다르지'라는 자신의 에고만 믿고 일을 추진한다고 생각해보자. 분명 성공률은 절반 이하로 떨어질 것이다.

에고와 집념은 다르다. 에고는 '나 아니면 안 된다는 생각', '성공 법칙은 정해져 있다는 믿음', '나니까 해낼 수 있다는 고집' 등 모든 가치 판단의 중심에 '나'밖에 없다. 집념은 '아직 포기하기 이르다는 생각', '방향은 바꾸지 않겠지만 방법은 바꿀 수 있다는 믿음', '함께하는 사람들과 끝까지 가겠다는 의지' 등 가치 판단의 중심에 '인내'라는 것이 묻어난다. 인내하지 않고 어떻게 그 긴 시간을 견뎌낼 수 있으며, 인내하지 않고 어떻게 처음처럼 그 방향을 지켜낼 수 있으며, 인내하지 않고 어떻게 처음부터 함께한 사람들과 의리를 지켜가며 나아갈 수 있겠는가.

이렇게 질문할 수도 있을 것이다.

"자기기만도 하지 말고, 너무 강한 에고를 갖지도 말라고 하면 구체적으로 어떤 리더가 되어야 하는 거지?"

더 이상 숨지 말고, 더 이상 숨기지도 말며, 더 이상 회피하지도 말라는 뜻이다. 어디에 숨지 말라는 것인가. 구성원 등 뒤에, 임원들의 품 안에 숨지 말라는 것이다. 세상은 투명하고 사람들은 바보가 아니다. 누군가의 뒤에 숨어서 언제까지 갈 수 있을 것 같은가. 무엇을 숨기지 말라는 것인가. 자신의 생각과 의견, 느낌을 숨기지 말라는 것이다. 내가 말하지 않아도 그들은 나의 의도와 욕심을 알고 있다. 그런 사람일수록 일관된 행동을 하기보다는 자신이 했던 말을 자주 번복하고, 그런 자신의 행동을 남들이 잘 모를 것이라고 생각한다. 어떻게 회피하지 말라는 것인가. 자신의 책임과 의무를 온전히 받아들이고 감당하라는 것이다. 팀장을 비롯한 리더라는 자리 자체가 책임을 지는 자리다. 요리조리 몸을 놀려 빠져나갈 수 있는 자리가 아니다. 그래서 리더라는 자리는 엄중하고, 아무나 그 직책을 걸머져서는 안 된다. 최근 한 기업에서 팀장을 맡지 않겠다고 한 사람이 전체 대상자 중 40%가 넘었다는 이야기가 회자된 적이 있다. 바람직한 일이다. 팀장이라는 자리가 군림하는 자리가 아니라면 아무나 맡아서는 안 된다.

'숨지도 말고, 숨기지도 말며, 회피하지도 말라'라고 하면 도대체 무엇을 하라는 말일까? 있는 그대로의 현실을 직시하고 '진심Authenticity'을 보여주어라. 그런 다음 '경험Experience'과 '의견Opinion'을 보여주어도 늦지 않다. 진심은 팀장의 선한 목적을 보여주는 것이고, 경험은 과거의 이미 있었던 사건을 재구성하는 것이며, 의견은 당면한 문제 해결에 대한 자신의 생각을 피력하는 것이다. 자신의 A.E.O^{Authenticity, Experience, Opinion}를 있는 그대로 보여주는 것이 요즘 젊은 세대를 다루는 최선의 리더십이다. 앞서 말한 것처럼 세상의 변화가 무엇을 숨길 수 있는 상황이 아니다. 그래서 기존에 수도 없이 배웠던 스킬 중심의 리더십을 뒤집거나 버려야 한다. 그러고 나서 변화의 흐름에 몸을 맡기고 진짜 리더로 거듭나야 한다.

그런데 어려운 부분은 마지막에 제시한 '진짜 리더'가 되는 것이다. 팀장 자신의 경험이나 지식이 그다지 중요하지도 않은 세상에 무언가를 숨기고 자신이 손해를 보지 않으려고 하면 할수록 손해가 커질 수도 있다는 것을 명심해야 한다. 모르는 것은 모른다고 말하고, 아는 것은 경험을 해본 적 있다고만 말하라. 난관에 봉착했을 때에도 혼자서 해결하려 하지 말고 어떻게 하면 좋을지 구성원들에게 의견을 물어보아라. 그 속에 답이 있다. 가장 오랫동안 고민하고 가장 현장을 잘 아는 사람들 속에 답이 있다.

착한 리더가 아닌
진짜 리더가 되어라

●

앞서 제시한 이영후 팀장의 문제는 모든 이에게 좋은 사람으로 비
춰지길 바랐다는 데 있다. 그래서 그는 착한 리더처럼 보이려고 노
력했다. 하지만 그런 방식은 종국에 누구에게도 좋은 리더가 될 수
없다는 한계를 가지고 있다. 시장의 요구와 고객의 필요에 부합하
는 리더, 상사들이 무언가를 믿고 맡길 수 있는 리더, 그러면서도
구성원들이 보기에 합리적인 프로세스를 준수하는 리더가 되기 위
해 노력해야 한다.

하지만 이 모든 것을 한 번에 충족시키는 리더는 이 세상에 존재
하지 않는다. 이 정도가 되려면 유능한 것이 아니라 지나치게 착한

것이다. 착한 리더는 일반적으로 누구에게도 욕먹지 않기 위해 노력한다. 그래서 착한 것, 말 잘 듣는 것은 좋은 것이고, 착하지 않거나 말을 잘 듣지 않는 것은 나쁜 것으로 간주한다. 또한 주어진 규정을 절대적으로 내면화하여 지키는 것이 옳다고 믿는다. 그런데 착한 사람들은 뭔가를 성취하려면 누구에게도 욕먹지 않고 적절한 수준에서 타협하고 조정하는 것이 가능하다고 믿을지 모르지만 그런 식의 균형점은 얼마 못 가 깨지게 되어 있다. 균형을 이루는 순간은 매우 짧은 시간에 잠깐 이루어졌다가 곧바로 사라지는 속성을 갖고 있기 때문이다.

애자일 코치가 된 이후 리더는 단지 착한 리더에만 머물러서는 안 된다. 상황이 급변한다고 해서 이쪽저쪽 눈치를 보고 적당히 넘어가서도 안 된다. 불확실한 환경에서 살아남기 위해 '착한 이미지'만 유지해서도 안 된다. 그런 행동들이 오히려 사태를 악화시킬 수도 있고, 조직 내에 더 많은 불신을 양산해낼 수도 있으며, 결과적으로 의미 있는 성과를 만들어내지 못할 수도 있다. 아무도 원하지 않았던 일이 모두의 동의를 얻어 일어날 수도 있다. 미국의 경제학자 제리 B. 하비Jerry B. Harvey는 이런 현상을 '애빌린 패러독스abilene paradox'라고 설명했다.

하비 교수는 휴가철을 맞아 처갓집을 방문했다. 장인이

애빌린^{abilene}으로 가 외식을 하자고 제안했다. 애빌린은 80km나 떨어진 곳에 위치해 있었다. 모두 내키지 않았지만 선뜻 반대하지는 않았다. 아내와 장모가 동의하자 하비 교수도 어쩔 수 없이 함께 차에 몸을 실었다.

해가 쨍쨍 내리쬐는 뜨거운 여름, 애빌린으로 가는 길은 멀고도 지루했다. 그렇게 도착한 식당의 스테이크 맛은 그저 그랬다. 모두가 파김치가 되어 다시 집에 돌아오니 어두컴컴한 밤이었다. 장모는 "집에 있고 싶었는데 다들 애빌린에 가자고 난리를 치는 바람에 어쩔 수 없이 따라 나섰다"라며 투덜거렸다. 하비 교수는 "나도 다른 사람들이 원해서 갔다"라고 말했고, 아내는 "이렇게 더운 날 밖에 나가는 것 자체가 미친 짓이다"라며 분통을 터트렸다. 결국 아무도 원하지 않았는데, 내키지 않았는데 모두 애빌린에 다녀온 것이다.

이런 일은 정상적인 지능을 갖고 제대로 된 교육을 받은 사람들이 모인 집단에서도 흔히 일어난다. 어째서 이런 일이 발생하는 것일까? 첫째, 누군가가 어떤 제안을 했을 때 '반대자'로 보이고 싶어 하지 않기 때문이다. 반대자로 보인다는 것은 거절한다는 리스크를 지는 것이기에 침묵을 지키는 것이 가장 현명한 방법이 될 가능성이 크다. 그렇지 않으면, '네, 저도 좋아요!'라고 마음에도 없는 말로 찬성을 표시한다. 둘째, 구성원들 간에 은밀한 '담합'이 일어나기 때문이다. 그렇게 하자고 모의하는 것이 '명시적 담합'이라면, 그 집단의 리더, 앞서 소개한 사례에 의하면 장인의 의견에 모두가 암묵적으로 동의하는 것을 '은밀한 담합'이라고 한다. 다른 사람들이 '네!'라고 할 것이 분명한 상황에서 홀로 '아니오!'를 외치는 것은 사실 쉬운 일이 아니다. 본인이 반대자가 되고 싶지도 않고, 다른 사람들이 반대할 것 같지도 않은 상황에서 은밀한 담합이 형성되면 처음 제안자의 말대로 '누구도 가고 싶지 않았던 애빌린으로 식사를 하러 가는 상황'이 벌어진다.

집단역학group dynamics에서 흔히 발생하는 현상이 애빌린 패러독스다. 그런데 전통적 리더십이 약화되고 집단의 중심 권력이 분산될 때에도 동일한 현상이 발생한다. 리더는 구성원의 의견을 경청하고 그들의 의견을 대폭 수용해야 하지만 반대자가 된다는 것의 두려움과 은밀한 담합 현상이 동시에 발생하면 애빌린 패러독스 현상은 여기서도 발생한다. 좋은 리더가 된다는 것이 착한 리더가 된다는 것과 동일시되어서는 안 되는 이유가 여기에 있다. 리더 한 사람이 독단에 빠져 집단의 성과를 망가뜨리는 것이 가능한 것처럼 일부 구성원이 군중 심리를 형성하여 집단의 독선에 빠지는 것 또한 경계해야 한다.

그래서 필자는 A.E.O 리더가 진짜 리더라고 생각한다. 앞서 설명했듯 A.E.O는 'Authenticity, Experience, Opinion'의 합성어다. 진짜 리더는 'A.E.O(에오!)'할 수 있어야 한다. 애자일 프로세스에서 발생되는 문제들에 대해, 고객의 필요에 대해, 시장의 변화에 대해, 상사들의 피드백에 대해, 구성원들의 산출물에 대해 자신의 진심과 경험, 의견을 말할 수 있어야 한다. 그저 중간에서 조정하는 중간자 역할이 아니다. 자신의 생각이 틀릴지언정 정성을 다해, 진심을 다해 말할 수 있어야 한다. 그래야 진짜 리더다.

진심을 표현하라

사람은 겉과 속이 다르다고 한다. 사회적 동물인 인간은 자신이 소속된 사회에서 인정받고 사랑받길 원한다. 인정받고 사랑받는다는 것은 타인의 시선을 의식해야 하는 일이다. 즉 타인의 마음에 들어야 하고, 타인이 원하는 것을 제공해줄 때 우리는 비로소 인정이나 사랑을 획득한다. 이것이 우리가 오랜 기간 학습해온 진리다. 그러나 정도가 지나치면 부작용이 따라온다. 타인의 인정과 사랑을 위해 나의 욕구, 나의 가치, 나의 스타일을 억제해야 한다. 어느 순간부터 사람들은 진짜 자신과 가짜 자신을 구별해서 행동한다. 가면을 쓰고 살아가는 것이다. 즉 꾸미는 행동을 해야 사회에서 살아남을 수 있다는 것을 알게 되는 것이다.

그래서 '착한 사람 콤플렉스^{good guy complex}'가 생겨난다. 남들에게

그래서 '착한 사람 콤플렉스$^{good\ guy\ complex}$'가 생겨난다. 남들에게

좋은 이미지를 가진 사람이 되고 싶은데, 그러기 위한 행동을 할수록 내면의 스트레스가 높아간다. 이것을 적절히 조절할 수 있는 순간이 있고, 잘 조절되지 않는 순간이 있다. 이때 사람들은 내려놓는다. 잘 보이고 싶은 마음을 내려놓고, 착한 사람이라는 이미지를 내려놓고 '나는 나야!'라고 주장하고 싶은 순간이 언젠가 온다. 그때가 바로 진심을 표현할 절호의 기회다. 그런데 진심을 표현할 기회를 좀 더 자주 가질 수는 없을까? 훈련으로 가능하지 않을까? 요즘 젊은 세대는 자신들의 의견과 생각을 제대로 표현하는 반면, 기성세대는 자신의 목소리를 표현할 기회도 없었고, 표현하는 법을 제대로 배우지도 못했다. 그렇다면 어떻게 해야 진심을 잘 표현할 수 있는 것일까?

첫째, 자신의 선한 목적이 무엇인지 자주 생각하고 정리해야 한다. 갑자기 불쑥 상대방을 비난하듯 표현해서는 선한 목적이 전달되지 않는다. 상대방은 그냥 '반대'나 '비판'으로 듣게 될 뿐이지 선한 목적 같은 것은 귀담아 듣지 않는다. 선한 목적이란 내가 특정 이슈를 중요하게 생각하는 이유를 말하는 것, 내 생각과 행동이 내가 속한 사회에 미치는 선한 영향력을 말하는 것이다. 보통 사람이라면 누구나 선한 의도를 갖고 있고 상대방의 선한 목적이 잘 달성될 수 있기를 바란다.

노숙자의 재활을 돕는 〈빅 이슈〉라는 잡지가 있다. 지하철역이나 길거리에서 〈빅 이슈〉를 판매하는 사람들은 대부분 노숙자다. 한 신사가 잡지를 구매하는 것이 노숙자를 돕는 방법이 되겠다 싶어 종종 잡지를 구매했다. 그러다 판매원인 노숙자와 대화를 나누며 친구처럼 지내게 되었다. 그러던 어느 날 아침, 신사는 지하철역에서 잡지를 판매하는 노숙자를 만나게 되었다. 신사는 잡지를 구매하고자 지갑을 열었지만 지갑 안에는 현금이 없었다. 노숙자는 다음에 만날 때 돈을 줘도 되니 오늘은 그냥 잡지를 가져가라고 말했다. 하지만 신사는 그럴 수 없다며 편의점으로 뛰어가 돈을 인출해 노숙자에게 내밀었다. 그 순간 신사는 노숙자의 얼굴이 굳어지는 것을 확인했다. 노숙자는 잡지를 팔고 싶었던 것이 아니라 자신도 가끔은 도움을 주는 친구가 되고 싶었던 것이다.

　이처럼 선한 목적을 선한 방법으로 달성하기란 생각보다 쉽지 않다. 그래서 자신이 왜 이 일을 하는지, 자신이 왜 이런 말을 하는지 자신의 원래 선한 목적을 상기하고 그것을 늘 정리해두고 있어야 한다.

　둘째, 있는 그대로 표현해야 한다. 꾸미거나 둘러대거나 미화해서는 안 된다. 먼저 사실을 말하고 그 사실에 대한 자신의 느낌을 말하는 것이 좋다. 앞서 소개한 사례에서 신사가 "내가 지금 현금이 없어서 잡지를 구매하기 어려운데, 미안해서 어떡하지?"라고 말했더라면 어땠을까? 별다른 표현 없이 '돈을 주지 않고 잡지를 사는 일은 있을 수 없다'라는 태도로 편의점으로 달려가면 호의를 베풀고 싶었던 노숙자의 입장은 어떻게 되는 걸까? 물론 신사에게 악한 의도가 있었던 것은 아니다. 그럼에도 불구하고 어떤 시기, 어떤 장소, 어떤 상황에서 어떻게 표현해야 하는지는 매우 중요하다. 있는 그대로, 사실 그대로 말하고 그 사실에 대한 나의 마음을 전달하는 것이 중요하다.

셋째, 상대방의 입장을 헤아려야 한다. 자신이 아무리 선한 목적을 가졌고 제대로 표현했다 해도 끝난 것이 아니다. 상대방이 어떤 입장을 가졌는지, 내 표현에 어떤 반응을 보이는지 관찰하고 경청해야 한다. 그동안 노숙자와 형성된 우정의 가치를 생각한다면 상대방의 호의를 못 이기는 척 받아주는 것이 옳았는지도 모른다. 만약 그런 상황이 불편하다면 늘 해왔던 것처럼 안부를 물으며 대화를 나누다 잡지는 일을 마치고 돌아오는 길에 사겠다고 말해도 되는 것이었다.

오늘날 사람들 사이에 진심을 표현하는 것이 숙제가 되어 버렸다. 남에게 잘 보이는 것, 좋은 이미지를 심어주는 것이 마치 성공의 정석처럼 굳어져서 그럴 것이다. 사람들은 그래서 새로운 관계를 맺는 것을 회피한다. 공연히 새로운 사람을 알아봤자 피곤하기만 하고, 상대방에게 자신을 꾸며서 보여야 한다는 것이 여간 힘든 일이 아니기 때문이다. 그러나 리더는 이런 일을 회피할 수 없다. 어차피 일은 각각의 구성원이 하는 것이지만 그 구성원이 일을 잘

리더십은 '진실한' 관계 맺음에서 나온다

할 수 있는 환경을 조성해서 궁극적으로 성과를 보여줘야 하는 사람은 팀장 본인이다.

그래서 진짜 리더로 거듭나는 첫 번째 조건은 진심을 표현하는 법을 배우는 일이다. 많은 사람이 진심을 표현하는 걸 두려워한다. 득보다 실이 많다고 생각하기 때문이다. 그런 사람들의 마음의 문을 열기 위해 팀장 스스로 진심을 표현하는 것에 능숙해져야 한다. 우선 팀장으로서 자신이 가진 선한 목적이 무엇인지 정리해볼 필요가 있다. 단지 위에서 지시했으니 해야 한다고 하면 이는 선한 목적이 아니다. 이 일이 우리에게 주는 의미와 중요성 그리고 본인이 선한 목적이라고 생각하는 이유를 설명할 수 있어야 한다. 설명한다는 것은 표현한다는 것인데, 이때 사실에 기반하여 자신의 감정을 적절히 곁들일 수 있어야 한다. 또한 내 표현에 대한 상대방의 반응을 듣고 수용해야 한다. 그러면 비로소 '진심이 통했다'라고 말할 수 있다.

경험을 공유하라

자신의 진심을 표현하는 것 못지않게 경험을 공유하는 것도 중요하다. 일반적으로 과거의 경험과 지식은 현재에 쓸모가 없다. 그러나 쓸모가 없다고 해서 배울 것이 없다는 뜻은 아니다. 과거에 배운 경험과 지식을 단지 '있는 그대로' 활용하면 안 된다는 의미다. 현재에 맞게 재해석하여 재활용한다면 깊이 있는 지식으로 거듭날 수도 있다. 즉 과거의 경험과 지식에 집착하는 태도는 버려야 하지만 현재에 맞게 재해석, 재활용하는 것은 반드시 필요하다. 오히려 시대를 관통하는 경험을 시의적절하게 활용한다면 유용한 무기가 될 수도 있다. 중요한 것은 경험을 강요가 아닌 공유해야 한다는 것이다. 자칫 팀장의 구닥다리 경험을 강요하면 진짜 리더십은 사라지고 과거의 전통적·관리적 리더십만 남을 것이다.

경험을 축적하면 기업의 생산량, 판매량의 증가에 따라 비용이 감소한다. 이는 실증적 연구 결과일 뿐만 아니라 일상생활에서 경험적으로도 알 수 있다. 다음 경험곡선experience curve을 살펴보자(그림 12).

제품의 단위당 실질 비용은 누적 생산량(누적 경험량 또는 판매량)이 증가함에 따라 일정 비율로 저하되는데(한계 비용 체감의 법칙), 누적 생산량이 2배가 되면 비용은 20% 정도 떨어진다고 한다. 따라서 누적 생산량이 큰 기업은 비용도 낮고 수익성 또한 높다고 할 수 있다. 경험곡선은 학습곡선learning curve이라고도 한다. 똑같은 작업을 반복해서 할 때에는 학습 효과가 나타나 훨씬 더 짧은 시간 내에 더 적은 비용으로 그 작업을 수행할 수 있다는 개념이 학습곡선이다. 과거 노동 집약적 산업에서는 생산량이 증가할수록 원가가 감소하는 것을 의미했는데, 제4차 산업혁명이 도래하고 있는 현시점

리더십은 '진실한' 관계 맺음에서 나온다

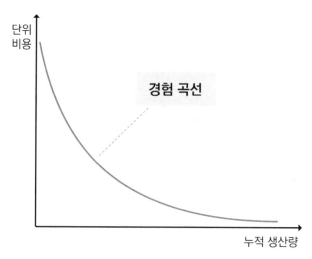

〔그림 12〕 경험곡선

에서도 팀장의 많은 경험이 단순 반복적인 지식이 아니라 융합 지식으로 활용될 수 있다면 단위당 평균 비용을 낮추는 데 크게 기여할 수 있을 것이다.

팀장의 경험이 융합 지식으로 거듭나고 그 융합 지식이 구성원들 간에 공유되도록 하는 것, 이것이 미래 사회에 필요한 진짜 리더십이다. 그렇다면 '팀장의 융합 지식을 제대로 활용하는 방법은 무엇인가'라는 질문이 뒤따라야 한다. 첫째, 융합 지식은 말 그대로 업종, 전문 분야, 심지어 개인의 경험을 넘어서는 지식을 말한다. 단순히 팀장 개인의 경험 안에 갇히는 지식이 아니라는 뜻이다. 그래서 '왜^{why}'라는 질문에 대답할 수 있어야 한다. 팀장은 자신의 과거 경험을 스토리텔링으로 풀어내되 과거의 성공 경험을 자랑하는 데 목적을 두어서는 안 된다. 반드시 왜 그 경험이 현재 수행 중인 프로젝트나 업무에 활용 가능한지, 때와 장소, 상황이 달라졌는데도 본인의 경험이 어떤 측면에서 융합 지식으로 변환될 수 있는지 설명해야 한다. 나머지는 함께하는 사람들이 대화하며 판단해나갈 일이다.

둘째, 팀장은 자신의 경험 중 '무엇what'이 구체적으로 활용 가능한지 설명할 수 있어야 한다. 자신의 경험 중에서도 쓸모없는 부분이 있을 것이고 쓸모 있는 부분이 있을 것이다. 팀장 본인이 생각하기에 어떤 부분은 어떤 측면에서 쓸모가 있고 어떤 부분은 어떤 측면에서 쓸모가 없는지를 설명해야 한다. 나머지 부분 역시 본인이 포함된 토의 과정에서 걸러질 것이다. 함께 일하는 사람들의 집단 지성을 믿는다면 그렇게 하는 것이 융합 지식을 만들어내는 최선의 선택이다.

셋째, 팀장은 마지막으로 자신의 경험을 '어떻게how' 활용하면 좋을지 설명할 수 있어야 한다. 많은 것이 달라져버린 세상, 과거의 경험이 현재 이 시점에서 어떻게 활용 가능한지 알지 못하면 그 경험은 무용지물이다. 단순히 내가 과거에 이런 일이 있었고, 그것을 이렇게 극복했고, 그 결과가 좋았다는 설명만으로는 한계가 있다. 그것만으로는 융합 지식이 될 수 없다. 융합 지식은 과거의 경험이 현재 상황에서 어떻게 적용 가능한지 설명되고 이해되고 공유되었

리더십은 '진실한' 관계 맺음에서 나온다

을 때 비로소 현장 지식으로 다시 태어난다.

다시 한 번 강조하지만 팀장의 경험은 융합 지식으로 재활용될 수 있다. 그런데 단순히 경험만을 이야기하는 스토리텔링 방법으로는 융합 지식이 아니라 한 개인의 추억에 그칠 가능성이 크다. 왜, 무엇을, 어떻게 하면 활용 가능한지 그 이유와 목적, 쓰임새를 설명해야 한다. 그것이 진짜 리더로 거듭나는 두 번째 조건이다.

의견을 주장하라

제4차 산업혁명이 온다고 해서 리더의 역할이 결코 축소되지는 않을 것이다. 요즘 젊은 세대의 목소리가 커진다고 해서 리더의 목소리가 작아지지도 않을 것이다. 단 그 방향과 내용이 달라질 것이다. 방향이 달라진다는 것은 일 방향이 쌍방향이 된다는 뜻이다. 과거에는 리더의 목소리만 존재했다면 앞으로는 리더의 목소리와 구성원의 목소리가 함께 존재해야 한다는 뜻이다. 내용은 그 중요성이 대등해야 한다는 뜻이다. 혹 리더의 역할이 축소된다거나 목소리가 작아지는 것으로 오해한다면 이 또한 리더십에 대한 큰 오해로 이어질 것이다. 마치 착한 리더, 나약한 리더, 아무것도 하지 않는 리더를 좋은 리더로 오해하는 것과 마찬가지다.

리더가 자기 목소리를 내고 싶다면 우선 앞서 제시한 두 가지가 실행되어야 한다. 진심을 표현하고, 자신의 경험을 융합 지식으로 만들 수 있도록 '왜, 무엇을, 어떻게'를 설명할 수 있어야 하고, 구성원들의 합의를 구해낼 수 있어야 한다. 그렇지 못하면 자기 목소리를 내서는 안 된다. 많은 리더가 기초 공사 없이 자기 목소리를 내려는 경향이 있는데, 이는 실패를 예고하고 있는 꼴이다. 마음속 깊이 구성원들의 동의를 구하지 못하고 있기 때문이다.

두 가지 전제가 성립되었다고 가정하자. 그다음에는 자기 목소리를 내는 방법을 알아야 한다. 첫째, 팀이 공동 목표를 강조해야 한다. 팀은 개개인의 목표 달성을 위해 존재하는 조직이 아니다. 팀이라는 조직은 공동의 목표를 달성하기 위해 존재한다. 따라서 개인의 편리함, 개인의 이익은 팀 전체 목표의 하위 목표가 될 수밖에 없다. 팀 전체의 공동 목표는 팀장만이 바라보는 목표일 가능성이 크다. 사람들은 주로 자기 시야에 갇혀 있기 때문에 전체를 보는 눈이 약화되어 있다. 팀장만이 공동의 목표를 강조하여 전체 최적화를 이루어낼 수 있다.

둘째, 팀장이 솔선수범해야 한다. 뒷짐 지고 앉아서 지시만 하거나 통제만 하려고 해서는 자기 목소리를 낼 수 없다. 솔선수범하지 않는 리더를 따르려는 구성원은 거의 없다. 과거에는 존재했을지 몰라도 앞으로도 그럴 것이라 기대하기에는 무리가 있다. 요즘 젊은 세대는 권위나 권력에 충성하지 않는다. 마음에 안 들면 그 조직을 떠나버린다. 솔선수범이란 팀장 역시 팀원 자격으로 자기 의견을 말한다는 뜻이다. 그렇지 않으면 과거의 관리자처럼 훈수를 두는 사람이 되기 십상이다. 구성원들과 함께 뛰면서 의견을 내는 사람이 되어야 한다.

셋째, 자신의 잘못을 인정하는 진솔한 모습을 보여주어야 한다. 누구나 오류에 빠질 수 있다. 부끄러워하지 말고 자신 역시 모든 문제에 대한 해답을 갖고 있지 않다는 것을 인정해야 한다. 팀장의 위신이 깎인다고 생각할 수도 있지만 이 또한 과거의 습성이다. 오히려 '내가 잘못 생각했네', '내가 잘못 봤어'라는 태도를 보여주는 것이 구성원들의 신뢰를 쌓는 지름길이다. 본인이 잘못해 놓고도 이런저런 핑계를 대고 변명하며 권위를 놓치지 않으려는 태도는 명백한 구습이다. 구성원들이 그걸 알아채지 못할 만큼 바보는 아니다.

요약하면 진짜 리더가 되는 길은 의외로 단순하다. 자신의 진심을 보여주는 것이 첫걸음이다. 진심은 꾸미지 않은 마음, 진실을 마주 볼 수 있는 용기, 거짓이나 핑계, 변명을 하지 않는 모습이다. 그런 다음 자신의 경험을 공유해야 한다. 이때 경험을 현재 프로젝트에 왜, 무엇을, 어떻게 활용할 수 있을지 설명할 수 있어야 한다. 이것이 가능하면 그 경험은 융합 지식이 되고 구성원들에게 학습으로 전승될 수 있다. 마지막으로 자신의 의견을 말하는 것을 주저하면 안 된다. 구성원의 목소리만큼 팀장의 목소리 또한 소중하다. 이때 개개인의 목표가 아닌 팀 공동의 목표를 강조할 것, 솔선수범할 것, 자신의 잘못을 진솔하게 인정할 것과 같은 규칙이 필요하다. 스스로 A.E.O(에오!)할 수 있을 때 비로소 진짜 리더로 거듭날 수 있다.

재미있는 룰을
만들어라

●

EBS에서 발간한 《아이의 사생활》은 남자아이들이 여자아이들에
비해 게임을 좋아한다며 그 이유를 이렇게 설명했다. 여자아이들은
남들로부터 좋은 '평가'를 받는 것을 중요하게 여기는 반면, 남자
아이들은 자신의 '지배력'이 강해지고 '권력 의지'가 관철되는 것
을 더 중요하게 생각한다. 즉 남자아이들의 권력 의지가 더 강하다
는 것이다. 평균적으로 남자아이들이 여자아이들에 비해 게임에 더
몰입하는 이유는 승패가 분명하고 조작만 잘하면 지배력을 맛볼
수 있기 때문이라고 한다. 사실 '권력 의지'나 '좋은 평가'를 선호하
는 현상이 남녀의 차이에서 기인하는지, 그렇지 않은지는 명확하지

않지만, 요즘 아이들이 너나없이 게임에 빠져 있는 상황에서 그 이유를 알고 싶어 하는 부모들에게 재미있는 설명이 될 수도 있을 것 같다.

한동안 게임의 부정적 측면이 많이 부각되었다. 게임에 중독되면 전두엽으로 흐르는 혈류가 막혀 합리적인 판단력이 저해된다든지, 폭력적·선정적 장면에 노출될수록 아이들의 정서 발달에 부정적 영향을 미친다는 연구와 보고가 줄을 이었다. 부모들은 안 그래도 공부를 등한시하고 게임에 몰두하는 아이들이 못마땅했기에 그러한 연구 결과가 무척이나 반가웠다. 각종 보고는 아이들이 게임을 하지 못하도록 하는 규제로 이어졌다. 부모들은 게임을 할 수 있는 시간을 제한하고 조건을 달았다. 하루에 3시간 이상 공부하면 게임을 1시간 할 수 있게 한다든가 학원에 다녀오면 게임을 할 수 있다는 조건을 달았다. 남자아이들의 경우는 더 강력한 규칙이 적용되어야 한다는 목소리도 있었다. 여자아이들보다 남자아이들이 더 많이 가지고 있다고 생각하는 지배욕, 승부욕을 게임이 아닌 운동으로 돌려야 한다는 아이디어까지 제안되었다. 그런 규칙들이 아이들 교육에 얼마나 효과를 가져왔는지는 알 수 없다.

나름 합리적인 이유가 있고, 이해가 안 되는 바는 아니지만, 정말 중요한 것을 놓친 것 같다는 생각이 든다. '아이들은 왜 게임에 몰두하는 것일까?'에 대한 답이 없다. 그들의 뇌 구조가 게임을 좋아하게 만들어져 있어 그렇다는 것인지, 아니면 단지 공부나 경쟁

리더십은 '진실한' 관계 맺음에서 나온다

이라는 불확실한 상황을 회피하기 위해 게임에 몰두한다는 것인지 정확하지 않다. 사실 아이들이 게임을 좋아하는 이유는 단순하다. 시간 가는 줄 모를 정도로 재미있기 때문이다. 더 중요한 사실은 이제 게임을 즐기는 계층이 아이들만이 아니라는 것이다. 최근 정부 통계에 의하면 우리나라 인터넷 사용 인구 3천만 명 중 54%가 게임을 즐기고 있다고 한다. 모바일 시대로 넘어오면서 게임을 즐기는 계층이 남녀노소로 확장되었다. 지하철, 카페. 휴게소 등 많은 사람이 모여 있는 곳에 가보면 너도나도 게임에 빠져 있는 모습을 쉽게 목격할 수 있다. 게임이 사회 전반의 보편적 현상으로 자리 잡은 것이다.

게임에 대한 상황이 이렇게 바뀌자 게임의 긍정적 영향에 대한 연구와 보고가 줄을 이었다. '게임이 현실에서 경험하는 분노와 좌절감을 해소해주는 역할을 한다', '폭력적인 게임을 하면 대리 만족을 통해 폭력적 성향을 낮춰준다', '게임을 통해 합리적인 의사결정 능력이 향상되고 판단력이 증진된다' 등과 같은 주장이 나오면서 게임을 통한 학습이 봇물을 이루기도 했다.

다른 모든 사회 현상과 마찬가지로 게임 역시 긍정적·부정적 측면 둘 다 가지고 있다고 보는 것이 옳다. 필자가 강조하고 싶은 것은 이것이다. 게임이 사람들을 몰입시킬 수 있는 측면이 존재한다면 그것을 리더십에 적극 활용하자는 것이다. 그것을 위해 게임을 연구하고, 이해하고, 어떻게 활용할지 알아야 한다. 진짜 리더라면 그래야 한다. 진짜 리더는 게임처럼 일 관리, 사람 관리, 조직 관리를 설계하고, 게임처럼 구성원들을 몰입시키고, 게임처럼 평가를 받도록 해야 한다. 이것이 재미있는 룰 관리자로서 진짜 리더의 참모습이다.

많은 사람이 재미있어서 게임에 몰두한다고 말한다. 그렇다면 대체 무엇이 재미있다는 것일까? 우선 우리가 사는 현실은 재미가 없다. 왜냐하면 공정하지 못하기 때문이다. 자신의 능력과 실력에 관계없이 부모를 잘 만난 사람, 배우자를 잘 만난 사람, 그도 아니면 운이 엄청나게 좋은 사람이 승자가 되는 경우가 너무 흔하다. 또는 내 잘못도 아닌데 다른 사람에 비해 외모가 떨어진다는 이유로, 키가 조금 작다는 이유로, 여자라는 혹은 남자라는 이유로 헌신하고 양보해야 하는 일도 생긴다. 더 기가 막힌 것은 정말 우연히 만난 상사라는 작자가 나와 잘 맞지 않아 불이익을 주는 경우도 있다. 이런 모든 현상이 현실을 재미없게 만든다. 어차피 노력해도 안 된다는 생각, 결과가 뻔하다는 생각, 끝도 없이 정신 승리로 나를 무장시키고 누군가에게 잘 보여야 한다는 정신적인 압박감에 짓눌려 살아야 한다. 신체적 긴장감에 절어 살아야 한다. 외롭고 불안하고 우울하다. 이런 현실이 재미있다고 말할 사람이 누가 있을까?

한편 게임의 세계는 어떠한가. 그 안에서는 부모도, 배우자도, 외모도, 학벌도 필요하지 않다. 오로지 내 능력으로, 내 아이디어로 열심히 하다 보면 승률이 올라가고 언젠가 승자가 된다. 노력만 하

리더십은 '진실한' 관계 맺음에서 나온다

면 이런저런 외생변수에 휘둘리지 않고 성취감을 맛볼 수 있고, 현실에서 경험하지 못한 승리의 쾌감을 얻을 수 있다. 특히, 게임 안에서 게이머가 선택할 수 있는 자유가 높을수록 게임은 더 재미있어진다. 게임 안에서는 자유로운 영혼이 될 수 있기에 수많은 게이머가 현실보다 게임에 더 몰입한다. 결국 게임이 재미있는 것은 현실이 게임만큼 공정하지 못하기 때문이다.

진짜 리더는 현실을 게임처럼 운용할 수 있어야 한다. 그러면 불필요한 시간을 뺏기지도 않고, 구성원들과 의미 없는 마찰이 생기지도 않으며, 성과를 내기 위해 스스로 노력하는 자율적인 팀이 저절로 이루어질 것이다. 우선, 목표를 재미있게 수립해야 한다. 게임에서 재미란 본인들의 자유 의지로, 자신이 잘하는 방식으로 성취 가능한 목표를 잡는 것이다. 혹시 성취 가능한 목표라는 말이 낮은 목표처럼 들리는가? 걱정할 필요 없다. 게임에서 낮은 목표는 사람들을 재미없게 만든다.

그다음에는 중간 점검을 재미있게 운용해야 한다. 이때 구성원들이 원하는 시간에, 원하는 방법으로 중간 점검을 진행해야 한다. 바쁘면 미룰 수도 있다. 필요하면 여러 차례 할 수도 있다. 다만 예측 가능성을 높여줄 수 있는 가시성을 확보해야 한다.

마지막으로, 결과 평가를 재미있게 실시해야 한다. 이때 목표 대비 달성 정도가 높은 사람, 난이도가 높은 목표를 달성한 사람, 지

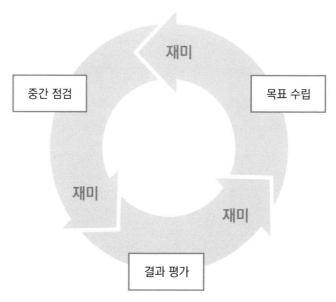

〔그림 13〕 공정한 룰 관리 사이클

금까지와는 다른 방법으로 목표를 달성한 사람을 공정하게 평가하는 것이 핵심이다. 게임이 그러하듯 투명하고 분명하고 자기 일에 책임을 질 수 있게 만들어주는 것, 그것이 공정한 룰 관리 사이클이다(그림 13).

목표부터 재미있게 수립하라

1965년, '경영의 구루'인 피터 드러커^{Peter Ferdinand Drucker}는 MBO

리더십은 '진실한' 관계 맺음에서 나온다

Management By Objectives 이론을 제안했다. 이는 단기적인 목표를 설정할 때 체계적이고 구체적으로 수립하는 것이 목표 달성에 큰 도움이 된다는 이론이다. MBO는 비단 명확한 단기 목표 제시뿐만 아니라 구성원의 참여와 협조, 결과에 대한 피드백까지 포함하는 것이기 때문에 많은 기업이나 조직에서 차용해왔다. 외국에서 수입된 많은 이론들이 그렇듯 기본 정신에 대한 이해는 피상적 수준에 그치고 그 방법만 들여와 운용하다 보니 MBO가 지향했던 근본 목적에는 다다르지 못하는 경우가 많다.

MBO가 지향하는 근본 목적은 목표 제시는 탑다운top-down으로 내려오더라도 그 실행 방법은 구성원들이 결정할 수 있게 하자는 것이다. 물론 경우에 따라 목표 수립 자체에도 구성원들을 참여하게 하는 것 또한 중요시되었다. 아무튼 구성원의 자율과 참여가 목표 달성에 직접적 영향을 미친다는 것이 피터 드러커의 기본 사상이다. 그런데 우리의 경우, 목표는 대부분 주어지는 것, 위로부터 할당되는 것이라는 인식이 일반적이고, 그런 인식이 구성원들에게 대단히 광범위하게 퍼져 있다. 목표는 이미 위에서 세팅했고, 우리는 그저 시키는 대로 업무를 수행하는 사람이라고 생각해보자. 일단 일이 재미없을 것이다. 재미없는 것은 공정하지 못하다. 내 형편, 내 사정, 내 생각도 있는데 정해진 대로 일만 해야 한다면 일하는 사람들을 피동적인 존재로 규정한 것이다. 재미있을 리가 없다.

따라서 진짜 리더는 목표 수립부터 재미있게 운용하는 방법을 생각해야 한다. 이런 생각을 하지 않고 위로부터 할당받은 목표를 그냥 구성원들에게 할당해주는 리더는 더 이상 진짜 리더가 아니다. 관리자에 머물기로 작정한 사람이라고 봐도 무방하다. 구성원들이 자발적으로 목표 수립에 관여할 수 있도록 방법을 강구해야 한다. 그리고 그들에게 '올해는 이러했는데, 내년에는 무엇을, 어느 수준까지 하면 좋을까?'와 같이 물어보아야 한다. 구성원들이 업무의 주인이다. 그들이 원하는 일을, 원하는 방법으로 수행할 수 있는지 실제 수준을 파악해야 한다.

우선 목표 수립을 재미있게 운용하는 방법은 목표 수준을 팀 차원에서 스스로 정할 수 있도록 하는 것이다. 위에서 할당해줄 때까지 기다리지 말고 먼저 목표 수준에 대해 대화하고, 토론하고, 조정하고, 논쟁도 할 수 있는 분위기를 만들어야 한다. 구성원 개개인의 생각을 들어야 한다. 올해 무엇이 어려웠고 무엇이 쉬웠는지, 운이 좋았던 것은 무엇이고 운이 나빴던 것은 무엇인지, 내년에는 어느 수준까지 가능할지 물어야 한다. 자신의 노력과 아이디어로 무언가를 결정할 수 있다는 생각이 들면 그들은 목표 수립 자체를 재미있다고 생각할 가능성이 크다. 재미있으면 몰입한다.

다음은 목표 수준에 대한 공식을 정확히 기억하고 설명하는 것이다. 일반적으로 목표라고 하면 'Goal=Target'이라는 공식을 많이 떠올린다. '목표는 곧 타깃(산출물)이다'라는 뜻이다. 과거에 목

리더십은 '진실한' 관계 맺음에서 나온다

표가 위로부터 주어지거나 강제 배분될 때에는 목표는 곧 타깃, 즉 산출물 그 자체였다. 나의 매출과 영업 이익에 대한 산출물이 정해 져 있었다. 그러나 만약 목표가 움직이는 타깃, 즉 시장 상황과 고 객 필요에 따라 달라질 수 있다면 좀 더 다른 관점으로 봐야 한다. 'Goal=Target+Method$^{G=T+M}$'이라는 공식을 떠올릴 필요가 있다. 목표를 정할 때 단순히 타깃이 아니라 달성 방법까지 함께 고려해 야 한다. 그렇지 않으면 목표의 의미가 협소해지고, 수단과 방법을 가리지 않고 숫자만 맞추면 나머지는 신경 쓰지 않게 된다. 만약 환 경 변화에 따라 목표를 달성하지 못하면 구성원들이 어떤 노력을 기울였는지, 어떤 방법을 활용했는지 상관없이 그들은 실패자가 되 고 만다. 실패를 떠나 그들의 노력과 방법에 대한 모든 평가와 판단 이 사라지게 된다.

'G=T+M'은 목표 수립에서 팀장들의 새로운 룰이 되어야 한다. 물론 목표 달성에서 타깃의 중요성을 간과하자는 의미가 아니다. 자신들의 목표 수준을 스스로 결정할 수 있도록 독려해주고 그 의 미를 칭찬해주며 그것의 중요성을 이해시키는 일은 매우 중요하 다. 그에 못지않게 중요한 것은 본인들이 스스로 설정한 타깃을 어떤 노력과 방법으로 달성할 것인지를 토의하고 결정하는 일이 다. 그렇지 않으면 목표 수립 자체가 형식화할 가능성이 크고, 어 차피 숫자는 주어져 있는 것이라는 수동적 상황을 만들 수 있기 때문이다.

또한 동일한 타깃을 가진 구성원들 간에 다양한 방법을 관찰할 수 있는 기회가 되기도 한다. 사람은 기본적으로 자신이 선호하는 스타일이 있다. 자신에게 잘 맞는 방법도 있다. 다양한 방법을 선택한 결과가 전혀 다른 결과를 야기했을 때 상호 학습하는 기회를 가질 수도 있다. 어떤 상황에서 어떤 방법이 더 효과적일 수 있는지 토의가 가능하고, 상호 벤치마킹하여 더 나은 방법을 선택해나갈 수 있도록 하는 팀 학습이 활성화될 수도 있다.

'G=T+M'이 중요한 또 다른 이유는 모든 것을 정량적 평가에만 매달리는 현상을 피할 수 있기 때문이다. 물론 정량적으로 평가하는 것은 필요하고 중요하다. 그렇다고 모든 것을 정량화할 때 발생하는 평가의 오류 역시 피해 갈 수 없다. 그 오류를 수정하고 보완할 수 있는 것이 M(방법)의 차이를 통한 난이도 조정, 환경 요인의 유·불리를 판단하는 것이다. 모든 것을 정량화해야 한다는 생각 또한 많은 부작용을 낳고 있다는 것을 간과해서는 안 된다. 이런 것까지 알고 있어야 진짜 리더가 될 수 있다.

중간 점검은 쪼는 시간이 아니다

중간 점검 역시 재미있게 운용되어야 한다. 구성원 입장에서 봤을 때 중간 점검이 재미있다는 것은 중간 과정이 투명하게 관리되고

리더십은 '진실한' 관계 맺음에서 나온다

노력한 만큼 뭔가가 이루어지고 있다는 느낌이 든다는 뜻이다. 진짜 리더는 그 과정을 투명하게, 목표 달성을 향해 잘 나아가고 있다는 느낌을 줄 수 있도록 한다. 그렇지 못할 경우 구성원들은 자기 일에 흥미를 잃고 쉽게 포기하며 결과적으로 루저가 될 가능성이 크다.

MBO에서 중간 점검이 갖는 의미는 성과 격차를 확인하는 것이다. 성과 격차는 당초 기대했던 성과와 실제 성과 간에 차이가 발생하는 것을 말한다. 연초에 목표가 재미있게 수립되었다고 해서 목표가 저절로 달성되는 것은 아니다. 중간중간 다양한 변수가 돌출될 수도 있고, 구성원들에게 예상치 못한 장애물이 나타날 수도 있기 때문이다. 이 과정을 재미있는 방법으로 관리하지 못하는 리더는 진짜 리더가 아니다.

우선 성과 격차가 발생하는 원인을 찾을 수 있어야 한다. 이 원인을 찾는 방법이 재미있으면 된다. 앞서 목표를 수립할 때 타깃 못지않게 방법을 중시하라고 주문했다. 개인마다 자신의 타깃뿐만 아니라 그 방법까지도 스스로 결정하는 것이 중요하고, 그 차이를 아는 것이 진짜 리더의 중요한 일이라고 했다. 중간 점검에서도 마찬가지다. 성과 격차의 차이를 개인별로 확인해야 한다. 원래 재미란 본인 주도하에 본인의 부족한 점을 발견하고 개인에게 꼭 맞는 처방을 발견할 때 느낄 수 있다. 개인별 성과 격차의 원인을 알게 되면 승률을 높여주는 효과가 있기 때문에 깊은 희열을 느끼게 되고, 그런 대화를 나눈 팀장들에게 깊은 감사의 마음을 갖게 된다.

　많은 리더가 중간 점검을 '잔소리'하는 시간, 성과를 내도록 '쪼는 시간'이라고 오해하고 있다. 이런 마인드를 가진 리더는 진짜 리더가 아니다. 잔소리하는 시간, 쪼는 시간이라는 생각을 갖고 중간 점검을 하면 상대방이 그것을 눈치 채지 못할 리 없다. 그러면 상대방은 방어적이 되고, 사실을 사실대로 말하지 않고 뭔가를 숨기게 되고, 바쁘다는 핑계로 중간 점검 자체를 피하게 되어 있다. 억지로 중간 점검을 실시한다고 해도 꿀 먹은 벙어리처럼 앉아 있다가 돌아갈 것이다. 이런 식의 중간 점검은 아무런 효과가 없다. 팀장은 팀장대로 한숨 쉬고 구성원은 구성원대로 짜증이 난다. 왜냐하면 중간 점검이 재미없기 때문이다. 재미가 없다는 것은 공정하지 못하다는 뜻이다. 팀장은 어차피 잔소리하는 갑이고, 구성원은 잔소리를 들어야 하는 을이란 생각이 두 사람을 지배하고 있는데, 누가 재미를 느낄 수 있겠는가.

　중간 점검이 재미있으려면 구성원의 성과 격차가 왜 발생하는지 그 원인을 파악해야 한다. 어떤 구성원은 자신이 가진 지식과 스킬이 부족하여 성과 격차가 발생하고 있다고 느낄 수 있고, 또 어떤 구성원은 자신이 하고 있는 업무를 수행하기 위해서는 시스템이 구축되어야 하는데 그렇지 못해 성과 격차가 발생한다고 불평할 수도 있다. 또 어떤 구성원은 개인적으로 몸이 아프거나 가족 중

시스템/도구	유인/인센티브
지식/스킬	개인적 사건/사고

에 누군가가 힘든 상황에 처해 있어 의욕이 나지 않을 수도 있고, 또 어떤 구성원은 일을 열심히 하고 있는데 아무런 인센티브가 주어지지 않아 일을 게을리 하고 있을 수도 있다.

진짜 리더라면 이러한 점들을 파악하기 위해 구성원들과 종종 대화를 나누어야 한다. 만약 상황을 파악했다면 그다음에는 무엇을, 어떻게 지원할지 고민해야 한다. 이래라저래라 잔소리하는 것은 리더의 임무가 아니다. 구성원들이 스스로 성과 격차를 줄여나갈 수 있도록 지원자 역할을 해야 한다.

우선 지식과 스킬이 부족한 구성원이 있다면 교육을 보내주거나 현장 지도를 실시하거나 전문가에게 파견하여 능력을 쌓을 수 있도록 지원해주어야 한다. 시스템과 도구가 부족하다고 느끼는 구성원이 있다면 그 시스템과 도구를 언제, 어디에서 구할 수 있는지 파악하여 상세히 알려주어야 한다. 또한 시스템과 도구 없이 성과를 내기 위해 추가 인력이 필요한지도 고려해야 한다. 경우에 따라 다른 방법을 찾을 수도 있어야 한다. 인센티브가 부족하다고 느끼는 구성원이 있다면 다양한 인센티브를 강구해야 한다. 금전적·비금전적 방법을 고려해야 하고, 당장 가능할지, 다음에 가능할지 검토

해야 한다. 의욕이 없어 보이는 구성원이 있다면 잠깐의 휴식으로 회복이 가능한지, 시간이 더 많이 걸릴지 판단해야 한다. 본인이 원하는 휴식의 종류도 감안해야 한다. 이런 행동을 자주 보여주는 리더와 함께 일하는 구성원은 일이 재미있다고 느낀다. 이런 일을 게을리하는 리더는 진짜 리더가 아니다. 그저 잔소리와 쪼는 것만으로 원하는 성과가 나올 것이라고 기대하는 것은 나무에서 물고기를 구하는 것만큼 어리석은 짓이다.

결과 평가는 공정하게

결과 평가가 재미있다는 것은 어떤 의미일까? 우선 결과가 공정하게 인식되고 비교되고 평가되어야 한다는 뜻이다. 그런데 현실은 빈번하게 우리의 기대를 배반한다. 아무리 봐도 내가 더 열심히 일했고 더 나은 결과를 낸 것 같은데, 다른 사람이 더 많이 인정을 받는 것 같다. 비슷하게 일한 것 같은데 누군가와 친분이 많다는 이유로, 누군가가 더 좋아한다는 이유로 다른 사람이 더 나은 대우를 받는 것 같다. 여기서 '받는 것 같다'라는 뜻은 물증이 부족하다는 의미이지, 단순히 추측한다는 의미가 아니다. 즉 확실하다는 뜻이다. 이럴 경우 재미가 없어진다. 과도한 혜택을 받는 당사자 말고 누가 이런 상황을 재미있다고 하겠는가.

진짜 리더는 이런 상황을 재미있게, 즉 다른 말로 하면 공정하게 운용할 수 있어야 한다. 아무리 목표를 재미있게 수립하고, 중간 점검을 재미있게 운용해도 마지막 단계인 결과 평가가 엉망이면 모든 것이 사상누각이 된다. 구성원들은 더 이상 리더를 믿지 않는다. 마지못해 따르는 척하겠지만 진실로 자신의 업무 목표에 최선을 다하지 않는다. 게임이 더 이상 재미있다고 느끼지 못하기 때문이다. 게임의 세계에서는 이런 일이 있을 수 없다. 오로지 자신의 능력과 노력으로 올린 점수는 누구도 터치하지 못하고, 그 결과는 거의 실시간으로 피드백되기 때문이다. 진짜 리더는 이 원리를 정확하게 이해해야 한다.

우선 진짜 리더가 결과 평가를 재미있게 운용하려면 '이너 서클inner circle'에 의존하는 습성에서 벗어나야 한다. 많은 리더가 구성원을 자신을 따르는 사람, 자신을 잘 따르지도 그렇지도 아닌 중립적인 사람, 자신에게 반기를 드는 사람으로 구분하는 경향이 있다. 그리고 편하게 조직 운영을 하기 위해 의도적으로 자신을 따르는 사람을 키우고, 그들로 하여금 반대자나 중립적인 사람들을 제압하도록 유도한다. 당연히 이런 리더는 진짜 리더가 아니다. 이미 성과의 절반은 포기한 것이나 다름없다. 자기편에 속한 사람들만 데리고 일을 하는 것과 같기 때문이다. 결국 자기편은 재미있겠지만 그편에 속하지 못한 사람들은 재미없다고 느낀다. 시작부터 불공정하기 때문이다. 진짜 리더는 자기 편, 남의 편을 구분하지 않는다. 그래야 구성원들은 게임이 재미있다고 느끼기 시작한다.

진짜 리더가 결과 평가를 재미있게 운용하기 위한 다음 단계는 결과 평가 후의 피드백을 충실하게 이행하는 것이다. 피드백을 제대로 하는 리더들은 자신의 주관이나 감정에 치우치지 않는다. 관찰과 사실에 근거하지 않은 것은 평가하지 않는다. 그 자체로 이미 공정하다. 결과 평가란 공정성과 피드백의 합이다. 공정성은 재미를 위한 전제 조건이다. 자신의 주관과 감정에 치우쳐 누군가를 평가하는 것만큼 위험한 일은 없다. 거기에 하나를 더 추가한 것이 피드백이다. 피드백은 관찰과 사실에 기초하기 때문에 리더의 평가 결과를 자신 있게 설명할 수 있는 근거가 된다. 자신의 평가 결과를 자신 있게 설명하지 못하는 리더는 구리다. 자신 있게 설명한다는 것은 그만큼 투명하다는 것이고, 투명하다는 것은 공정성의 기초 공사가 되며 이 공정성은 재미있는 게임을 가능하게 한다. 재미없는 게임에 누가 뛰어들고 싶겠는가.

마지막으로 결과 평가를 재미있게 만드는 방법은 남다른 노력을 한 사람, 남다른 결과를 낸 사람에게 남다른 보상이 돌아갈 수 있는 시스템을 만드는 것이다. 모든 사람이 결과에 관계없이 동일한 보상을 받는 것만큼 재미없는 일은 없다. 어설픈 시스템으로 사람들을 더 기분 나쁘게 만드는 것보다 차라리 하지 않는 것이 나을 수도 있다. 마치 게임에서 매시간마다 승점, 승률을 관리하고 최종 라운드에서 최고 점수를 올린 사람에게 확실한 승리를 안겨주는 것

리더십은 '진실한' 관계 맺음에서 나온다

과 유사하게 관리하는 것이다. 이때 누구나 인정하는 룰을 만드는 것, 사전에 분명하게 공유하고 시작하는 것, 누가 봐도 결과가 분명하도록 관리하는 것이 중요하다.

진짜 리더는 목표 수립부터 중간 점검, 결과 평가에 이르기까지 게임을 하듯 재미있게 팀을 운용한다. 반면 못난 리더는 온갖 일에 시시콜콜하게 간섭하지만 결국 아무것도 건지지 못한다. 구성원 스스로가 목표 수립을 했다고 느끼게 만들지 못하고, 중간 점검이 잔소리의 장이 되게 만들고, 결과 평가도 편파적이라는 소리를 듣는다. 종국에는 팀이 달성해야 할 목표조차 흐지부지 만들 것이 뻔하다.

의미 있는
성과 목표를 선택하라

●

진짜 리더는 결국 성과로 자신을 증명한다. 성과를 내야 인정받는 다는 것은 예나 지금이나 불변의 진리다. 앞으로도 오랫동안 이 철 칙은 깨지지 않을 것이다. 기업이나 조직에서 리더를 임명하는 것 은 일정 수준 이상의 성과를 기대하기 때문이다. 기대 성과를 달성 하면 좋은 리더이고, 달성하지 못하면 좋은 리더가 아니라고 본다. 틀림없는 사실이다. 그런데 진짜 리더라는 개념을 다른 관점에서 바라보면 조금 다른 측면이 있음을 알게 된다. 무조건 성과를 내는 것이 점점 덜 중요해지고 있다. 이것은 중대한 변화다. 완장이 중요 한 기능을 했을 때는 위에서 지시하는 성과를 내는 것이 미덕이었

리더십은 '진실한' 관계 맺음에서 나온다

지만, 지금은 다르다.

《일을 했으면 성과를 내라》라는 책이 있다. 이 책은 약 10년 전에 '성과'를 내고자 하는 직장인들에게 큰 울림을 주었다. 필자 역시 이 책을 통해 큰 배움을 얻었고, 이 책의 기본 콘셉트를 필자만의 방식으로 전파하기도 했다.

이 책의 저자인 류랑도는 첫째, '일의 본질을 파악하라'라고 주장한다. 일의 본질은 성과 목표 달성에 있다. 하루하루 해야 할 일을 열심히 하는 것이 중요한 게 아니라 이루고자 하는 것이 무엇인지 아는 것이 중요하다. 그래서 단순히 해야 할 일을 나누어 열심히 하는 것이 아니라 성과 목표(원하는 최종 목표)를 달성하기 위한 구체적 실행 목표를 쪼개는 것이 중요하다. 저자는 한 달 단위로 느긋하게 살지 말고, 일일 단위로 긴장감 있게 살 것을 조언한다. 계획, 실천, 피드백의 주기를 짧게 하면 더 많은 시행착오와 수정의 기회를 얻을 수 있다. 한마디로 말하면 '치열함'이다.

둘째, 저자는 '일하는 전략을 혁신하라'라고 주장한다. 회사는 나의 편의를 위해서가 아니라 회사가 원하는 성과와 가치 창출을 위해서 만들어졌다. 회사에 대한 이런 인식의 전환 없이는 성과에 대한 개인의 행동 변화도 어렵다. 회사가 원하는 인재란 지속적이고 반복적인 이익 또는 성과를 창출할 수 있는 사람을 의미하기 때문이다. 이를 위해 회사의 넘버원을 철저히 관찰하고, 그들이 하는 일을 직접 해보고, 자신의 부족함을 철저히 깨달아야 한다. 그러기 위해서는 일하는 전략 중 '평균의 함정'에서 벗어나야 한다. 누구나 할 수 있는 일을 나만이 할 수 있는 일로 만들어내야 평균의 함정에서 벗어날 수 있고, 자신의 직업 세계에서 진정한 승자가 될 수 있다. 평균을 넘어서기 위해 '치열하게 사는 것'이 일하는 전략을 혁신하는 최선의 방법이다.

셋째, 저자는 '일하는 주인으로 우뚝 서라'라고 주장한다. 자기 일의 주인으로 태어나는 방법은 촌각을 아껴가며 일에 집중하는 것이다. 점심시간 직전의 본인 모습, 퇴근 시간 직전의 자기 모습을 생각해보라. 소위 전문가 소리를 듣는 사람, 임원으로 승진한 사람들은 하루하루 매시간을 허투루 쓰지 않는다. 그런 시간들을 견뎌내고 쌓아가야 역량이 향상될 수 있고, 궁극적으로 자신이 비전으로 설정했던 미래를 맞이할 수 있다. 그렇지 않은 사람은 평범한 사람, 아니 그보다 못한 낙오한 사람이 될 수도 있다. 하루하루는 물론 매시간 촌각을 아껴 자기 일의 주인이 되어야 한다는 이야기다. '치열하게 사는 것' 이외에 방법이 없다는 소리로도 들릴 것이다.

치열하지 않으면 일의 본질, 즉 성과 목표가 무엇인지 파악하기 어렵고, 평균의 함정에서 벗어날 수 없으며, 자기 일의 주인이 되지 못하기 때문에 낙오되기 십상이라는 뜻이다. 틀린 말이 아니다. 그런데 이 공식이 요즘 젊은 세대에게도 그대로 적용될까? '이런 생각만 가지고 일 관리, 사람 관리, 조직 관리를 하는 팀장이나 리더

리더십은 '진실한' 관계 맺음에서 나온다

들은 계속해서 진짜 리더로 살아갈 수 있을까?'를 생각해보면 뭔가 부족한 점이 있는 것 같다. 요즘 젊은 세대는 임원으로 승진하는 것에 별 관심이 없으며 하루하루 치열하게 살기보다는 하루하루 즐겁게, 의미 있게 사는 것을 더 선호한다. 세상이 10년 전과 엄청나게 달라졌다.

그렇다면 무엇을 위해 그토록 치열하게 촌각을 아껴가며 살아야 한다는 것일까? 그렇게 치열하게 살아 소위 특정 분야의 전문가가 되거나 임원으로 승진했다 해서 그것이 나에게 어떤 의미를 준다는 것일까? 전문가도 한때의 전문가다. 엄청난 속도로 변하는 지금의 세상에서는 일정 수준의 전문성을 확보한다 해도 한순간에 무용지물이 될 수도 있다. 특별한 노력을 기울이지 않는 사람들이 자기가 좋아하는 분야의 아이디어 하나로 한 방에 큰 성공을 거둘 수도 있다. 또한 임원이라는 자리는 더 이상 큰 벼슬이 아니다. 직장 내에서 임원이라는 완장 하나로 사람들 위에 군림하려는 생각 자체가 시대에 뒤떨어진 발상이다. 회사에서 옷 벗고 나오는 순간 임원 역시 평범한 중년에 지나지 않는다. 다시 한 번 말하지만 '무엇을 위해, 누구를 위해 어떤 목적으로 살아야 하는가'에 대한 대답을 해야 한다.

그에 대한 필자의 대답은 '의미 있는 성과를 내야 한다'다. 성과를 내야 한다는 것에 기본적으로 동의하지만 무조건적인 성과, 높은 성과, 누군가 시켜서 내야 하는 성과는 의미 있는 성과가 아니다. 그것은 농업적 근면성으로 똘똘 뭉친 시대에나 하는 말이다.

아무런 설명도 없고 아무런 의미조차 부여하지 못하는 상태에서 성과를 달성하기만 하는 것은 재미가 없다. 무엇보다 과거에는 가능했을지 몰라도 지금은, 미래에는 불가능하다. 어느 정도 수준까지는 가능할지 몰라도 그 이상의 성과를 내는 것은 불가능하다. 특수한 상황에 있는 특정 회사나 특정 부서에서는 가능할지 몰라도 모든 회사, 모든 부서에 적용할 수는 없다. 그렇다면 의미를 부여하는 것이 성과 목표를 달성하는 데 왜 이토록 중요한 것일까? 왜 진짜 리더가 되려면 의미 있는 성과를 선택하는 것이 중요한 것일까?

사람들은 기본적으로 자신이 소중한 일을 하는 사람, 그 소중한 일의 '일부'가 되기를 소망한다. 회사의 목표 달성에 자신이 중요한 일익을 담당하고 있다는 생각은 의욕을 불러일으킨다. 그런 사람은 자신의 시간을 투입하는 것을 아까워하지 않고, 평소 생각하지 못했던 아이디어를 내놓는 것을 주저하지 않는다. 영국에서 이에 대한 조사를 실시한 적이 있다. 영국의 1,000대 기업에 다니는 직장인 95%는 자신들은 정말로 의욕적으로 일하고 싶은데, 회사나 직속 상사가 자신들의 의욕을 불러일으키기는커녕 일하고 싶지 않게 만든다고 대답했다. 여기에 성과를 달성한다는 것이 무엇인지 그 본질이 숨어 있다. 일할 준비가 되어 있는 사람들의 의욕을 꺾는 것은 놀랍게도 회사 분위기, 직속 상사의 태도라는 것이다.

일할 의욕을 갖고 출근하는 직원들의 사기를 꺾는 첫 번째 요인은 내가 하는 일이 성과 목표와 어떻게 연관되어 어떻게 전체에 기여하는지 리더도, 구성원도 모른다는 것이다. 구성원들이 명시적으로 모른다고 말하든, 묵시적으로 그렇게 생각하든 그것이 중요한 것이 아니다. 대부분의 리더가 그 중요성을 모른다는 것이다.

리더는 "오늘 하루 우리 부서가 하는 일이 전체 매출 목표, 이익 목표에 어느 정도 공헌하고 있습니다. 오늘 하루 우리 구성원 전체가 하는 일이 고객들의 불편함을 해소하는 데 어떻게 기여하고 있습니다. 여러분 한 사람, 한 사람(개인화된 멘트가 가능하면 금상첨화다)의 노력이 얼마나 소중한지 잘 알고 있습니다"와 같이 진실로 생각해야 하고, 표현할 줄 알아야 한다. 직접 대면해서 말해도 좋고, 문자 메시지나 카톡을 활용하여 말해도 좋고, 포스트잇과 같은 메모지를 활용하여 말해도 좋다. 중요한 것은 매일매일 구성원들이 하는 일이 회사의 성과를 위해 당연히 해야 하는 일, 하지 않으면 혼나는 일, 제대로 하지 못하면 벌을 받아야 하는 일인 것처럼 그들을 대해서는 안 된다는 것이다.

'뭐 그렇게까지 이야기를 해야 해?'라고 생각하는 리더가 있을 것이다. 분명히 말하지만 지금부터가 아니라 벌써부터 실천하고 있어야 했다. 구성원은 회사가 아닌 자기 자신을 위해 존재하는 사람이다. 그것을 인정받을 때, 자신의 역할이 좀 더 의미 있는 것과 연결된다는 느낌을 받을 때 더욱 신나게 일할 것이다.

직원들의 사기를 꺾는 두 번째 요인은 성과 목표가 의미 있지 않다는 것이다. 구성원들의 일 하나하나가 전체 성과 목표 달성에 의미 있고 소중하다는 느낌을 표현하는 것을 넘어 실제 성과 목표 자체가 의미 있을 필요가 있다. 표현 방법 못지않게 성과의 내용 역시 중요하다는 말이다.

그동안 성과 목표가 주어졌고 주로 정량적인 목표에 치중했다면 진짜 리더들은 좀 더 다른 관점에서 성과를 재정의할 필요가 있다. 기업에서 매출이나 이익 목표의 달성은 당연히 중요하다. 그러나 이런 목표들만 강조되어서는 '의미 있는 성과'라고 하기 어렵다. 물론 기업이 성장하는 초기에는 매출과 이익 목표를 관리하는 것이 '의미 있는 목표'일 수 있다. 하지만 일정 수준 이상의 매출과 이익 목표가 넘어가고 있는데도 그것만을 추구하는 듯한 성과 목표는 구성원들을 동기부여하지 못한다. 언제까지, 어디까지 가야 멈출 수 있는지도 모르겠고 그것이 나에게 어떤 의미를 주는지도 깨닫기 어렵다. 어느 순간 지치고 힘들다는 느낌만 남는다. 그것이 인간이다. 그래서 진짜 리더라면 의미 있는 성과를 목표로 선택할 수 있어야 한다.

예컨대, 사람들에게 의미를 부여하는 것이다. 사람들이란 함께 일하는 구성원이 될 수도 있고, 자사 제품과 서비스를 사용하는 고객이 될 수도 있다. 그들을 위해 어떤 가치를 제공할 것인가를 생

리더십은 '진실한' 관계 맺음에서 나온다

각해야 한다. 구성원들이 단순히 돈을 벌기 위해, 먹고살기 위해 회사에 출근하는 것이 아니라면 그들이 회사에 원하는 가치가 무엇일까를 생각해보고 그들이 원하는 가치를 극대화해주는 데 의미를 부여하고 그것을 성과 목표로 선택해야 한다. 또한 자사 제품과 서비스를 구매하는 고객들이 단순히 자사 제품밖에 없어서 어쩔 수 없이 구매하는 사람들이 아니라면 고객들이 자사에 원하는 가치를 극대화해주는 데 의미를 부여하고 그것을 성과 목표로 선택해야 한다. 그 이외에도 구성원들의 가족들이 원하는 가치, 잠재 고객이 원하는 가치, 지역 사회에서 살아가는 지역 주민들이 원하는 가치, 이해 관계자들이 원하는 가치를 찾아 그것을 성과 목표로 선택하는 것도 가능할 것이다.

새로운 성과 목표, 남다른 성과 목표를 찾아내는 것, 그것들이 우리가 하는 일에 어떤 의미를 부여하고 어떻게 내 업무와 연관되는지를 설명해주는 것 등이 '의미 있는 성과 목표'를 선택하는 첫걸음이 될 것이다.

의미 있는 스토리를 만들어라

성과 목표에 의미 있는 스토리를 만든다는 것이 말이 되는 소리인가? 전통적 관점에서 보면 말이 안 되는 소리다. 그러나 다른 관점에서 생각해보면 말이 되는 소리일 수도 있다. 성과 목표를 달성한 다는 것이 반드시 '숫자'라고 한다면 스토리를 적는 것이 이상하게 들릴 수 있다. 그러나 적어도 1년에 걸친 또는 3~5년에 걸친 성과 목표를 달성하는 것은 단순히 숫자로만 표현될 것이 아니다. 거기에는 땀과 눈물이 배어 있고, 리더와 구성원이 함께한 역사가 있다. 스토리가 없을 이유가 없다. 누가, 언제, 어떤 일을 했다는 것뿐만 아니라 장애물을 만났을 때 어떻게 해결했는지, 장애물을 넘지 못했다면 그 이유는 무엇이며 다음에 어떻게 하면 될지 스토리 형태로 기술하는 것이다. 그래야 살아 있는 역사다. 그래야 다음 해에도 생생하게 기억할 수 있다. 기억하지 못하는 역사는 전승될 수 없는 것처럼 스토리 형태로 기록되지 못한 성과 목표는 목표가 아니라 그냥 숫자일 뿐이다.

다음 표는 한 기업의 성과 목표를 나타낸 것이다. 전사 성과 목표를 달성하기 위한 차상위 조직의 전략 목표(세부 내용은 생략하였음)와 담당 부서별 전략 목표로 상세히 기술되어 있다. 전사 → 차상위 조직 → 담당 부서로 이어지는 전략 목표가 대단히 상세하게 연계되어 있다. 여기서는 굳이 제시하지 않았지만 전략 목표가 달성되었는지, 그렇지 못했는지 알 수 있는 KPI도 상세하게 기술되어 있다. 자그마치 40페이지가 넘는 방대한 분량으로 기업의 성과 목표가 제시되어 있고, 전략 목표, 실행 방법, KPI는 물론이고 KPI의 측정 도구, 측정 방법, 목표 수준 등을 상세하게 기술해놓았다. 대부분의

○○사 성과 목표 일람표

조직 목표	차상위 조직 전략 목표 (전사)	상위 조직 전략 목표 (○○부문)	담당 부서 전략 목표 (○○부서)	비고
성장 (N/R)		1. 유통 역량 강화	1.1 신규 직영점 출점(3개)	
			1.2 철수 점포에 대한 신규 입점 수 및 매출	
			1.3 판매 사원 역량 강화	
			1.4 인터넷 쇼핑몰 성능 향상으로 매출 증대	
		2. 마케팅 활동 강화	2.1 ○○ 회원 수 확대	
			2.2 객단가 증대	
			2.3 브랜드 인지도 재고를 위한 홍보 강화	
			2.4 우수 고객 매출 및 객단가 증대	
		3. 제품 관리 강화	3.1 ○○제품 품질 인증제도 도입(7월)	
			3.2 ○○특화 산지 개발	
			3.3 PB 상품 개발 확대	
			3.4 상품 취급 기준 재설정	
			3.5 ○○개념 도입	
			3.6 협력사 품질 교육 강화	
			3.7 ○○품질 차별화	

기업과 공공 조직은 이와 유사한 형태의 성과 목표 및 달성 방법을 기록한 일람표를 보유하고 있다. 해마다 수정·보완하며 이를 통해 담당 조직과 담당 부서의 성과 목표를 평가하고, 이를 근거로 보상 프로그램을 운영한다.

필요한 일이고, 중요한 절차라고 본다. 그런데 40페이지가 넘는 성과 목표 달성을 위한 일람표에 스토리가 없다. 숫자와 개념과 목표만 주어져 있을 뿐이다. 목표가 달성되어야 하는 이유, 목표가 달성되었을 때 생기는 변화 등에 대한 설명이 없다. 그냥 달성해야 하니까 달성할 뿐이라는 것밖에 읽어낼 수가 없다.

요즘 젊은 세대가 이런 일람표에 재미를 느낄 수 있을까? 이런 일람표에 의미를 부여할 수 있을까? 그렇지 않을 것이다. 그냥 '그렇구나. 그런 것이구나' 할 것이 분명하다.

그렇다면 어떤 의미 있는 스토리를 만들어낼 수 있을까? 그렇게 길지 않아도 좋다. 표의 제일 윗줄을 살펴보자. '신규 직영점 출점(3개)'이라고 적혀 있다. 이것이 의미하는 바는 무엇일까? 신규 직영점 출점을 3개 정도 해야 한다는 것 이외에 어떤 특별한 의미를 부여하기 어렵다. 그냥 '해야 하나 보다. 안 하면 안 되나 보다. 안 하면 올해가 괴롭겠구나' 정도를 간접적으로 느낄 가능성만 있다. 한편 가장 오른쪽 비고란은 횅하니 비어 있다. 이 비고란을 활용해보자. 비고란에 이렇게 적어보는 것은 어떨까?

'2019년 3분기까지 3개의 직영점을 출점하면 우리 부서의 시장점유율이 20% 이상 좋아진다. 시장점유율이 좋아지면 부서 평가가 좋아지고, 부서 평가가 좋아지면 담당 부서의 인센티브가 좋아진다.'

이 정도만 적어두어도 스토리가 된다. 스토리 속에 성과 목표와의 연관성, 담당 부서에게 주는 의미가 살아 있으면 이를 읽어보는 개인들에게도 어떠한 '의미'가 살아서 움직이게 된다.

물론 가장 좋은 스토리는 담당 부서별로 성과 목표가 왜, 얼마나 중요한지, 그것이 담당 부서에게 어떤 의미를 안겨주는지, 개별 담당자에게 어떤 느낌을 주는지까지 기술되는 것이다. 이것이 스토리가 주는 힘이다. 스토리를 만드는 방법은 의외로 간단하다. 가장 많이 사용하는 방법은 육하원칙이다. 표의 맨 마지막 줄에 있는 '품질 차별화'를 예로 들어보자. '담당 부서에서 품질 차별화가 중요한 이유는 경쟁사 대비 고객들이 인식하는 제품의 포지셔닝을 바꾸어 놓을 수 있기 때문이다.(why) 그러기 위해서는 제품의 기능을 20% 이상 바꾸어야 하고(what), 최근에 원가 인하 추세를 반영하여 가성비를 높이는 방향으로(how), ○○부서와 △△가 협업하는 것이 좋으며(where&who), 상반기 이내에(when) 완료하는 것이 좋다' 정도로 기술하면 된다. 여기에 하나의 의미를 더 부여하는 것이 좋다. 그랬을 때 담당 부서의 무엇이 좋아지고 담당 부서에 속한 개인들의 무엇이 달라지는지를 기술하면 하나의 스토리가 완성된다.

그다음 많이 사용하는 방법은 '기승전결'과 같은 사단 논법이나

'서론-본론-결론'과 같은 삼단논법으로도 가능하다. 기起는 문제를 제기하는 단계다. 왜, 무엇 때문에 담당 부서가 이 성과 목표를 달성해야 하는지를 적는다. 승承은 이대로 가면 상황이 얼마나 악화될 수 있는지를 적는다. 전轉은 이제는 변화가 필요하며, 변화가 일어나지 않으면 더 이상 안 되는 수준에 이르렀다는 것을 적는다. 또한 어느 정도까지 변화가 필요한지를 적는다. 결結은 그래서 언제까지 무엇을 얻어야 한다는 것을 제시한다. 목표를 달성하면 무엇이 좋아지는지 부서 차원, 개인 차원에서 적는 것이 좋다. 이런 스토리가 숫자와 함께 제시된다면 그야말로 살아 있는 성과 목표, 누가 봐도 의미로 충만한 성과 목표가 될 것이다.

의미 있는 정체성을 만들어라

스토리가 주는 힘은 생각보다 크다. 사람들은 숫자가 외우기도, 기억하기도 쉽다고 하지만 스토리를 통해서는 의미를 찾고 감동을 받을 수 있다. 무엇보다 전체 과정을 기억하기 때문에 무엇을, 어떻게, 왜 수행해야 하는지를 뇌가 기억한다. 여기서 한 걸음 더 나아가면 '정체성'을 얻을 수 있다. 정체성이란 특정 부서에 속해 있다는 '소속감'을 확인한다는 뜻이다. 굳이 과거처럼 회식을 많이 하지 않아도, 야유회나 체육대회와 같은 이벤트를 개최하지 않아도 정체성과 소속감을 불러일으킬 수 있다면 그것으로 충분하다.

사람들은 일을 해야 하는 이유를 알면 일하고 싶고, 그 일을 통해 성과를 내고 싶어 한다. 이벤트를 통해 정체성, 소속감을 고양하는 것은 한계가 있다. 그때뿐이다. 그동안 리더들은 정체성, 소속감을 형성하는 방법을 별로 연구하지 않았다. 같이 밥 먹고, 술 마시고, 운동하고, 어깨동무하면서 '우리 남이가!'를 외치면 되는 줄 알았다. 사실 너무 쉽게 리더 노릇을 해온 것이다.

정체성이란 무엇일까? 에릭 에릭슨Erick Erickson에 따르면 정체성이란 자신 내부에서 일관된 동일성을 유지하는 것과 다른 사람들과의 어떤 본질적인 특성을 지속적으로 공유하는 것, 둘 다를 의미한다. 이를 성과 목표와 연계시키면 어떤 뜻이 될까? 자신이 달성해야 할 성과 목표를 일관되게 유지하는 것은 목표 달성에서 매우 중요한 개념이다.

연초에 세운 개인의 성과 목표를 잘 기억하지 못한다고 상상해보자. 그런 개인이 자기 목표를 달성하기란 쉽지 않을 것이다. 자신이 설정해놓은 방향을 잊어버린 사람은 제대로 된 경로를 유지하기 쉽지 않다. 숫자로만 이루어진 성과 목표를 단순히 암기하는 것은 가능할지 몰라도 그 중요성과 의미를 이해하지 못한 상태에서 자신의 목표를 소중하게 간직하기는 어렵다. 그래서 현업의 실무자를 인터뷰해보면 자신의 성과 목표를 정확히 기억해내는 사람이 많지 않다. "그거 원래 그런 거 아녜요?", "저는 잘 몰라요. 윗분들이 알아서 만들고, 알아서 챙기겠죠"와 같은 말을 다반사로 듣는다. 자신 안에 일관된 동일성이 유지되지 않는 것, 이는 정체성이 없다는 말이다.

정체성의 두 번째 정의는 '다른 사람들과의 어떤 본질적인 특성을 지속적으로 공유하는 것'이다. 구성원들이 팀장 또는 리더들과 어떤 본질적인 특성을 지속적으로 공유하지 못한다면 이 또한 정체성이 없거나 약화된 상태다. 성과 목표와 연결시키면 어떤 뜻이 될까? 팀장이 인식하고 있는 성과 목표와 구성원들이 인식하고 있는 성과 목표가 다르면 어떤 일이 벌어질까? 즉 성과 목표가 공유되지 못하면 어떻게 될까? 한 사람은 서울을 향해 열심히 뛰고 있는데 다른 사람은 부산을 향해 뛰는 꼴이 된다. 성과 목표 일람표를 만들어 공유하지 않았냐고 항변할 수도 있다. 중요한 건 '공유'는 종이 몇 장, 회의 몇 번으로 일어나는 것이 아니라는 점이다. 서로 다른 생각을 가진 사람들은 다른 행동을 하게 되어 있다. 서로 다른 입장을 가진 사람들은 나중에 다른 소리를 하게 되어 있다. 이것을 모르고 있다면 진짜 리더가 아니다. 그래서 '우리 부서는 무엇을 하는 부서인지, 왜 성과 목표를 달성해야 하는지, 그것이 우리에게 어떠한 결과를 가져다줄 것인지'를 설명해야 한다. 그것도 한 번이 아니라 여러 차례!

그렇다면 정체성은 어떻게 형성하는 것일까? 정체성은 기본적으

리더십은 '진실한' 관계 맺음에서 나온다

로 '내 것이다!' 혹은 '내 것이 아니다!'를 구분하는 데서 출발한다. 성과 목표라는 개념과 정체성이라는 개념을 함께 묶어서 보면 내 것에는 애착을 '더' 가지고, 남의 것에는 애착을 '덜' 가진다고 유추할 수 있다. 나다운 방식을 자각하는 것, 성과 목표를 달성하는 것 또한 성과 목표에서 중요한 포인트다. 마지막으로 다른 사람들과 본질적 특성을 지속적으로 공유해나갈 수 있는 것 역시 자신의 정체성을 확립하는 데 큰 도움이 된다. 즉 정체성은 한 번 형성되면 그대로 굳어지는 고정불변의 것이 아니다. '나는 다른 사람과 어떻게 다른가', '그럼에도 불구하고 지속적으로 공유 가능한 것은 무엇인가'를 탐색하고 발견해나가는 과정에서 형성되는 것이다. 이것을 제대로 모르는 리더는 진짜 리더가 아니다. 그동안 이런 이해 없이 조직 운영이 잘되었다면 그것은 운이 좋았던 것이다. 향후에 사람들을 어떻게 리드해야 좋을지 고민하는 사람이 진짜 리더다. 함께 일하는 사람들 간의 정체성 형성이라는 화두를 이해하는 것이 중요하다.

정체성 형성 방법은 크게 세 가지로 나누어 설명할 수 있다. 첫 번째 방법은 구성원들의 생각을 있는 그대로 수용하는 것이다. 말 그대로 이 세상의 모든 사람은 유일무이한 존재이기 때문에 그 사람의 특성, 즉 정체성을 가지고 있을 수밖에 없다. 그것을 인정해주어야 한다. 전통적 리더들이 흔히 저지르는 실수 중 하나가 상대방을 설득하여 리더 자신에게 맞추려는 행동을 하는 것이다. 지금까지는 그것이 가능했을지 몰라도 더 이상은 가능하지 않다. 있는 그 대로 상대방을 수용하라. 할 수 있는 말과 행동은 "그렇게 생각하는구나", "그럴 수도 있겠네" 외에는 없다.

두 번째 방법은 본인이 편한 방식대로 일할 수 있도록 배려하는 것이다. 똑같은 일을 해도 사람은 저마다 편한 방식이 있다. 오랫동안 그렇게 해왔기 때문에 편리하다는 측면도 있겠지만 그 방식이 그 구성원에게는 가장 '적합한 방식'일 가능성이 크다. 굳이 리더가 경험한 방식을 강요할 필요가 없다. 모로 가도 서울만 가면 된다. 세상에는 누가 해도 좋은 방식이란 없다. 자신에게 편리하고 자신에게 적합한 방식대로 일하게 하는 것, 이것이 상대방의 정체성을 인정해주는 방법이다.

마지막 세 번째 방법은 자신에게 익숙한 방식을 타인들과 공유하는 기회를 많이 만들어주는 것이다. 팀이나 그룹의 정체성을 형성하는 데 이 방법은 매우 중요하다. 각각의 개성을 가진 구성원이 각각의 방법이 왜 본인에게 편리하고 적합한지 공유하다 보면 지속 가능한 어떤 특성을 객관적으로 파악할 수 있는 힘이 생긴다. 서로의 다름을 인정하면서도 상대방의 장점을 취하고 싶은 생각이 들 수 있다. 이런 점들을 상호 취할 때 팀이나 그룹의 공통점을 형성할 수 있다. 이 또한 정체성이다. 각자 일하는 방식은 다르지만 어떤 특정 분야에서는 함께 공유하는 것, 이것은 시간이 흘러도 지속될 가능성이 높은 것, 그래서 결국 타 그룹, 타 부서와는 다른 정

리더십은 '진실한' 관계 맺음에서 나온다

체성을 형성할 수 있게 되는 것이다. 진짜 리더는 이것을 해낼 수 있어야 한다. 단, 과거와는 다른 방식이어야 한다. 수용, 인정, 공유라는 일련의 과정을 통해 팀 정체성을 형성해야 한다.

의미 있는 채널을 만들어라

성과 목표를 관리하고 달성하는 데 의미 있는 채널이란 무엇일까? 아니, 그런 것이 필요하기는 한 것일까? 2000년 이전에는 주로 4개 미디어, 즉 TV, 라디오, 신문, 잡지를 활용한 홍보가 강세였다. 4대 미디어를 활용하는 것은 비싸고 시간이 많이 걸렸지만 대신 그만큼 효과가 좋았다. 2000년대를 넘어서면서 인터넷 밴드 광고가 새롭게 출현했다. 빠르고 저렴하면서도 효과가 꽤 있었다. 2010년을 넘어가면서는 소셜미디어가 주류로 자리 잡았다. 소셜미디어는 비용을 거의 들이지 않고, 젊은층과 노년층을 동시에 공략할 수 있는 매체가 되었다. 상대적으로 업무에 바쁜 30~40대가 오히려 소셜미디어에서 소외되는 현상까지 일어나고 있다.

'일반적으로 채널이라 함은 홍보 전략을 구사하는 방편을 이야기하는 것인데, 성과 목표와 무슨 상관이지?'라는 의문이 들 수도 있다. 물론 그렇게 생각할 수도 있다. 함께 일하는 세대가 젊은 세대라는 것을 생각해보면 뭔가 떠오르는 것이 있을 수 있다. 그들은 어쩌면 자신들이 일하는 방식을 자랑하고 싶어 할 수도 있다. 회사의 기밀 사항이 아니라면 그들의 성과 목표, 일하는 방식, 일하는 과정을 소셜미디어로 만들어 공유하라고 권하고 싶다. 군이 외부에까지 알릴 필요가 없다면 사내 공유용으로만 활용해도 좋다.

우선 구성원 중에 개인적으로 일하는 방식을 알리고 싶어 하는 사람을 파악하라. 그리고 팀장이 무엇을 도와줬으면 하는지 반드시 질문하라. 그것을 사내용으로만 활용하든 누구나 볼 수 있는 유튜브에 공지하든 적극적으로 도움을 주는 것이 좋다. 구성원들이 자신의 업무를 공개하고, 자신의 일하는 방식을 알리고, 그를 통해 재미를 느낀다면 군이 막을 이유가 없다. 자신을 세상에 알리고 싶은 욕구가 반드시 나쁜 것은 아니다. 마찬가지로 자신의 경력과 업무를 유튜브를 통해 광고하는 것이 무조건 회사에 해가 된다고 말할 수도 없다. 오히려 그 회사의 개방성을 보여주고, 그 회사의 이미지를 높여줄 수도 있다. 또한 다른 회사, 다른 직장이 따라 하게 만드는 효과를 볼 수도 있다.

구성원 개인이 아니라 팀이나 그룹 차원의 소셜미디어라면 더 격려해줄 필요가 있다. 팀으로 일하는 모습을 보여줄 수 있고, 기록으로 남길 수도 있으며, 다른 사람들을 끌어들이는 효과까지 볼 수도 있다. 다른 사람들이 우리 부서가 일하는 방식을 흉내 낸다는 자체가 이미 상당한 홍보 효과를 보고 있다는 뜻이다. 일정 기간 동안 프로젝트를 수행하는 모습을 체계적으로 보여준다거나 5분 이내의 클럽으로 편집하여 보여주기만 해도 그 속에 아름다운 스토리가 담겨져 있을 것이다. 특히 성공 사례나 실패 사례를 보여주는 것은 더 큰 의미가 있다. 성공 사례는 한 번 성공했다고 그대로 재현될 수 없기 때문에 외부에 공개되어도 안전하다. 실패 사례 역시 똑같은 실패를 반복하지 않도록 하기 때문에 유용하다.

감추고, 꾸미고, 덮어둔다고 해서 가려지는 세상이 아니다. 더 적극적으로 정리하고, 만들고, 알리는 사이에 한 단계 더 높은 아이디어들이 세상에 출현할 것이다. 이것이야말로 정보를 완전하게 공개함으로써 공정한 경쟁 사회로 진입하도록 하는 데 도움이 되지 않을까? 더 나은 아이디어로 무장한 사람들이 더 많이 인정받아야 한다. 그 대신 그 아이디어가 지나치게 오래 머물러 고인 물이 되지 않도록 새로운 방법, 새로운 아이디어들이 시장에 계속해서 쏟아져 나와야 한다.

자신의 성과 목표를 자랑하게 하는 것, 자신의 성과 목표 달성 과정을 소셜미디어를 통해 공개하는 것, 거기서 성공 또는 실패를 맛보고 더 나은 아이디어를 향해 매진하도록 하는 것, 이것이 진짜 리더들이 해야 할 일이다. 제대로 된 채널 전략을 통해 구성원들을 재미있게 만들어주어라. 또한 시장과 고객 반응의 냉철함을 경험하게 하라. 이것이야말로 진정한 '치열함'이 아닐까?

가짜 리더십은
통하지 않는다

●

밀레니얼 세대의 부상과 제4차 산업혁명의 도래로 인해 진짜들이 지배하는 세상이 오고 있다. 그동안 실력이 없으면서도 실력 있는 척하는 리더가 너무 많았다. 열정이 없으면서도 자신을 평가하는 사람들 앞에서만 열정이 있는 척하는 리더도 많았다. 높은 자리에 있는 리더들은 다 알면서도 자신의 편의를 위해 자기에게 잘하는 사람들에게 호의를 베풀었다. 조직의 미래쯤이야 눈 한 번 찔끔 감으면 되는 것이었다. 나를 잘 챙겨주는 사람에게 조금만 잘해주면 퇴직 후의 삶이 어느 정도 보장되었다. 이러한 분위기가 공공연한 사실이었지만 누구도 쉽게 말하지 못했다. 반면 진짜 실력을 키

리더십은 '진실한' 관계 맺음에서 나온다

우며 개인의 안일보다는 조직 전체의 미래를, 미래의 성과를 말하는 사람들은 순탄치 않은 삶을 살았다. 물론 성과주의가 확실하게 정착된 조직, 능력주의를 우선시하는 회사들은 그 리스크를 알고 있었기에 공정하고 투명한 회사를 만들어냈을 것이다. 그러나 상당수의 회사는 그렇지 못했다. 구성원들이 출근하기 싫어하는 이유는 많은 업무량, 늦은 퇴근, 긴 근무 시간 등 눈에 보이는 것들이 아니었다. 그들은 회사가 재미없었다. 일이 재미없었다. 자발적으로 선택할 수 있는 일도, 신나게 할 만한 일도 없었다. 그나마 했던 일에 대한 평가는 공정하지 못했다. 차라리 게임을 하는 것이 나았다. 회사에서 게임을 하는 것이 더 스릴 있었다.

가짜들이 리더가 되면 안 된다. 가짜들은 자신의 안위를 도모하고 성과를 숨기거나 부풀리는 일에는 능숙하지만 진짜 성과를 내는 데는 젬병이다. 가짜들은 열정이 없다. 복지부동할 뿐이다. 그럼에도 불구하고 가짜들이 오랜 세월 생존할 수 있었던 이유는 그들의 '리더'가 그들을 용인했기 때문이다. 그러나 더 이상 그런 일이 일어나기는 쉽지 않다. 인공지능이나 로봇들이 그런 판단을 내릴 이유가 없어졌기 때문이다. 데이터가 사람들을 속이려고 마음먹지 않을 것이기 때문이다. 아니 더 근본적으로 말하면 리더라고 하는 자리 자체가 그렇게 많이 필요하지 않기 때문이다.

그럼에도 불구하고 우리는 진짜 리더와 가짜 리더를 구분하는 법을 알아야 한다. 인공지능과 로봇이 우리를 거의 완벽하게 지배하는 세상은 좀 더 기다려야 오기 때문이다. 데이터가 모든 진실을 말하는 시기까지 적어도 10년 이상은 기다려야 하기 때문이다. 사실 우리는 진짜·가짜 리더 구별법을 이미 본능적으로 알고 있다. 사람의 본능은 금방 진짜와 가짜를 구분하고 가급적 진짜 편에 서려고 한다. 이성적으로는 그렇다. 그런데 우리의 욕망이 그것을 방해한다. 욕망이란 다름 아닌 공포감이다. 내 안에 숨겨진 욕망은 '네가 만약 진짜 편에 선다면 네가 원하는 것(욕망)을 가질 수 없을지도 몰라'라고 속삭이며 '그러면 어떻게 될까?'라고 묻는다. 그리고 '네 일자리가 없어질지도 몰라. 고통 속에서 살아가야 할 거야'라고 말한다. 그런 후 내 안의 욕망은 슬며시 나를 주저앉힌다.

'좋은 게 좋은 거 아닐까? 그냥 한 번 모른 척하면 되는데 굳이 네가 나설 필요 있어? 다른 사람이 하도록 기다려.'

그렇게 진짜와 가짜를 구별하는 우리의 능력은 서서히 퇴화되어 간다. 그러다가 어느 순간, 가짜가 진짜 같고 진짜가 가짜 같은 가치전도 현상이 우리 앞을 막아선다. 한마디로 절망이다.

―――――

나는 진짜 리더일까? 가짜 리더일까?

필자가 추천하는 진짜·가짜 리더 구별법은 우선 내 안의 '셀프 2'를 왕성하게 키우는 것이다. 앞서 이야기했듯 이너 게임에서 지면

―――――

세상 모든 것에서 진다. 내 안의 나를 응원하고 내 안에 잠재력이 있음을 강력하게 믿고 있는 셀프 2를 날마다 무럭무럭 키워야 한다. 내 안의 셀프 2는 거짓말을 하지 않는다. 그리고 셀프 2에게 '내가 진짜 리더일까, 가짜 리더일까?'라고 물어보아야 한다. 아니면 이렇게 물어볼 수도 있다.

'나의 리더라고 하는 저 사람은 진짜 리더일까, 아니면 무늬만 리더인 가짜 리더일까?'

내 안의 셀프 2는 틀림없이 진실을 말해줄 것이다. 물론 그동안 자신의 셀프 2를 정성을 다해 키워왔어야 한다. 그렇지 않으면 나의 셀프 2는 진실을 말하지 않을 것이다. 자기기만에 빠져 거짓을 말하거나 나를 과대평가하여 함정에 빠트리거나 나를 과소평가하여 자존감을 잃게 만들지도 모른다. 그러니 평소에 자신의 셀프 2에 귀를 기울이고 진실한 대화를 나누어야 한다. 셀프 2가 진실을 말해주었다면 따라야 한다. '아, 나는 진짜 리더야', '아, 그 양반은 가짜 리더야'라는 것을 알게 될 것이다.

만약 셀프 2를 가꾸지 못한 사람이라면 어떻게 해야 할까? 이대로 진짜·가짜 구별법을 배우지 못하고 포기해야 할까? 방법은 있다. 우선 스스로에게 '신뢰할 수 있을까?' 질문해보는 것이다. 자기 자신을 향한 질문일 수도 있고, 타인을 향한 질문일 수도 있다. '신뢰할 수 있다'라는 대답이 나오면 진짜 리더라고 믿어도 좋다. 신뢰란 아무에게나, 아무 때나 오는 것이 아니다. 더구나 아무 조건 없이, 아무 계산 없이, 아무 확신 없이 '신뢰할 수 있다'라는 대답이 나오지 않는다.

스티븐 코비Stephen Covey는 《신뢰의 속도》에서 초고속 성장의 비결을 '신뢰'에서 찾았다. 그는 '신뢰'가 추상적인 단어라는 데 동의하지 않는다. 신뢰야말로 경제적 성과를 담보하는 핵심 가치라고 역설한다. 내가 누군가를 특별한 담보나 보증 없이도 믿을 수 있다는 것만큼 확실한 사회적 자본은 없다. 신뢰는 개인의 인생과 직장생활에 엄청난 영향을 미친다. 신뢰의 속도만큼 빠른 것은 없다.

스티븐 코비가 강조한 첫 번째 신뢰의 원칙은 자기 신뢰의 원칙이다. 단순한 윤리적 차원을 넘어 자기 자신을 신뢰하는 것이 모든 것의 기초이며 그런 신뢰를 만들어내는 것만큼 중요한 것은 없다. 내가 나를 신뢰하는 것처럼 상대방이 나를 신뢰하는 것은 큰 자산이다. 이를 위해 성실성, 의도, 능력, 성과가 뒷받침되어야 한다.

두 번째는 대인관계를 위한 신뢰의 원칙이다. 스티븐 코비는 대인관계를 위한 열세 가지 행동 원칙을 제시했다.

1. 솔직하게 말하라.
2. 상대방을 존중하라.
3. 투명하게 행동하라.
4. 잘못을 즉시 시정하라.
5. 신의를 보여라.

6. 성과를 내라.

7. 끊임없이 개선하라.

8. 현실을 직시하라.

9. 기대하는 바를 명확히 하라.

10. 책임 있게 행동하라.

11. 먼저 경청하라.

12. 약속을 지켜라.

13. 먼저 신뢰하라.

스티븐 코비는 행동으로 일으킨 문제는 행동으로 해결해야 한다고 말한다. 즉 위에 제시된 행동들 중 리더들이 잘 수행하지 않음으로써 발생한 문제가 있다면 즉시 그 행동을 강화해야 한다. 필자의 생각에 가장 중요한 행동 원칙은 '먼저 신뢰하라'다. 리더가 먼저 구성원을 신뢰하는 것만큼 중요한 행동은 없다. 아랫사람들을 의심하고 추궁하고 비판하면서 리더를 신뢰해주길 바라는 것은 어불성설이다. 의심은 의심을 낳고 추궁은 변명을 낳으며 비판은 핑계를 낳는다. 그러니 리더들이여, 먼저 신뢰를 보여주시라!

스티븐 코비가 강조한 세 번째, 네 번째, 다섯 번째 원칙은 다음과 같다.

1. 조직의 신뢰: 한 방향 정렬의 원칙

2. 시장의 신뢰: 평판의 원칙

3. 사회의 신뢰: 공헌의 원칙

　조직은 성과 목표를 향해 한 방향으로 정렬해야 한다. 이는 의미 있는 성과 목표를 선택했을 때 저절로 따라 오는 것이다. 시장에서, 사회에서 아름다운 평판을 얻기 위해 노력하고 사회를 위한 공헌을 할 때 신뢰가 따라 온다. 진리는 지극히 단순하기 때문에 지극히 옳은 법이다. 신뢰는 개인에서 출발하여 조직 내 대인관계, 조직 전체는 물론 시장과 사회에서의 신뢰 확보까지 확장된다. 이런 신뢰를 확보한 리더라면 당연히 진짜 리더라고 인정할 수밖에 없다.

　스타벅스는 우리나라에서 가장 많은 프랜차이즈를 가진 커피숍이다. 스타벅스가 신뢰를 잃었다가 회복한 이야기는 이미 10년도 지났지만 여전히 울림을 준다. 스타벅스의 CEO 하워드 슐츠[Howard Schultz]는 어느 날, 스타벅스의 커피 맛이 예전 같지 않다는 이야기를 들었다. 스타벅스의 고유한 맛(정체성)이 사라지고, 다른 여타 커피 맛과 유사하다는 것이었다. 특별히 매출과 이익이 나빠지고 있는 상황은 아니었지만 하워드 슐츠는 이 이야기를 허투루 듣지 않았다. 그는 중대 결단을 내렸다. 미국 전역에 있는 7천 개가 넘는 매장의 문을 약 4시간 정도 닫고 다시 바리스타 교육을 실시했다. 하워드 슐츠는 그 시간 동안 발생하는 매출 손실보다 스타벅스 고유의 맛이 사라지는 것이 더 큰 문제라고 본 것이다. 더 큰 시장의 신

리더십은 '진실한' 관계 맺음에서 나온다

뢰를 얻기 위한 결단이라고 보지 않을 수 없다. 이 이야기가 알려지면서 스타벅스 매장은 불과 몇 개월 만에 2~3배 더 증가했고, 매출과 영업 이익은 더 큰 폭으로 개선되었다.

'업의 본질'에 충실하기 위한 행동은 당장의 손실을 넘어 더 큰 성과를 보장한다. 왜냐하면 사람들에게 진심을 전달하기 때문이다. 진심이란 억지로 꾸며서 되는 것도, 잠시 동안 사람들을 속일 수 있는 것도 아니다. 그러므로 진짜 리더는 손해를 두려워하지 않는다. 손해를 볼까 계산하지도 않는다. 진짜 리더는 그런 공포감을 가지고 있지 않다. 진짜는 진짜를 추구하기 때문에 가짜를 가까이 할 이유도, 가짜에게 두려움을 느낄 이유도 없다. 이처럼 진짜·가짜 구별법은 '신뢰할 수 있는가, 신뢰할 수 없는가'로 결정된다.

마지막으로 진짜·가짜 구별법은 눈에 너무도 잘 띈다. 첫 번째, 가짜는 당장의 인기만을 추구한다. 인기가 자신의 생존에, 사람들을 움직이게 하는 데 유리하다고 판단한다. 두 번째, 가짜는 당장의 성과만을 추구한다. 당장 성과를 보여주어야 승진이나 출세가 가능하고 남들보다 더 많은 인센티브를 보장받을 수 있다고 판단한다. 현재의 성과·보상 시스템이 그렇게 설계되어 있기 때문에 그렇게 행동한다. 그들은 영리하여 이런 상황을 빨리 판단한다. 그러나 진짜 리더는 A.E.O(에오!)한다. 진짜 리더 역시 인기의 중요성이나 성과의 중요성을 잘 알고 있다. 그들은 당장의 인기나 당장의 성과는 자연스럽게 따라 오는 것이지 그 자체가 목적은 아니라고 믿는다. 그래서 시간이 조금 걸리더라도 진짜 목표를 향해 나아가는 것이다.

당장의 인기만을 추구하는 리더는 가짜다

당장의 인기만을 추구하는 리더는 당연히 가짜다. 그들은 조직이나 공동체의 진정한 성과에 관심을 가지는 것이 아니라 자신 또는 자신이 속해 있는 집단의 성공을 추구한다. 인기는 자연스럽게 따라오는 결과여야 하지 그 자체가 목표가 되어서는 안 된다. 인기를 추구하는 사람들이 자주 보여주는 행동 특성은 다음과 같다. 체크리스트로 활용해보자.

1. 눈치를 많이 본다.
2. 해야 할 말을 하지 않는다.
3. 편애하는 사람들이 따로 있다.
4. 업의 본질에는 관심이 없고, 눈에 보이는 것을 중시한다.
5. 윗사람에게 보고하는 것을 중시한다.
6. 보고서의 모양과 형식에 집착한다.
7. 빨리빨리 아웃풋을 내는 것을 중시한다.

리더십은 '진실한' 관계 맺음에서 나온다

8. 책임을 회피한다.

9. 좋은 말, 부드러운 말만 골라서 한다.

10. 아랫사람들이 알아서 충성한다고 믿는다.

10가지 항목 중 3개 이상 해당하면 가짜 리더다. 가짜 리더는 가급적 일에 휘말리는 것을 싫어하기 때문에 눈치를 본다. 이번에, 이번 달에, 이번 해를 잘 넘기는 것이 목표이지 업의 본질이나 진정한 성과 따위에는 관심이 없다. 그래서 가급적이면 문제가 될 만한 발언을 삼간다. 자신이 편애하고 의존하는 사람들이 따로 있다. 눈에 보이는 결과가 중요하기 때문에 윗사람에게 보고하는 것을 중요하게 생각하고, 보고서의 모양과 양식을 대단히 중시한다. 이상하게도 그런 리더의 윗사람들은 보고서 모양과 양식에 대한 지적을 많이 한다. 그래서 그들은 일이 빨리빨리 진행되기를 바라고 정작 원하는 결과를 얻지 못할 경우에는 책임을 회피하는 발언, 남 탓을 하는 발언을 많이 한다. 심지어 시장이, 고객이 잘못되었으며 구성원들이 주인의식을 가지고 있지 않다고 말하기도 한다.

인기를 추구하는 리더들의 가장 큰 특징은 소신이 없다는 것이다. 소신이 없기 때문에 눈치도 보고 책임도 전가하고 결정적으로 모든 사람에게 듣기 좋은 말만 골라서 할 수 있는 것이다. 당장 좋은 말만 들은 사람들은 칭찬받은 것 같고, 존중받은 것 같아 좋은 감정을 형성하게 된다. 어떤 집단이나 윗사람과 맞서서 결과가 좋은 꼴을 본 적이 없기 때문이다. 적어도 초기에는 팀워크가 좋은 팀처럼 보이고, 적극적인 반대자가 없어 특별한 문제가 없어 보인다. 결과는 그리 오래 지나지 않아 표면화될 텐데 말이다.

또한 인기를 추구하는 리더는 아랫사람에게 충성과 아부를 강요한 적이 없다고 믿는다. 그저 사람들이 자기를 좋아한다고 생각한다. 진짜 믿어도 되는 걸까? 아니 믿으면 안 된다. 사람들이 누군가를 좋아하는 것은 그럴 만한 이유가 있다. 편하게 대해준다거나, 자신을 잘 챙겨준다거나, 배울 점이 많다거나, 자신의 성과 창출에 도움을 준다거나 등. 이 자체가 잘못된 것은 아니다. 어느 집단에서나 볼 수 있는 현상이다. 그런데 진짜 리더는 '인기'를 추구하지 않기 때문에 '가짜 리더'와 행동이 다르다. 특정한 사람들이 저마다의 이유로 자신을 따른다고 할 때에도 공과 사를 구분할 줄 안다. 개인적으로 좋은 건 좋은 거고, 성과는 성과이기 때문에 특별히 누군가를 편애하고, 누군가의 말을 더 들어주고 그런 것이 없다. 사람들이 공정하다고 믿으면 진짜이고, 조금이라도 공정하지 않다고 믿으면 가짜인 것이다.

가짜 리더는 사람들의 충성심을 은근히 즐긴다. 그걸 알면서도 입으로만 아니라고 할 뿐이다. 가짜 리더에게 사람들이 붙는 이유는 단 하나, 먹을 것이 많기 때문이다. 먹을 것이 떨어지면 언제 그랬냐는 듯 떨어져 나갈 것이 분명하다. 이 모든 피해는 조직 전체에 고스란히 돌아갈 수밖에 없고, 성과 또한 단기에 그칠 가능성이 크다.

당장의 성과만을 추구하는 리더는 가짜다

당장의 성과만을 추구하는 리더도 당연히 가짜다. 당장의 성과란 단기 성과주의를 의미한다. 가짜 리더는 올해의 KPI를 맞추지 못하면 자신의 승진과 연봉에 불리하게 작용할 수도 있다는 생각에 밀어내기를 해서라도 목표를 달성하려고 한다. 단기 성과주의는 업종 불문, 분야 불문 많은 조직의 문화로 자리 잡고 있다. 장기적으로 보면 당장 채권을 처분하지 않아도 되는 시점인데도 자신의 단기 성과를 극대화하기 위해 채권을 처분하는 금융계의 관행이나 멀리 보고 젊은 선수에게 투자해야 하는데도 당장의 성과를 위해 자유 계약 선수를 영입하는 프로야구계의 관행 등이 그 예다. 그렇게 해야 리더들의 단기 성과를 보여주는 데 유리하고, 그것이 리더 자신의 이익과 부합하기 때문이다.

이유가 무엇이든 당장의 성과에 목을 매는 리더는 당연히 가짜다. 길게 보면 조직의 경쟁력을 저하시키는 요인이 될 수 있다. 중요한 것은 '그런 상황을 어떻게 막을 것인가'다. 다 알면서도 서로 묵인할 수밖에 없는 상황이 너무나 많다. 당장 고객이나 상사들이 단기 성과에 목말라 한다. 나중이 아닌 지금 당장 과실을 가져오길 바란다. 나중이란 기약할 수 없는 미래이고, 나에게 명성과 이익을 가져다주는 것은 지금 이 순간의 성과다. 달콤한 사탕을 좋아하는 사람이 당장의 유혹을 끊기 어려워 지속적으로 당분을 섭취하는 것과 같은 이치다. 야식을 먹으면 곧바로 체중 증가로 이어진다는 것을 뻔히 알면서도 유혹을 이겨내지 못하는 것과 같은 이치다.

그럼에도 불구하고 지나친 단기 성과주의를 경계하는 것은 무조건 옳다. 당장 살기 위해 먼 미래의 경쟁력을 스스로 파괴하는 행동을 지속하도록 내버려두어서는 안 된다.

우선 단기 성과주의에 집착하는 리더의 행동 특성을 알아보자.

1. 승부욕이 강하고 집요하다.
2. 자기 경험과 생각을 우선시한다.
3. 구성원의 훈련을 중시한다.
4. 지휘 스타일이 독단적이다.
5. 협업을 중시하지 않는다.
6. 고집이 강하다.
7. 멘탈이 강해 잘 무너지지 않는다.
8. 팀플레이보다 개인플레이를 더 중시한다.
9. 수단과 방법을 가리지 않고 승리를 추구한다.
10. 구성원에 대한 배려가 적다.

단기 성과주의를 중시하는 리더의 머릿속에는 이겨야 한다는 생각뿐이다. 이기기 위해 자신의 경험과 생각에 골몰하고 남의 이야기를 잘 듣지 않는다. 경쟁자를 제압하는 투사들을 양성하는 것을 선호한다. 지위 스타일이 독단적이고, 협업보다는 구성원 개개인의 우수한 역량 향상을 중시한다. 또한 고집이 세고, 바늘로 찔러도 피한 방울 나오지 않을 것 같은 강한 멘탈을 가지고 있다. 그렇기 때문에 초기 얼마 동안은 실제로 성과를 내 많은 사람이 인정하지 않을 수 없는 상황을 만들어낸다. 누구도 사신을 우습게 여기도록 두지 않는다. 문제는 이런 특성을 가진 리더의 성과는 지속 가능하지 않다는 것이다.

우선 지독한 훈련만으로 승리를 장담할 수 없다. 혼자 하는 업무나 혼자 하는 게임이 아니라면 나 혼자 잘해서 승리를 거머쥘 수 없다. 팀플레이는 개인의 능력을 합한 것 이상의 단합과 시너지가 필요하다. 오로지 체력과 정신력만으로 이길 수는 없다. 또한 단기 성과주의를 추구하는 리더의 경우, 자신의 경험과 생각에 매몰되어 있어 더 큰 그림을 보지 못할 가능성이 크다.

업무든 스포츠든 정해진 룰 안에서 잘하는 것이 중요하지 않을 때가 많다. 현장에서 하는 다양한 변수에 적절하게 대처하는 능력이 중요하다. 게임의 승패는 그때 결정된다. 모든 것이 예측되고 통제된 환경에서의 집중 훈련은 그다지 큰 도움이 되지 않을 수도 있다. 차라리 구성원들의 의견을 충분히 반영하고 예상치 못한 상황에서 문제 해결 능력을 키우는 것이 더 중요하다.

또 한 가지 간과할 수 없는 사실은 함께 일하는 사람들의 감정에 대한 배려다. 정해진 조건 안에서 위에서 시키는 대로 개인의 개성과 스타일을 무시할 경우, 개개인의 자발성은 어떻게 되는지 생각해보아야 한다. 한때 야신이라 불린 김성근 감독을 떠올려보면 금방 이해가 될 것이다. 그는 6개 구단의 감독직을 맡았고, 항상 폭발적인 기대 속에서 취임을 했다. 하지만 구단을 떠날 때에는 대부분 좋지 않은 뒤끝을 남겼다. 선수들에 대한 개인적 배려보다는 강압적 훈련 방식을 고집했고, 선수의 부상은 아랑곳하지 않고 오로지 승리에만 집착하는 모습 때문에 많은 구설수에 올랐다.

결국 단기 성과에 지나치게 집착하는 리더는 가짜다. 겉으로는 팀의 승리, 조직의 경쟁력 확보를 내세우지만 정말 그들이 우선순위로 생각하는 것은 자신의 욕망을 채우는 일이다. 단기 성과가 불필요하다거나 단기 성과를 내지 않아도 좋다는 뜻이 아니다. 문제는 자신의 이익을 극대화하는 과정에서 핵심 자원들의 지나친 손실, 미래 자원의 고갈을 방치해서는 안 된다는 뜻이다.

이를 해결하기 위해 BSC(균형성과지표, Balanced Score Card)라는 툴이 개발되기도 하였으나 사실상 조직 내에 안착하지 못했다. 그만큼 단기 성과주의의 유혹이 끈질기게 작동하고 있기 때문일 것이다. 우리나라의 대학 입시와 유사한 양상이 되풀이되고 있다. 시험 문제를 잘 풀어 고득점을 올린다고 해서 진짜 실력이 있는 학생이라고 장담할 수 없는 것처럼 비슷한 상황이 기업이나 공공 조직에서 되풀이되고 있다. 독서하지 않고, 질문하지 않고, 토론하지 않고 어떻게 문제의 본질에 도달할 수 있겠는가. 단지 문제에 대한 답을 외우거나 찍는 능력만 향상되는 것은 아닐까?

해법은 하나뿐이다. 단기 성과로 재미를 보고 있는 리더들의 성과를 인정하지 않는 것이다. 그들의 성과를 무시하라는 말이 아니다. 단지 인정하지 말라는 것이다. 승진이나 연봉 책정 시 2년 차부터는 다른 평가 요인들에 가산점을 둘 필요가 있다. 이것만으로 해결이 안 된다면 마지막 카드는 함께 공부하고, 함께 질문하고, 함께 토론하는 것이다. 공부, 질문, 토론을 통해 어떤 것이 단기 성과이고 어떤 것이 단기 성과가 아닌지 확인하고, 이 둘을 유지하는 것이 왜 중요한지 합의해보자. 이것이 가능한 조직 문화라면 가짜들 속에서 진짜를 가려낼 수도 있고, 가짜들을 진짜로 바꾸어내는 것도 가능할 것이다. 이렇게 해야 진짜 리더들이 더 많이 출현할 가능성이 크다.

A.E.O 리더가 진짜 리더다

당장의 인기만을 추구하는 리더도 가짜이고 당장의 성과만을 추구하는 리더도 가짜라면 누가 진짜 리더가 될 수 있을까? 필자는 앞서 A.E.O 리더가 진짜 리더라고 언급했다. A.E.O 리더만이 변화가 빠르고 전혀 다른 가치관을 가진 젊은 세대를 움직이게 할 수 있다.

또한 그들은 '진심'을 기반으로 젊은 세대의 생각을 수용하고 설득하며, 결국에는 지속 가능한 성과를 만들어낸다.

《원하는 것이 있다면 감정을 흔들어라》의 저자 다니엘 샤피로 Daniel Shapiro는 설득과 협상의 대가다. 그는 인간은 누구도 감정으로부터 자유롭지 못하다고 이야기하며 의외로 많은 리더가 감정을 활용하는 방법을 모른다고 주장했다. 사람의 마음을 움직이게 하기 위해선 감정이 중요한 역할을 한다는 것을 잘 알고 있는 고수들조차도 정작 감정에 대한 이해는 상당히 약하다. 무조건 상대를 기분 좋게 만들어주면 된다고 생각하는 사람들은 '인기'를 얻는 데 집중한다. 상대에게 다 맞춰주고, 어떤 경우에라도 칭찬과 격려를 해주면 사람들이 자신을 따를 것이라고 생각한다. 이것이 바로 당장의 인기를 추구하는 가짜 리더들이 흔히 쓰는 방법이다. 그러나 사람들은 그리 단순하지 않다. 자신에게 좋은 말만 하는 사람을 의심하는 것 또한 인간의 감정이다. 자신에게 뭔가 얻을 것이 있어 좋은 말만 한다는 것을 금방 눈치 챈다. 그래서 당장의 인기를 추구하는 리더가 가짜라는 것이다. 그들은 결코 오래갈 수 없다.

마찬가지로 당장의 성과만 추구하는 것 또한 상사, 고객 등 자신의 이익을 추구하는 사람들을 끝까지 만족시키지 못한다. 첫째는 너무 피로하기 때문이고, 둘째는 길게 보면 손해날 일을 당장의 이익 때문에 추진하고 있다는 것을 깨닫기 때문이다. 결국 사람의 감정을 정말로 잘 움직이는 사람들은 상대방으로부터 긍정적 감정을

리더십은 '진실한' 관계 맺음에서 나온다

이끌어내는 데 익숙하다. 당장이 아니라 장기적 관점에서 긍정적 감정을 이끌어낼 수 있어야 한다. 그래야 진짜 리더다.

그렇다면 긍정적 감정을 장기적 관점에서 이끌어내는 방법은 무엇일까? 다니엘 샤피로의 관점을 일부 빌려 필자가 제안하는 방법은 이것이다. 첫째, 상대방을 무조건 인정하는 습관을 기르는 것이다. 나와 전혀 다른 가치관, 방법, 생각, 스타일을 가진 사람들이라 하더라도 아무 조건 없이 인정하는 것이다. 당장의 인기를 추구하거나 당장의 성과를 추구하는 리더들이 어려워하는 방법이다. 왜냐하면 눈앞의 이익에 연연하지 않고 진심으로 인정해야 하는 것이기 때문이다.

둘째, 친밀감을 강화하는 것이다. 이것도 무조건 해야 하는 일이다. 친밀감을 강화하는 것은 상대방을 잘 알 때 가능한 일이다. 그렇기 때문에 건성으로 인기를 추구하거나 당장의 성과를 원하는 리더들은 별 관심이 없다. 요즘 젊은 세대를 진심으로 이해하려는 진짜 리더들만이 실천 가능한 덕목이 아닐까 싶다.

셋째, 자율성을 존중하는 것이다. 방향과 방법을 스스로 결정할 수 있는 자율성을 말한다. 이때에는 무조건적이라기보다는 조건적일 수 있다. 리더들이 경험한 내용을 이야기하는 것, 재구성하는 것이 포함될 수 있기 때문이다. 무한정의 자율이 아니라 리더들의 경험과 지식을 재활용할 수 있기 때문에 조건적이다. 여기서 자율성이란, 요즘 젊은 세대의 관점에서 리더들의 경험과 지식을 선택적으로 재활용하는 것을 의미한다. 그것이 가능한 분위기와 환경을 조성해주고, 더 나은 방법을 선택할 수 있도록 촉진하는 것이 진짜 리더의 역할이다.

넷째, 성취감을 주는 역할을 맡게 하는 것이다. 인정, 친밀감, 자율성 자체가 궁극적인 목적이 아니라 구성원들이 성취감을 맛볼 수 있도록 돕는 것이 진짜 리더의 역할이다. 이때 진짜 리더는 자신의 의견을 자신 있게 제시할 수 있어야 한다. "이런저런 대안을 고민했을 때 최선의 선택은 이것이다!"라는 말을 할 수 있어야 한다. 물론 이때도 조건적이어야 한다. 자신의 의견이 아무리 자신 있다 해도 틀릴 가능성을 내포하고 있다는 것을 잊어서는 안 된다. 그래야 요즘 젊은 세대와 함께 호흡하고 그들이 원하는 것을 제공하면서 원하는 것을 얻을 수 있다.

결국 A.E.O하는 리더가 진짜 리더다. A.E.O 리더는 '진심'을 보여주고, 자신의 '경험'을 제대로 전수할 줄 알며, 자신의 '의견'을 자신 있게 제시할 줄 안다. A.E.O 리더는 눈치만 보며 인기를 추구할 리 없고, 단기 성과에 집착하여 단기간에 조직을 망칠 리도 없다. 왜냐하면 그들에게는 근본적으로 '진심'이라는 장치가 있기 때문이다. 진심은 진실로 선한 목적에서 나온다. 선한 목적은 자기 욕망의 충족이 아니라는 데 있다. A.E.O 리더의 욕망 충족은 결과적으로 그렇게 충족될 뿐, 그 자체가 목적이 아니다.

또한 A.E.O 리더는 자신의 경험을 강요하지 않는다. 물론 자신의 경험은 소중하지만, 다른 사람들의 그것과 다를 수 있다는 것을 알고 있다. 그래서 자신의 경험을 설명하고 전수하는 데 있어서 강압적이지 않다. 하나의 대안을 제시하는 정도에 그친다. 나머지는 경험을 전수 받는 쪽의 선택이다.

마지막으로 A.E.O 리더는 의견을 제시할 때 우물쭈물하지 않는다. 자신의 생각과 의견을 분명하게 전달한다. 다만 이때에도 하나의 의견일 뿐이라는 열린 마인드로 자신의 의견을 고집하지 않는다. 분명하게 말하되 닫혀 있지 않으며, 구체적인 의견을 제시하되 자신의 의견을 수정·보완하는 것을 주저하지 않는다. 다른 구성원의 생각이 더 낫다고 판단할 때도 부끄러워하지 않는다. 생각이 유연하다. 열려 있다. 더 나은 것을 찾는 일을 게을리하지 않는다. 그래서 A.E.O 리더를 진짜 리더라고 하는 것이다.

필자는 강의 현장에서 진짜 리더라고 할 만한 분들을 만나본 적 있느냐는 질문을 자주 받는다. 그때 필자는 아주 많이 만났다고 대답한다. 그런데 그런 질문을 하는 사람들이 정말 궁금해하는 것은 '진짜 리더들이 어떤 행동을 하느냐'보다 '그분들이 누구냐' 하는 것이다. 필자의 입에서 이름만 대면 알 만한 사람이 거론되길 바라는 눈치다. 하지만 애석하게도 필자의 입에서 거론된 사람은 대부분 무명인에 가깝다.

대기업, 중소기업, 공공기관, 지자체 가릴 것 없이 필자가 만난 진짜 리더들은 정말 평범한 분들이었다. 그분들은 대개 겸손했다. 자신이 진짜 리더라는 사실조차 인정하지 않았다. '나 정도면 진짜 리더 반열에 들어가지 않을까?'라는 표정을 짓는 분들은 대부분 가짜 리더였다.

강의, 컨설팅 등을 통해 만난 수많은 진짜 리더는 진심에 기초하기 때문에 자신이 무엇을 잘하는지도 잘 모른다. 오히려 그분과 함께 일하는, 상하좌우에 있는 사람들의 입을 통해 그런 사실이 확인된다. 진짜 리더와 함께 일하는 사람들을 만나보면 표정부터 다르다. 말하는 내용이 구체적이다. 현재 조직의 성과가 월등하지만은 않지만 좋아질 것이라는 희망과 확신을 가지고 있다. 반면, 가짜 리더와 함께 일하는 사람들은 주저주저한다. 말을 돌리며, 정확하고 자신 있게 표현하지 않으려 한다. 당장의 성과는 좋을지 몰라도 이미 지쳤고, 미래에 대한 희망이 없다고 말한다.

이는 이론적인 연구 결과에 의해서도 뒷받침되고 있다. 진심과 유사한 단어인 '진성 리더십' 이론에 의하면 진성 리더십을 발휘하는 리더가 있는 조직은 구성원 각 개인이 심리적으로 주인의식을 보유하고 있어 직무 몰입 현상을 강하게 보여주고, 관계적 측면에서도 리더에 대한 높은 만족도를 보여준다. 조직 차원에서도 조직 문화적으로 학습 조직을 지향하며 팀 성과나 팀 에너지 수준이 높

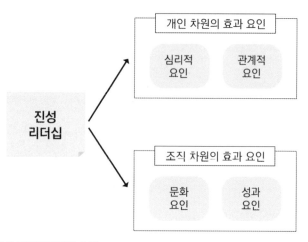

〔그림 14〕 진성 리더십의 효과　　　　　　　　　　　출처: 네이버 지식백과

은 편이다(그림 14).

　진짜 리더는 진심을 기초로 소통한다. 여기에 덧붙여 자신의 경험을 녹여내는 노력이 필요하다. 자신의 경험을 녹인다는 것은 리더 자신의 원초적 경험에 얽매이지 않는다는 뜻이다. 사람은 기본적으로 경험하지 못한 것을 이해하지 못한다. 머리로만 이해한 것은 '죽은 지식'이다. 자신이 직접 경험한 것만 '살아 있는 지식'이다. 리더에게 이런 경험이 전혀 축적되어 있지 않다면 진짜 리더가 될 수 없다. 책상머리에서 배운 지식만 가지고는 디테일을 살려낼 수 없으며, 머릿속으로만 상상한 디테일은 경험적 지식이 아니다. 그런데 실제 경험을 했다 하더라도 그 경험을 그대로 활용하기

는 어렵다. 상황을 구성하는 요인들이 달라지면 경험의 세계도 달라져야 한다. 철학자 위르겐 하버마스Jurgen Habermas는 "경험이 지식이 되기 위해서는 도구적 지식에서 실천적 지식으로 이행해야 하고, 실천적 지식은 변혁적 지식으로 전환해야 비로소 해방적 지식이 된다"라고 언급했다. 해방적 지식이란 비판적 성찰을 통해 자율과 성숙으로 나아간다. 진짜 리더들이 자신의 경험에 갇히지 않고, 비판적 성찰을 통해 경험을 재구성할 수 있을 때 조직의 성과 향상에 진정한 도움이 될 수 있다.

반면 가짜 리더들은 자신의 경험 세계에 갇혀 벗어날 생각조차 하지 않는다. 기껏해야 자신의 경험을 바탕으로 세계를 구성하며 그것을 구성원에게 강요한다. 이럴 경우, 당연히 문제 해결은 현장으로부터 멀어진다. 진짜 리더들은 자신의 경험을 소중하게 반추하되, 그것을 비판적으로 재구성하고, 재구성한 내용을 구성원들에게 전수한다. 물론 전수한다고 해서 그대로 활용될 것이란 기대는 금물이다. 그러나 기존의 경험을 그대로 강요하는 것보다는 팀장들의 재구성된 경험이 전수되면 새로운 경험의 세계를 열어줄 가능성은 있다. 처음부터 완벽한 형태의 경험적 지식이란 존재하지 않는다.

진짜 리더와 가짜 리더의 의견 제시는 어떻게 다를까? 우선 방법부터 다르다. 진짜 리더는 자신 있게, 분명하게, 구체적으로 자신의 의견을 제시하는 반면, 가짜 리더는 정확하지 않은 의견을 두루뭉술하게 제시한다. 본인도 잘 모르기 때문이다. 본인이 잘 모르니 오히려 목소리만 커질 가능성도 있다. 잘 모르는 것을 확신에 차 이야기하려면 목소리라도 커야 한다. 그러나 포인트는 듣는 사람이 잘 이해하지 못한다는 데 있다. 설명이 시원찮으면 듣는 사람들의 이해도가 떨어진다. 그럴 때 우리는 진짜와 가짜를 구별할 수 있다. 듣는 사람들이 잘 이해하지 못하게 말하면 그 리더는 가짜다.

빙법뿐 아니라 내용에서도 가짜와 진짜는 차이가 난다. 진싸 리더는 내용에 두서가 있다. 앞뒤가 맞고, 조리가 있으며, 말하고자 하는 내용이 금방 파악된다. 반대로 가짜 리더는 앞뒤 내용이 불분명하고, 조리가 없으며, 결과적으로 무슨 말을 하려고 하는지 금방 이해가 되지 않는다. 묻고 또 물어야 겨우 이해가 된다. 원래 말하는 사람이 정리가 되어 있지 않으면 듣는 사람이 고생하게 되어 있다.

마지막으로, 꼭 짚고 넘어가야 할 포인트가 남아 있다. 진짜와 가짜가 항상 고정되어 있지 않을 수도 있다. 리더들도 사람인지라 상황에 따라, 상대에 따라, 장소에 따라 진짜처럼 행동할 수도 있고, 가짜처럼 행동할 수도 있다. 일일이 횟수를 헤아릴 수도 없고, 진짜와 가짜의 행동 비율을 계산해볼 수도 없다. 그럴 때 활용할 수 있는 아주 간단한 팁이 있다. 입으로 소리를 내어 말해보자. 'A.E.O(에오)!'라고. '에오!'라는 소리가 잘 나오면 자신이 진짜 리더이고, 그 소리가 잘 나오지 않으면 아직은 진짜 리더와는 거리가 먼, 가짜에 가까운 리더라고 생각하자. '에오!'라는 소리가 자신 있게 나올 때까지 스스로를 단련하자. 에오!

리더십은 '진실한' 관계 맺음에서 나온다

진짜 리더가 결국 승리한다

진짜들 간의 진검 승부가 예고되고 있다. 비본질적인 것들, 예컨대 집안 배경, 이너 서클, 외모와 같은 것들을 제거한 후에 남은 순수 능력자들 간의 싸움이 시작되고 있다. 과거에는 비본질적인 것들에 둘러싸여 싸움이 늘 재미가 없었다. 실력보다는 반칙이 많았고, 게임은 처음부터 공정하지 않았다. 결과가 처음부터 정해져 있었기에 아무도 게임을 시작할 엄두를 내지 못했다. 그들만의 리그가 있었고, 그 안에서조차 특정 변수에 의해 게임이 시작되기도 전에 승부가 나 있었다.

분명 이제는 게임의 양상이 달라지고 있다. 변화는 온라인 공간에서부터 시작되었다. 온라인은 게이머에게 어떤 것도 묻지 않았고, 어떤 차별도 행하지 않았다. 거기서 젊은 친구들은 공정함을 알게 되었다. 게임이 공정할수록 시간 가는 줄 모르고 몰입했다. 오로지 자기 노력에 비례하여 성장했고, 성장한 만큼 승률이 높아졌다. 이렇게 아름다운 세상은 없었다. 젊은 친구들이 게임의 세계에 몰입해 있는 동안, 오프라인 세상은 여전히 혼탁했다. 가진 자들은 더 가지기 위해 노력했고, 덜 가진 자들은 가진 자를 추종하며 자신들의 신분 상승을 노렸다. 대개의 경우, 신분 상승은 쉽지 않았다. 여전히 세상은 불공평했다. 그런 세상에서 선택지는 두 가지, 갈 수 있는 데까지 위를 향해 올라가는 것과 아예 중간에서 퍼질러 놀면서 안분지족하는 것밖에 없었다.

그러나 온라인과 오프라인은 영향을 주고받는 법! 언젠가는 변화가 시작될 수밖에 없었다. 기업들은 생존하기 위해 새로운 사업 전략을 개발했고, 경쟁사보다 원가를 낮추기 위해 온라인에서 발견한 경쟁력을 오프라인으로 이식하기 시작했다. 어떤 기업들은 오프라인 경쟁력을 온라인으로 이식했다. 이제는 O2O라는 그럴 듯한 이름으로 대부분의 기업에서 채택하고 있는 전략이 되었다. 온라인이 대세가 되고, 온라인과 오프라인이 결합되면서 사람들의 가치가 달라지기 시작했다. 기계와 컴퓨터가 단순 노동을 대체하기 시작하면서 인력의 전체 수는 줄었지만 사람들은 과거에 비해 좀 더 가치 있는 일이 무엇인가를 생각하기 시작했다.

사람들의 생각이 달라지기 시작할 무렵, 인구 구성에도 큰 변화가 일었다. 태어나자마자 인터넷, 모바일 환경에 익숙한 세대, 즉 밀레니얼 세대가 등장했다. 그들은 과거 베이비부머 세대가 누리지 못한 엄청난 디지털 기술의 혜택을 받으며 전혀 다른 뇌 구조를 가진 세대, 막강한 소비 파워를 가진 세대로 급부상하면서 2019년부터 최대 인구 집단으로 자리매김했다. 그들은 과거에 존재했던 X세대와 실석으로 다르다. 수직석 위계질서를 과감히 거부하고, 'Me, Me, Me'라는 자기중심적 사고와 행동으로 똘똘 뭉쳐 있다. 집단의 귀속도 거부한다. 연애, 결혼, 출산도 그들의 큰 관심사가 아니다. 그들은 오로지 자신의 행복을 최고 가치로 여기며 살아가고 있다.

밀레니얼 세대와 더불어 살아가야 하는 기성세대는 어떤 생각과 자세를 가져야 할까? 가장 먼저 과거에 배운 리더십 스킬을 다 버리거나 뒤집어야 한다. 과거의 스킬 자체가 잘못되었다는 것이 아니다. 다가올 제4차 산업혁명에 부합하지 않는 것이 문제다. 제4차 산업혁명은 흔히 인공지능과 로봇으로 표현되지만, 누구도 정확히 변화의 방향을 예측하지 못한다. 그런데도 우리가 배운 경험과 지식은 순차적으로 문제를 해결하고, 절차에 따라 업무를 수행하는 것이었다. 문제를 정의하고 절차를 만들어나가는 동안 세상의 요구가 변해버린다면 지금까지 작업한 모든 내용이 무용지물이 되고 만다. 지금 그런 상황이 속출하고 있다. 너무 열심히 하다 낭패를 볼 수도 있기 때문에 차라리 열심히 하지 않는 것이 도움이 될 때가 많다.

그래서 밀레니얼 세대와 제4차 산업혁명이라는 두 가지 파고를 동시에 마주한 기성세대는 다른 사고, 다른 패러다임으로 무장해야 한다. 필자는 애자일 코치로 거듭날 것을 제안한다. 애자일 코치는 단순히 행동이 빠른 것이 중요한 것이 아니다. 시장의 요구와 고객의 필요를 맞추어내는 것이 포인트다. 과거에는 5~10년에 걸친 대형 프로젝트를 수행하기 위해서는 문제를 분석하는 데만 수개월에서 수년이 걸렸다. 그러나 그 사이에 세상은 빠르게 변했다. 그로 인해 차라리 동일 프로세스를 반복적으로 수행하면서 고객의 요구를 맞추는 것이 효율적인 업무 방식이 되어버렸다. 소프트웨어 개발 부서에서 시작되었던 애자일 방식은 이제 거의 전 부서로 확산되어 경영 혁신의 유용한 툴로 채택되고 있다. 업종과 분야를 떠나 리더들이 애자일 코치가 되어야만 시장 변화에 맞출 수 있게 된 것이다.

필자는 앞서 애자일 방식과 이를 지원하기 위한 애자일 조직 문화를 주문했다. 그리고 팀장들이 진짜 리더가 되어야 한다고 조언했다. 지금의 변화는 애자일 방식의 채택만으로 완성되는 것이 아니다. 요즘 젊은 세대와 함께 성과를 만들어내야 할 관리자는 반드시 재미있게, 의미 있게 성과를 내는 방법을 배워야 한다. 요즘 젊은 세대는 몰입 방식이 재미있고, 의미가 있어야 열광한다. 그들은 더 이상 재미없는 일에 반응하지 않는다. 재미있는 게임은 밤새워 몰입하지만 재미없는 일은 건성으로 대한다. 이와 마찬가지로 의미 없는 일에도 반응하지 않는다. 의미 없는 일에 오래 머물고 싶어 하지 않는다.

앞으로 대부분의 조직은 '어떻게 해야 세상의 빠른 변화에 대응할 수 있는가', '어떻게 해야 요즘 젊은 세대를 이끌어나갈 수 있는가'를 고민해야 하는 세상을 살게 될 것이다. 결국 이 두 가지 상황을 모두 잘 지휘할 수 있는 리더가 중요하다. 그래서 리더십의 문제가 새로운 과제로 등장했다. 요즘 젊은 세대를 제대로 이해하지 못하는 조직이나 리더가 어떻게 그들과 더불어 성과를 낼 수 있겠는가. 세상의 변화 방향을 제대로 이해하지 못하고, 'Plan-Do-See' 방식에만 익숙한 리더들이 어떻게 성과를 낼 수 있겠는가. 방법은 한 가지뿐이다. 진짜 리더를 많이 육성하고 확보하는 것. 진짜 리더는 진심을 바탕으로 자신의 경험과 지식을 융합 지식으로 재구성하는 능력, 의견을 자신 있게 제안하는 능력이 있으면서도 자신의 오류를 받아들일 줄 아는 개방적인 자세를 갖춘 리더를 말한다. 그런 진짜 리더를 많이 가진 조직이 최후에 승리를 거둘 것이다.

90년생과 어떻게 일할 것인가

초판 1쇄 발행 2019년 5월 29일 초판 3쇄 발행 2019년 9월 10일

지은이 최경춘
펴낸이 연준혁

출판 1본부 이사 배민수
출판 2분사 분사장 박경순

펴낸곳 (주)위즈덤하우스 미디어그룹 **출판등록** 2000년 5월 23일 제13-1071호
주소 경기도 고양시 일산동구 정발산로 43-20 센트럴프라자 6층
전화 031)936-4000 **팩스** 031)903-3893 **홈페이지** www.wisdomhouse.co.kr

값 16,000원 **ISBN** 979-11-90065-68-9 03320